教育部人文社会科学研究项目

经管文库

互联网金融个人信用评价方法研究

梁 坤 ◎ 著

中国财经出版传媒集团
经济科学出版社
Economic Science Press

图书在版编目（CIP）数据

互联网金融个人信用评价方法研究/梁坤著．—北京：经济科学出版社，2021.7

ISBN 978－7－5218－2607－4

Ⅰ.①互…　Ⅱ.①梁…　Ⅲ.①互联网络－应用－金融－个人信用－评估－研究　Ⅳ.①F830.49

中国版本图书馆 CIP 数据核字（2021）第 113219 号

责任编辑：胡成洁
责任校对：王苗苗
责任印制：范　艳　张佳裕

互联网金融个人信用评价方法研究

梁坤　著

经济科学出版社出版、发行　新华书店经销

社址：北京市海淀区阜成路甲 28 号　邮编：100142

经管中心电话：010－88191335　发行部电话：010－88191522

网址：www.esp.com.cn

电子邮箱：esp@esp.com.cn

天猫网店：经济科学出版社旗舰店

网址：http://jjkxcbs.tmall.com

北京季蜂印刷有限公司印装

710×1000　16 开　14.25 印张　220000 字

2021 年 9 月第 1 版　2021 年 9 月第 1 次印刷

ISBN 978－7－5218－2607－4　定价：68.00 元

（图书出现印装问题，本社负责调换。电话：010－88191510）

教育部人文社会科学研究项目经管文库

出版说明

教育部人文社会科学研究项目已开展多年，一向坚持加强基础研究，强化应用研究，鼓励对策研究，支持传统学科、新兴学科和交叉学科，注重成果转化。其秉持科学、公正、高效的原则，注重扶持青年社科研究工作者和边远、民族地区高等学校有特色的社科研究，为国家经济建设和社会发展及高等教育发展贡献了一批有价值的研究成果。

经济科学出版社科致力于经济管理类专业图书出版多年，于2018年改革开放40周年之际推出“国家社科基金项目成果经管文库”，于2019年中华人民共和国成立70周年之际推出“国家自然科学基金项目成果·管理科学文库”。今年是中国共产党建党100周年，我们将近期关注的教育部人文社会科学经济管理类研究项目整理为文库出版，既为了庆祝中国共产党建党100周年，又希望为我国教育科研领域经济管理研究的进步做好注脚，同时，努力实现我们尽可能全面展示我国经济、管理相关学科前沿成果的夙愿。

本文库中的图书将陆续与读者见面，欢迎教育部人文社会科学研究项目在此文库中呈现，也敬请专家学者给予支持与建议，帮助我们办好这套文库。

经济科学出版社经管编辑中心

2021年4月

本书受教育部人文社会科学项目“P2P环境下的协同信用评价模式与动态评价方法研究”（项目编号：18YJC630082）、安徽省自然科学基金项目（项目编号：1908085QG307）和安徽大学文科创新团队项目（项目编号：S030314002/014）的支持。

前言

作为运用互联网技术和通信技术创新金融业态和服务模式的新业务，互联网金融可降低资金融通成本，提升资源配置效率，促进实体经济发展。

信用风险是阻碍互联网金融发展的主要风险类型。党的十九大、十九届四中全会均提出，要守住不发生系统性金融风险的底线，坚决打好防范化解重大金融风险攻坚战。①

信用评价能够有效缓解交易双方间的信息不对称性，降低违约风险和交易成本。然而，互联网金融业务中借款人的财务信息难以获取和验证，给传统的基于财务信息的信用评价方法带来巨大困难。在网络环境下，借款人的信用相关数据不仅包括财务信息，也包括非财务信息。非财务信息广泛分布在不同的网络平台中，具有体量大、价值密度低和质量参差不齐等特点，给互联网金融信用评价研究带来了困难。为此，本书在综述信用评价相关理论与方法的基础上，结合互联网金融业务的特点，从信用评价的数据预处理、信用特征选择和信用评价模型构建三个方面，对互联网金融业务的

① 来源：学习时报。人民网转载，http：//theory. people. com. cn/n1/2018/0312/c40531 -29861548. html。

信用评价问题展开研究。此外，为了融入近年来本领域的最新研究，本书在第7章、第8章探讨了大数据环境下如何从非结构化文本中提取信用评价特征并构建相应的信用评价模型，以及如何从出借方的角度全面衡量互联网金融的借款人风险和平台风险。

本书尽量以通俗易懂的表述将网络信贷的逻辑表达出来，其既适合信用评价、互联网金融和大数据分析等相关领域的研究人员阅读，也适合金融信用风险管理的相关监管部门、平台企业和从业人员阅读，具有一定的理论意义和实际价值。

本书在撰写的过程中查阅了大量资料，同时也借鉴了国内外专家学者的研究成果。由于所引用文献数量众多，有些资料几经转载未能找到原作者，未能一一列出，疏漏之处，在此深表歉意。另外，由于本人水平有限，书中难免存在不足甚至错误，恳请读者不吝赐教。

最后，感谢安徽大学的赵洁、何军、刘晓云、汪怡、张瑞、陈一飞、查迎春、郭宏、吴澎和高思兵老师在撰写过程中提出的宝贵意见。感谢所有给予我关心、支持和帮助的人！

梁　坤

2021年6月

目　录

第 1 章

绪　论

1.1 研究背景及意义

互联网金融是通过互联网平台将借贷双方的需求连接起来，实现投融资活动的金融业务。通过互联网金融平台，借款人能够自行发布借款信息，包括金额、利息、期限和还款方式等，实现自助式借款；出借人也能够根据借款人和平台发布的信息，自行决定借出金额，从而实现自助式借贷。我国互联网金融借贷行业发展势头迅猛，截至 2015 年底，互联网金融借贷平台的数量达到 2595 家，成交量达到了 9823 亿元；较 2014 年底平台数量增长了 1020 家，成交量增长了 7295 亿元，如图 1 - 1 所示。互联网金融能够有效地降低借贷业务的成本，提升配资效率，极大地拓宽了小微企业和个人的融资渠道，促进了传统金融业向普惠金融的方向发展。

信用评价是互联网金融业务的核心环节，它能有效缓解借贷双方的信息不对称性，降低借贷交易成本，防止违约行为的发生。[①] 然而，互联网金融业

---

① Barboni G，Cassar A，Trejo A R et al. Adverse selection and moral hazard in joint liability loan contracts：Evidence from an artefactual field experiment ［J］. Journal of Economics and Management，2013，9 (2)：153 - 184；Johan J，Graajiand，Ven B W. The credit crisis and the moral responsibility of professionals in finance ［J］. Journal of Business Ethics，2011，103 (4)：605 - 619；曾勇. 电子商务信用风险机理研究 ［D］. 武汉：武汉理工大学，2005.

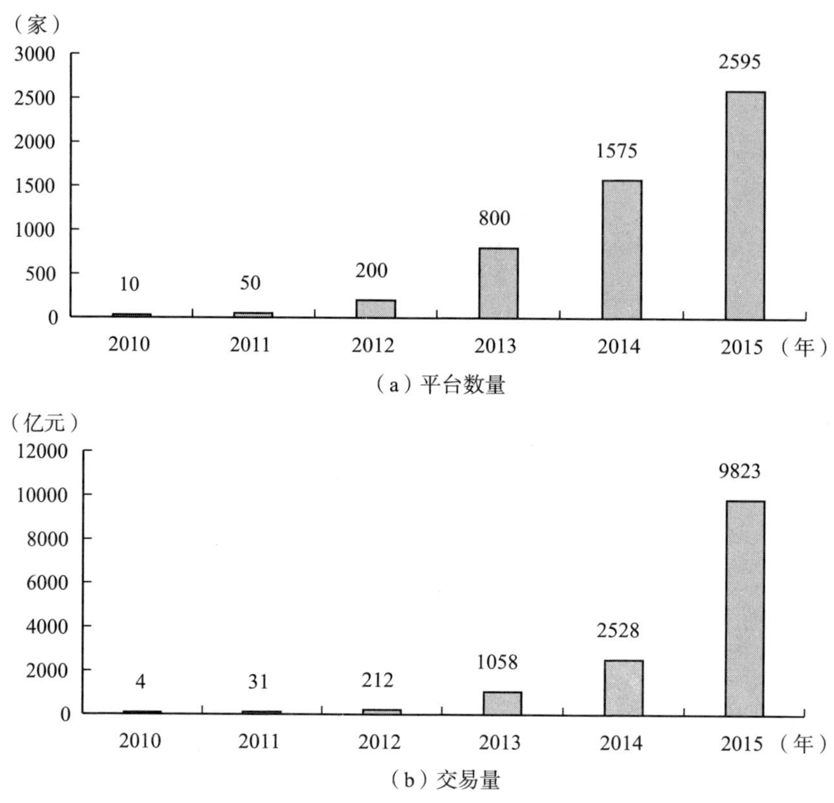

图 1－1　各年份互联网金融借贷平台数量和交易量

资料来源：网贷之家《2015 年中国网络借贷行业年报》。

务中信用评价数据和信用特征具有一些新特点，对信用评价研究提出新的要求。第一，网络环境下信用评价的数据来源广泛，质量参差不齐，信用评价数据的缺失值和异常值问题突出，给信用评价的数据预处理提出了新的、更高的要求。第二，互联网金融业务中，借款人信用特征的数量多、价值密度低、变量类型丰富、与信用状态变量的关系复杂，如何根据相关理论以及信用的特点，选取合适的信用特征需要进一步研究。第三，互联网金融业务中，如何克服信用评价数据的低质性和信用特征的弱相关性等缺陷，并结合信用表现出的全息性等特点，设计更加优良的信用评价模式与模型仍需进一步研究。综上，互联网金融业务的信用评价仍然存在许多值得研究的问题，已受到学术界和工业界的广泛关注。为此，本书从互联网金融业务的信用评价数据预处理、信用特征选择和信用评价模型构建三个方面，研究互联网金融业务个人信用评价问题。

在信用评价数据预处理方面。互联网金融业务中，信用评价数据的缺失值和异常值表现明显。在缺失值处理中，多重填补法是缺失值填补方法的新发展，它有效地考虑了数据填补过程中存在的不确定性，克服了单一填补法对数据方差的系统性低估。然而，现有的多重填补法在估计缺失值的过程中要求信用特征为连续变量且服从正态分布，对于存在类别变量的信用特征集的缺失值填补效果不佳。① 但是，互联网金融业务中的信用特征既包括连续变量又包括类别变量，如何综合考虑这两类变量所包含的信息、对缺失值进行填补、提升缺失值处理的效果，仍然有待进一步研究。在异常值处理中，基于距离的异常值检测方法能够有效发现高维数据中的异常样本点，且无须掌握数据分布状态等先验知识。然而，该方法无法处理密度分布不均匀数据集的异常样本点检测。② 互联网金融业务信用评价空间的维度高，样本点分布密度不均匀，如何设计适应于大规模高维度信用数据集的异常值检测方法仍需进一步研究。

在信用特征选择方面。对于信用的资本性，已有研究主要从金融资本的视角加以反映。③ 然而互联网金融业务中，借款人的金融资本数据相对难以获取和验证，给信用评价带来一定的困难。事实上，信用的资本性不仅体现为

---

① Hussain S. A simple method to ensure plausible multiple imputation for continuous multivariate data [J]. Communications in Statistics Simulation & Computation, 2010, 39 (9): 1779 - 1784.

② Ferrari D G, Castro L N D. Clustering algorithm selection by meta-learning systems: A new distance-based problem characterization and ranking combination methods [J]. Information Sciences, 2015 (301): 181 - 194; Baselice F, Coppolino L, D'Antonio S et al. A DBSCAN based approach for jointly segment and classify brain MR images [C]//IEEE. 37th Annual International Conference of the IEEE Engineering in Medicine and Biology Society (EMBC), 2015: 2993 - 2996.

③ Abdou H A, Pointon J. Credit scoring, statistical techniques and evaluation criteria: A review of the literature [J]. Intelligent Systems in Accounting, Finance and Management, 2011, 18 (2 - 3): 59 - 88; Jing B, Seidmann A. Finance sourcing in a supply chain [J]. Decision Support Systems, 2014 (58): 15 - 20; Provost F, Fawcett T. Data science and its relationship to big data and data-driven decision making [J]. Big Data, 2013, 1 (1): 51 - 59; Ricaldi L, Finke M S, Huston S J. Financial literacy and shrouded credit card rewards [J]. Journal of Financial Services Marketing, 2013, 18 (3): 177 - 187; Sustersic M, Mramor D, Zupan J. Consumer credit scoring models with limited data [J]. Expert Systems with Applications, 2009, 36 (3): 4736 - 4744.

金融资本，也体现为社会资本，且二者之间在一定条件下能够相互转化。① 缺乏对借款人社会资本方面的考量便无法全面体现信用的资本性。因此，如何根据信用的资本性和社会资本理论研究互联网金融业务信用特征的定性选择方法具有重要意义。此外，互联网金融业务中，信用特征的数量众多，变量类型复杂，既包括定类变量，也包括定距变量；且各信用特征与信用状态变量之间的关系类型多样；既包括线性关系，也包括非线性关系。已有的单一定量分析方法无法较为全面地获取多变量类型和多关系类型的信用特征。② 为此，如何通过综合定量分析研究互联网金融业务信用特征的筛选方法值得进一步研究。

在信用评价模型构建方面。互联网金融业务中，由于信用评价数据和信用特征等方面的特点，对信用评价模型的精确度要求较高。已有研究表明，Adaboost 集成学习模型相对于单一模型的分类效果较好。③ 然而在 Adaboost 模型中，每个基分类器在训练样本重抽样的过程中仅考虑到对误分类样本加强学习，未能综合考虑各样本的误分类成本和分类难度。④ 不同样本的误分类成本和分类难度差异较大，需要进一步关注对误分类成本高和分类难度大的样本的学习。此外，网络环境下信用表现出较强的全息性，即用户的信用是多维度的，需要从不同的业务视角对个人信用进行综合评价。如何对多个业务平台上的信用特征进行协同分析，并构建基于协同分析的跨业务

① Heikkilä A, Kalmi P, Ruuskanen O P. Social capital and access to credit: Evidence from Uganda [J]. The Journal of Development Studies, 2016: 1 – 16; Casey C. Critical connections the importance of community-based organizations and social capital to credit access for low-wealth entrepreneurs [J]. Urban Affairs Review, 2014, 50 (3): 366 – 390; Iyanda J O, Afolami C A, Obayelu A E et al. Social capital and access to credit among cassava farming households in Ogun State, Nigeria [J]. Journal of Agriculture and Environmental Sciences, 2014, 3 (2): 175 – 196; Mwangi I W, Ouma S A. Social capital and access to credit in Kenya [J]. American Journal of Social and Management Sciences, 2012, 3 (1): 8 – 16.

② Abdou H A, Pointon J. Credit scoring, statistical techniques and evaluation criteria: A review of the literature [J]. Intelligent Systems in Accounting, Finance and Management, 2011, 18 (2 – 3): 59 – 88.

③ Wang G, Hao J, Ma J et al. A comparative assessment of ensemble learning for credit scoring [J]. Expert systems with applications, 2011, 38 (1): 223 – 230; Xie H, Han S, Shu X et al. Solving credit scoring problem with ensemble learning: A case study [C]//Knowledge Acquisition and Modeling, 2009 (KAM'09). Second International Symposium on IEEE, 2009 (1): 51 – 54.

④ 高敬阳，陈程立诏，朱群雄．基于争议度的 Boosting 集成网络样本权值调整算法 [J]．中南大学学报：自然科学版，2012，43 (11)：4355 – 4360.

信用评价模型，从而提升对互联网金融业务信用评价的有效性，仍需进一步研究。

本书的研究具有重要的理论意义。第一，进一步深化了社会资本理论、协同理论等相关理论在信用评价领域的应用，并反过来促进了这些理论的发展。第二，通过分析信用所具有的相关特性，并结合相关定性和定量方法，进一步丰富了信用评价理论，有助于指导大数据环境下信用评价体系的构建，具有重要意义。第三，完善了互联网金融业务信用评价的方法体系，包括信用评价数据的预处理方法、信用特征的选择方法和信用评价模型的构建方法等。

本书也具有重要的实际意义和应用价值。第一，本书的研究成果为互联网金融平台的信用评价提供了有效方法。第二，从出借人的角度看，本书的研究能够帮助他们识别潜在有价值的投资对象，从而减少投资风险，扩大投资收益。第三，促进相关行业的发展，如大数据征信等。

1.2 研究内容与研究方案

1.2.1 研究内容

互联网金融业务中，信用评价数据的来源广泛、质量较低、缺失值和异常值问题突出，给信用评价数据的预处理造成了一定的困难。此外，网络环境下信用的资本性、全息性和动态性等特点表现明显；信用特征的变量类型多样，且与信用状态变量间的关系复杂；如何根据相关理论选择互联网金融业务的信用特征、构建合适的信用评价模型仍然面临许多问题。为此，本书结合国内外研究现状和发展趋势，提炼关键科学问题，并围绕互联网金融业务中信用评价数据的预处理方法、信用特征选择方法和信用评价模型的构建方法等三个方面设计研究内容，展开科学研究，并利用实际的互联网金融平台数据进行实验研究，验证研究内容的有效性。本书的具体研究内容描述如下。

1. 互联网金融业务信用评价数据预处理方法

互联网金融业务中，信用评价数据的缺失既涉及连续变量也涉及类别变量。然而，传统的多重填补法难以对包含类别变量的数据集进行缺失值填补；同时，互联网金融业务信用评价数据集规模大，维度高，样本分布密度不均匀，给信用评价数据的异常值检测带来巨大困难。为此，需要研究信用评价数据的缺失值和异常值处理方法，研究重点有三个。

（1）基于分类多重填补法的缺失值填补方法。分析类别变量对多重填补算法参数估计的重要性，提取对填补过程具有关键影响的类别变量，研究信用评价数据缺失值的分类多重填补法。

（2）单一信用特征异常值处理方法。分析信用特征的数据分布特征，识别单一信用特征的异常值，研究基于最近邻算法的信用特征异常值纠偏方法。

（3）基于 DBSCAN 与相对密度的异常样本检测方法。运用 DBSCAN 密度聚类方法研究信用评价数据集中样本分布的密度特征，分析不同区域样本的相对密度，研究异常样本的检测方法。

2. 互联网金融业务信用特征选择方法

互联网金融业务中，信用的资本性不仅体现为金融资本，也表现为社会资本。一方面，借款人的社会资本能够帮助其获得贷款，另一方面朋友关系等社会资本能对其还款行为和意愿形成一定的监督和影响。因此，可以结合社会资本理论来研究信用特征的定性选择方法。互联网金融业务中信用特征的变量类型多样，不同信用特征与信用状态变量的关系复杂，单一的定量信用特征选择方法难以较为全面地获取有效的信用特征，需要研究以下两种基于综合定量分析的信用特征筛选方法。

（1）融合社会资本的信用特征定性初选方法。分析互联网金融业务中借款人的结构维度、关系维度和认知维度社会资本，从个人信息、借款信息、社会资本信息和验证信息等四个方面，研究信用特征的定性初选方法。

（2）基于综合定量分析的信用特征筛选方法。运用相关分析、卡方统计量分析、信息增益分析和支持向量回归分析等定量分析方法，研究与信用状态变量具有线性和非线性关系的定距和定类信用特征的定量筛选方法。

3. 互联网金融业务信用评价模型构建方法

互联网金融业务中的借款人通常是被传统金融机构拒之门外的贷款申请者，这些人难以提供有价值的信用信息，降低了信用评价模型的性能，需要研究精度更高的信用评价模型。现有的Adaboost集成学习模型虽然较之单一模型的精确度较高，但其仅根据误分类率调整基分类器的样本权重，忽略了误分类成本和分歧度等因素对于样本权重的影响，造成集成后的模型精确度下降。此外，网络环境下信用表现出较强的全息性等特性，已有的研究未能充分利用这些特性提升信用评价模型的性能。基于此，本书重点研究以下两个问题。

（1）基于分歧度和误分代价的Adaboost信用评价模型。分析各基分类器信用评价结果间的分歧度和不同类型误分类的成本，研究基于分歧度和误分代价的样本权重调整策略和Adaboost评价模型。

（2）基于协同分析模式的跨业务信用评价模型。分析网络环境下信用表现出的全息性等特点，从多个业务平台的视角选择跨业务的信用特征，运用对等网络协同分析机制构建多业务平台之间的协同信用分析模式，研究基于协同分析的跨业务信用评价模型。

1.2.2 研究方法

本书主要研究互联网金融业务的个人信用评价方法，涉及管理学、社会学、行为学、心理学以及信息科学等领域的理论与方法，综合运用多种建模与分析方法展开深入研究。

1. 文献研究法

充分利用各种文献资源，包括国内外期刊、会议论文、专著以及丰富的网络资源，对互联网金融业务个人信用评价问题的理论与方法做出系统梳理、归纳和总结，并提炼关键科学问题。

2. 理论分析与建模研究方法

运用聚类分析法、多重填补法和密度分析法等研究互联网金融业务信用评价数据的缺失值和异常值处理方法。运用社会资本理论和信誉理论等对网络环境下个人信用的影响因素展开定性分析，研究信用特征的定性选择方法。运用统计与机器学习方法并结合相关理论对信用特征的定量选择和信用评价模型构建进行研究。具体包括：相关分析法、卡方统计量法、信息增益率法、支持向量回归方法等研究信用特征的综合定量选择方法。运用 Adaboost 模型，并结合信用的全息性等特点对互联网金融业务的个人信用评价模型进行研究。

3. 实验研究方法

在相关理论与方法的基础上，对互联网金融业务个人信用评价问题进行实验研究。首先针对本书研究的问题，选择合适的互联网金融平台作为研究对象，并根据所提出的研究框架和技术路线进行实验设计，包括实验数据获取、实验方案设计、实验结果的解释与检验等。

4. 案例研究方法

以某知名互联网金融平台业务的信用评价为对象，进行案例研究。首先对该互联网金融平台和相关业务流程进行介绍；其次运用本书在信用评价数据预处理、信用特征选择和信用评价模型构建等方面提出的相关方法，对该平台业务中借款人的信用进行评价；最后，通过对相关结果的分析验证本书提出方法的有效性。

1.2.3 技术路线

本书的研究将按照图 1－2 所示的技术路线展开。首先，根据本书的研究问题，梳理相关领域的研究现状，包括信用评价数据的预处理方法、信用特征的选择方法和信用评价模型构建方法，同时整理与本书相关的理论基础，包括信用理论、社会资本理论和协同信用评价理论等。其次，针对本书的研究内容，基于相关理论背景，提出相应的模型与方法。最后，通过实证研究，基于真实的互联网金融平台和借贷交易数据集验证上述模型与方法的有效性。

1. 互联网金融信用评价数据的预处理方法

分析信用评价数据的缺失模式，研究基于分类多重填补法的缺失值处理方法。分析类别变量对多重填补法估计均值向量和协方差矩阵的影响，选择关键类别变量；此外根据关键类别变量的取值对信用评价数据集进行分类，并在每一类中分别使用多重填补法处理缺失值。针对单一信用特征的异常值，分析异常值所在样本的近邻样本，研究基于最近邻算法的异常值纠偏方法。在异常样本检测方面，针对样本点分布密度不均匀条件下异常检测阈值确定难问题，研究基于 DBSCAN 与相对密度的异常样本检测方法。利用 DBSCAN 法将数据集聚成若干个密度均匀的子集，并利用相对密度分析法，确定适合于每个子集的异常样本检测相对密度阈值，再将各子集上的异常样本检测结果汇总，最后通过实验验证所提出方法的有效性。

2. 互联网金融信用特征选择方法

首先，基于信用理论、社会资本理论、社会网络理论和信誉理论等，从结构维度、关系维度和认知维度三个方面，利用文献研究法定性分析影响借款人信用的社会资本变量，并结合个人信息、借款信息和验证信息等，研究融合社会资本的信用特征初选方法。其次，通过相关分析、卡方统计量分析、信息增益率分析和支持向量回归分析等定量分析方法，选择与信用状态变量具有线性和非线性关系的定距和定类信用特征，研究基于综合定量分析的信用特征筛选方法。最后在真实的互联网金融交易平台上验证所提出方法的有效性。

3. 互联网金融个人信用评价模型构建方法

分析 Adaboost 算法权重调整策略存在的缺陷，定义基分类器分类结果的分歧度特征，并结合对互联网金融业务信用评价误分类成本的分析，研究基于分歧度与误分代价的 Adaboost 算法权重调整策略和信用评价模型。分析网络环境下信用表现出的全息性特性，以及全息性对信用评价模型构建和信用评价结果的影响，构建基于协同分析的跨业务信用评价模型。在构建该模型的过程中，建立多个信用分析主体之间的协同交互机制，在多个业务平台上挖掘与借款人信用状态相关的信用特征，并构建跨业务的信用评价模型。最后利用真实的互联网金融交易平台数据验证所提出方法的有效性。

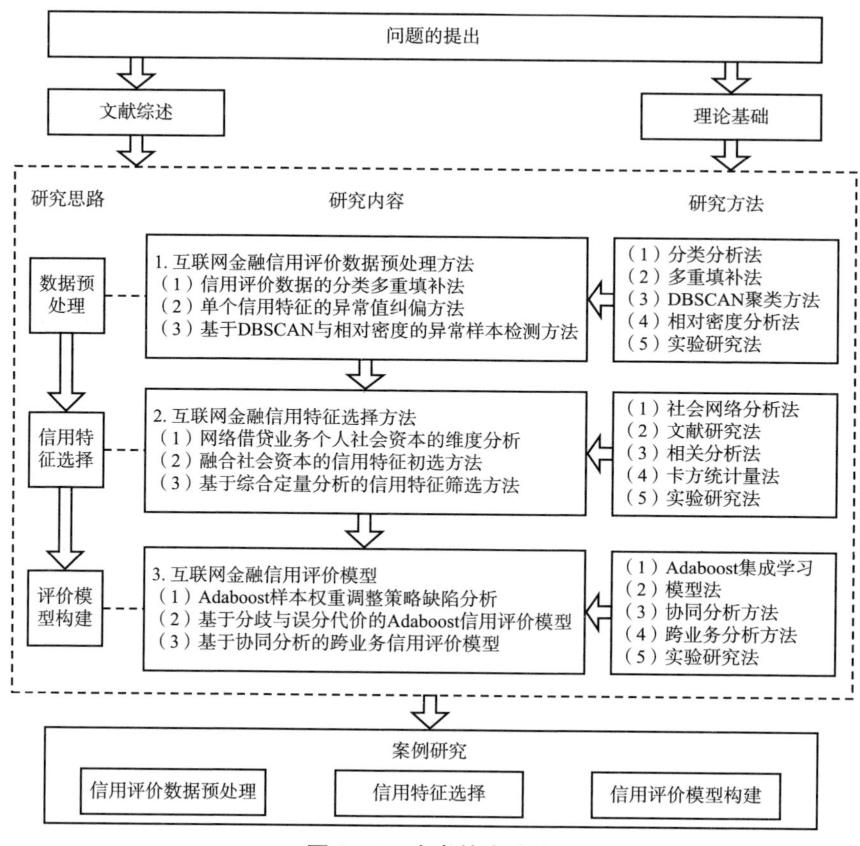

图 1－2　本书技术路线

1.3 本书组织结构与章节安排

本书主要针对互联网金融业务中借款人信用评价问题展开研究。首先，分析信用评价对于互联网金融业务发展的重要性。其次，从信用评价数据预处理、信用特征选择和信用评价模型构建三个方面，梳理现有的文献研究并分析存在的不足之处，在此基础上提出本书的研究内容。再次，通过实验研究验证所提出的方法的合理性。最后，对全文进行总结和展望，并指出研究的主要结论和创新点。本书的组织结构及各章节间的相互关系如图 1－3 所示。

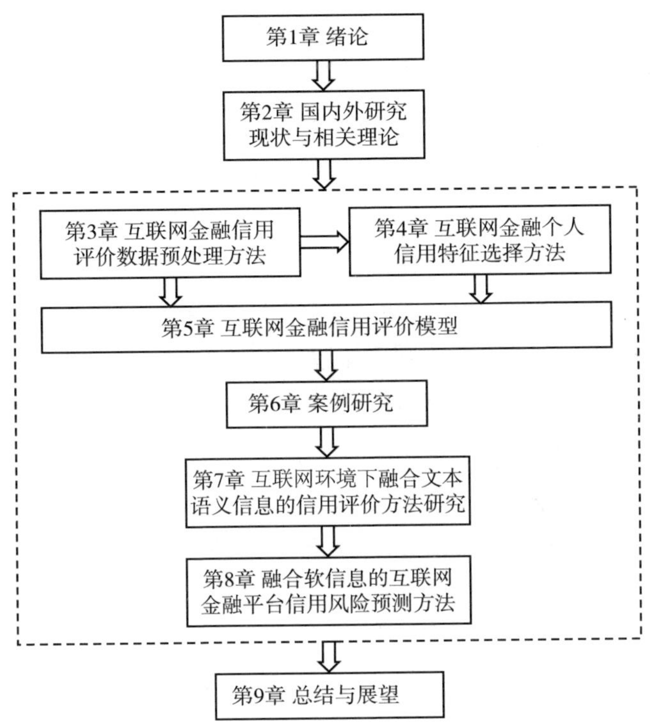

图1-3 本书组织结构及相互关系

（1）绪论。阐述本书的研究背景与意义，简述现有研究存在的问题，并在此基础上提出本书的研究内容、研究方法和技术路线图，最后介绍了论文的组织架构与章节安排。

（2）相关理论与文献综述。引入本书研究过程中所基于的相关理论。具体包括信用理论、社会资本理论和协同信用评价理论等。对现有研究进行梳理，并总结存在的问题。

（3）互联网金融业务信用评价数据预处理方法。提出基于分类多重填补法的缺失值处理方法，运用最近邻算法对单一信用特征的异常值进行纠偏处理，定义相对密度概念，提出基于DBSCAN和相对密度的异常样本检测方法。

（4）互联网金融业务信用特征选择方法。从结构维度、关系维度和认知维度分析借款人的社会资本，提出融合社会资本的信用特征定性初选方法，综合运用多重定量分析方法，提出基于综合定量分析的信用特征筛选方法。

（5）互联网金融业务信用评价模型构建方法。提出基于分歧度和误分代价的 Adaboost 算法权重调整策略和信用评价模型。考虑网络环境下信用所具有的全息性等特性，提出基于协同分析的跨业务信用评价模型。

（6）以某知名互联网金融平台的信用分析为例，进行案例研究，验证前面章节中提出的相关方法的有效性。

（7）为了弥补硬信息获取难度大的不足，从软信息的视角研究互联网金融环境下融合文本语义信息的信用评价方法。

（8）从互联网平台自身风险的视角，分析影响平台信用风险的因素，构建互联网金融平台的风险预测模型。

（9）总结与展望。对本书的研究工作进行全面总结，说明本书研究的主要结论和创新点，并对未来的研究工作进行展望。

第 2 章

国内外研究现状与相关理论

本章主要对信用评价的国内外研究现状进行梳理，并在此基础上总结现有研究的不足，引出需要进一步解决的问题。同时，介绍了解决本书研究问题需要用到的相关理论，如信用理论、社会资本理论和协同理论等。

2.1 国内外研究现状

针对互联网金融信用评价存在的问题，并结合本书的研究内容，本节将从信用评价数据预处理、信用特征选择和信用评价模型三个方面对国内外研究现状进行分析与评述。

2.1.1 信用评价数据预处理

互联网金融业务中，信用评价数据的质量参差不齐，需要进行预处理，主要包括缺失值和异常值的处理。

1. 缺失值处理

缺失值的处理方法与数据缺失模式密切相关。数据缺失模式包括三种，即完全随机缺失模式（missing completely at random，MCAR）、随机缺失模式

(missing at random, MAR) 和非随机缺失模式 (not missing at random, NMAR)。[①] 在完全随机缺失模式下，数据缺失的发生概率既与已观察到的数据无关也与未观察到的数据无关。在随机缺失模式下，数据缺失的发生概率与能够观察到的数据是有关的，但是与未观察到的数据无关。在非随机缺失模式下，数据缺失的发生概率既与已观察到的数据有关也与未观察到的数据有关。[②] 现有的缺失值处理方法主要针对的是完全随机缺失和随机缺失机制下的不完整数据集。[③]

已有的缺失值处理方法包括舍弃法和填补法。舍弃法是将存在缺失值的样本或样本中的缺失属性直接丢弃的方法，具体包括个案删除、配对删除和列表删除等。周韵然利用舍弃法处理财务数据的缺失值，并对上市公司的信用进行评价，取得了较好的效果。[④] 舍弃法在缺失值所占的比例较低时简单易行，且能在一定程度上保持数据原貌；然而当数据缺失比例较高时，该方法难以充分利用数据资源，容易造成数据的偏斜，从而严重影响数据的客观性和研究结论的正确性。[⑤] 填补法能够有效克服舍弃法存在的不足，填补法可分为单一填补法和多重填补法。单一填补法是利用某一可能的值对缺失值进行填补，如均值填补和众数填补。其中均值填补适用于连续变量的缺失值填补，众数填补适合于离散变量的缺失值填补。[⑥] 均值填补和众数填补简单易行，然而它们未能考虑缺失信用特征与其他信用特征间的数量关系。回归填补和热卡填补能够很好地克服这一缺陷。[⑦] 然而总体来说，单一填补法未能考虑填补

---

① Little R J A, Rubin D B. Statistical analysis with missing data [M]. New York: John Wiley & Sons, 2014.

② Schafer J L, Graham J W. Missing data: Our view of the state of the art [J]. Psychological methods, 2002, 7 (2): 147 - 177.

③ Krishnan B, Liam S. What is the difference between missing completely at random and missing at random? [J]. International journal of epidemiology, 2014, 43 (4): 1336 - 1339.

④ 周韵然. 基于流形学习的 A 股上市公司抽样的信用评价 [D]. 成都：电子科技大学，2014.

⑤ 石丽. 多重插补在成分数据缺失值补全中的应用 [D]. 太原：山西大学，2012.

⑥ 武森，冯小东，单志广. 基于不完备数据聚类的缺失数据填补方法 [J]. 计算机学报，2012, 35 (8): 1726 - 1738.

⑦ Pan M. Based on kernel function and non-parametric multiple imputation algorithm to solve the problem of missing data [C]//Management Science and Industrial Engineering (MSIE), 2011 International Conference on IEEE, 2011: 905 - 909.

过程中的不确定性，导致填补后的数据集方差被系统的低估。多重填补法是对单一填补法的改进，它采用若干个可能的值来填补每一个缺失值，并形成多个完整的数据集。然后利用标准的统计分析过程对这些完整数据集进行统计推断，并将分析结果进行综合，得到总体参数的估计值。多重填补法能够有效地反映出由于缺失数据而导致的不确定性，因此得到的统计推断更加有效。已有学者比较了多重填补法和不同的单一填补法在各个缺失率水平下对信用缺失数据的填补效果，结果显示多重填补法的填补效果显著优于单一填补法。①

2. 异常值检测

异常值的检测有助于提升信用评价模型分析结论的可靠性。常用的异常值检测方法包括基于统计的方法、基于距离的方法和基于密度的方法。

基于统计的方法假设所给的数据集存在一定的概率分布，如正态分布或泊松分布，然后将不符合该分布的数据标识为异常值。常用的基于统计的异常值检测方法有三倍标准差法和四分展布法。② 基于统计的异常值检测方法建立在标准统计学技术之上，具有坚实的理论基础。但该方法大多针对的是单个信用特征的异常检测，对于多个信用特征之间的异常关系的检测效果有限。此外，该方法需要事先掌握数据的分布状况，而在许多情况下数据分布是未知的。③

基于距离的方法将远离大部分其他样本点的对象判定为异常样本。基于距离的方法有两种策略，第一种策略是根据给定邻域半径内包含对象的多少

① Twisk J, Boer M D, Vente W D et al. Multiple imputation of missing values was not necessary before performing a longitudinal mixed-model analysis [J]. Journal of Clinical Epidemiology, 2013, 66 (9): 1022 – 1028; Siew E D, Peterson J F, Eden S K et al. Use of multiple imputation method to improve estimation of missing baseline serum creatinine in acute kidney injury research [J]. Clinical Journal of the American Society of Nephrology, 2013, 8 (1): 10 – 18; Lee K J, Roberts G, Doyle L W et al. Multiple imputation for missing data in a longitudinal cohort study: A tutorial based on a detailed case study involving imputation of missing outcome data [J]. International Journal of Social Research Methodology, 2016: 1 – 17; De G M C M, Merel V D, Jager K J et al. Multiple imputation: dealing with missing data [J]. Nephrology Dialysis Transplantation, 2013, 28 (10): 2415 – 2420; Resche-Rigon M, White I R, Bartlett J W et al. Multiple imputation for handling systematically missing confounders in meta-analysis of individual participant data. [J]. Stats in Medicine, 2013, 32 (28): 4890 – 4905.

② 向晖．个人信用评分组合模型研究与应用［D］. 长沙：湖南大学，2011.

③ 王莉君，何政伟，冯平兴．基于 ICA 的异常数据挖掘算法研究［J］. 电子科技大学学报，2015，44（2）：212.

来判断异常样本点；第二种策略是利用 K 最近邻距离的大小判定异常样本点。[①] 基于距离的方法简单易行，相对于确定数据分布来说，确定近邻距离更加容易，且适合高维数据的异常样本点检测。然而该方法不能处理密度分布不均匀的信用特征数据集的异常点检测，因为其使用的算法参数（例如邻域半径、对象数量和 K 近邻距离）无法在密度区域不同的数据集中确定唯一的合适的全局阈值。[②]

基于密度的方法用于检测分布密度不均匀的数据集的异常样本点。该方法通过计算每个样本点的局部邻域密度判断异常样本。[③] 基于密度的方法的时间复杂度较高，不适用于大规模高维度信用数据集的异常样本检测。[④]

综上所述，已有研究在信用评价数据的预处理方面取得了一定的成果。但是，仍然存在一些问题需要进一步研究解决。第一，现有的多重填补法难以对包含类别变量的信用数据集的缺失值进行填补。而某些类别变量能够在缺失值填补过程中提供有价值的信息，需要进一步研究能够综合利用连续变量和类别变量信息的缺失值填补方法。第二，现有的基于距离的异常样本检测方法难以有效处理分布密度不均匀信用数据集的异常样本检测，而基于密度的异常样本检测方法的算法复杂度又过高，难以适应大规模高维度信用数据集的异常样本检测需求。为此，需要进一步研究网络环境下适应于分布密

---

① 李少波，魏中贺，孟伟．基于距离的数据流在线检测算法研究［J］．计算机应用研究，2015，32（12）：3579－3581.

② Liang J，Yu Z，Yang S. A Method for Automatically Detecting the Living-Alone Elderly's Abnormal Behavior with RTLS［C］//2016 International Conference on Intelligent Control and Computer Application（ICCA 2016）. Atlantis Press，2016；Zhou Q，Hou F，Huang Y. Customer profiling-based optimal load shaving solution［C］//IEEE. Power Engineering and Optimization Conference（PEOCO），2013 IEEE 7th International. 2013：250－255；Dani M C，Freixo C，Jollois F X et al. Unsupervised anomaly detection for aircraft condition monitoring system［C］//IEEE. 2015 IEEE Aerospace Conference. 2015：1－7；Sun Z，Ma C，Li W et al. Flight Operations Quality Assurance Based on Clustering Analysis［C］//Proceedings of the First Symposium on Aviation Maintenance and Management-Volume II. Springer Berlin Heidelberg，2014：413－422.

③ Cassisi C，Ferro A，Giugno R et al. Enhancing density-based clustering：Parameter reduction and outlier detection［J］. Information Systems，2013，38（3）：317－330；Keller F，Muller E，Bohm K. HiCS：High contrast subspaces for density-based outlier ranking［C］//IEEE. 2012 IEEE 28th International Conference on Data Engineering. 2012：1037－1048.

④ Schubert E，Zimek A，Kriegel H P. Generalized Outlier Detection with Flexible Kernel Density Estimates［C］//SDM，2014（14）：542－550.

度不均匀的大规模高维度信用数据集的异常样本检测方法。

2.1.2　信用特征选择

信用特征的选择方法总体上分为定性和定量两大类。定性方法是从信用的定义和相关特征的角度出发，根据专家经验选取信用特征对评价对象的信用进行衡量。根据信用的定义，借款人的信用是由还款能力和还款意愿两个方面决定的。① 在还款能力方面，工资收入和资产状况等信用特征能够有效地体现用户在金融和商务活动中的还款能力，进而影响到其信用水平。② 在还款意愿方面，性别、年龄、婚姻状况、受教育程度等信用特征与用户的还款意愿密切相关，进而影响到一个人的信用状况。已有研究表明，女性较之男性的还款意愿更强，信用也相对较好；年长已婚人士的责任意识和信用水平较之年轻未婚人士更好；受教育程度较高的人的还款意愿和信用状况也相对较好。③ 郭昱等人在还款意愿和还款能力的基础上将成长潜力也纳入信用特征体系。④ 其他常用的信用特征定性选择方法还包括 5C 法、5P 法和 5W 法等。⑤ 其中，5C 法的应用范围最广，主要是从借款人的品行特质（character）、偿还能力（capacity）、资金状态（capital）、抵押与担保（collateral）和外部环境

---

① Duarte J, Siegel S, Young L. Trust and credit: the role of appearance in peer-to-peer lending [J]. Review of Financial Studies, 2012, 25 (8): 2455 - 2484; Sandleris G. Sovereign defaults, credit to the private sector, and domestic credit market institutions [J]. Journal of Money, Credit and Banking, 2014, 46 (2-3): 321 - 345.

② Paul S. Creditworthiness of a Borrower and the Selection Process in Micro-finance: A case study from the urban slums of India [J]. Margin: The Journal of Applied Economic Research, 2014, 8 (1): 59 - 75; 姜明辉，谢行恒，王树林等．个人信用评估的 Logistic-RBF 组合模型［J］．哈尔滨工业大学学报，2007, 39 (7): 1128 - 1130; West D. Neural network credit scoring models [J]. Computers & Operations Research, 2000, 27 (11): 1131 - 1152.

③ Neuberger D, Räthke-Döppner S. The role of demographics in small business loan pricing [J]. Small Business Economics, 2015, 44 (2): 411 - 424.

④ 郭昱，马翻翻，郑超文．我国小微企业信用评价指标体系的构建［J］．金融经济（下半月），2015 (1): 156 - 158.

⑤ Zhou X, Zhang X. Fuzzy comprehensive credit evaluation of listed companies in liquor industry [C]// IEEE. Information Management and Engineering (ICIME), 2010 The 2nd IEEE International Conference on. 2010: 472 - 475; Zhang L, Cao S Y, Wang K. Chinese Micro-enterprise Credit Rating Model and Empirical Analysis [J]. Journal of Applied Sciences, 2013, 13 (15): 2959 - 2963.

（condition）等五个方面选择信用特征。定性信用特征选择方法在当收集的信用相关变量较少时非常实用，效率也较高。但随着网络环境下可用的信用特征越来越多，信用特征间的关系变得越来越复杂，单纯依靠专家经验知识和主观判断来进行信用特征的选取具有较大的局限性。为此，研究人员开始结合相关的定量分析方法来确定信用评价的信用特征集。总的来说，信用特征的定量选择方法分为两类：包裹法和过滤法。①

包裹法是一种利用分类算法的性能来判断信用特征集的优劣程度，并在此基础上选择最优的信用特征集的方法。在包裹法中，分类算法是信用特征选择的核心。包裹法中常用的分类算法包括人工神经网络、支持向量机和朴素贝叶斯等。② 卡比尔（Kabir）等运用神经网络模型（NN）构建了一种新的包裹特征选择方法，这种方法能够兼顾模型的预测精度与信用特征之间的相关性。③ 霍什戈夫塔和高（Khoshgoftaar and Gao）选择支持向量机模型（SVM）作为分类算法，并对涉及的所有信用特征逐个进行建模，最后将预测能力高的信用特征纳入构建的信用评价模型中。④ 贝尔梅霍（Bermejo）等人运用朴素贝叶斯算法（NB）构建特征选择方法，并分别从理论与实证的角度分析了这一方法的优点。结果表明，这种新的特征选择方法能够较大地提升模型的效率。⑤ 贝尔梅霍等人提出一种包含两个算法的包裹法，其中第一个算法的作用是对信用特征的预测性能进行排序，第二个算法的作用是选取排好序之后的前若干个信用特征，并在此基础上建立信用评价模型，最后这两个算法相互迭代，一直到没有新的信用特征被选入信用评价模型中为止，此时模型中的信用特征被保留下来。⑥ 包裹法的最大缺点在于它的运算量较大，不

① Liang D, Tsai C F, Wu H T. The effect of feature selection on financial distress prediction [J]. Knowledge-Based Systems, 2015 (73): 289 - 297.

② 黄秋彧，史小康. 个人信用风险评分的指标选择研究 [J]. 新疆财经大学学报，2015 (3): 5 - 15.

③ Kabir M M, Islam M M, Murase K. A new wrapper feature selection approach using neural network [J]. Neurocomputing, 2010, 73 (16): 3273 - 3283.

④ Khoshgoftaar T M, Gao K. Feature selection with imbalanced data for software defect prediction [C]// IEEE. Machine Learning and Applications, 2009. ICMLA'09. International Conference on. 2009: 235 - 240.

⑤ Bermejo P, Gámez J A, Puerta J M. Speeding up incremental wrapper feature subset selection with Naive Bayes classifier [J]. Knowledge-Based Systems, 2014 (55): 140 - 147.

⑥ Bermejo P, Ossa L D L, Gamez J A et al. Fast wrapper feature subset selection in high-dimensional datasets by means of filter re-ranking [J]. Knowledge-Based Systems, 2012, 25 (1): 35 - 44.

适合大规模数据的处理。此外，由于它依赖于具体的分类算法，因此它的稳定性较差，容易出现过拟合现象，且适合于一种分类算法的最优信用特征集，不一定也适合于其他分类算法。①

过滤法并不依赖于某一个具体的分类算法，它是依据一定的规则，从总体信用特征集合中选出最优的信用特征子集。过滤法的优势在于方法简单且计算量小，这类方法又可以进一步细分为特征排序法与特征子集法。② 特征排序法是根据相关统计量对特征的重要性程度从高到低进行排序，并将排名靠前（即重要性程度高）的特征选为最终的信用特征。常用的特征排序法有卡方统计量法、信息增益法、Relief F 法、IV 信息量法、Gini 指数法、阈值法和信息比率法等。③ 特征排序法虽然反映了信用特征对信用状态变量的重要性，但未充分考虑信用特征之间的关系，容易出现多重共线性。

特征子集法不仅考虑了信用特征对于信用状态变量的重要性，还能有效避免信用特征之间的相关性。常用的特征子集法包括基于一致性和相关性的特征选择方法。一致性法主要根据数据的不一致性程度来选择最优信用特征集，其基本思想是：如果两个样本在信用特征集 C 上的取值相同，则它们的信用状态也应该是一致的；反之，如果两个样本属于不同的信用状态，但是它们在信用特征集上的取值是相同的，则称之不一致。④ 达什（Dash）等人提出了基于一致性的信用特征选择方法，该方法以信用特征子集的一致性比率来衡量其优劣。这一方法的缺点在于信用特征子集数量十分庞大，需要计算的一致性比率的数目过多，因此 Dash 等人建议使用一些最优信用特征子集的搜索方法，如探索法、概率法等。⑤ 此外，一致性法只适用于离散数据，因此对于连续型信用特征需要在使用该方法之前进行数据离散化处理。基于相关

---

①② 黄秋彧，史小康．个人信用风险评分的指标选择研究［J］．新疆财经大学学报，2015（3）：5－15.

③ Van Hulse J，Khoshgoftaar T M，Napolitano A et al. Threshold-based feature selection techniques for high-dimensional bioinformatics data［J］. Network Modeling Analysis in Health Informatics and Bioinformatics，2012（1）：47－61.

④ 向晖．个人信用评分组合模型研究与应用［D］．长沙：湖南大学，2011.

⑤ Dash M，Liu H，Motoda H. Consistency based feature selection［C］//Pacific-Asia conference on knowledge discovery and data mining. Springer Berlin Heidelberg，2000：98－109；Dash M，Liu H. Consistency-based search in feature selection［J］. Artificial intelligence，2003，151（1）：155－176.

性的信用特征子集选择方法的基本思想是：优良的信用特征子集中的每个信用特征应该与信用状态变量高度相关，与此同时，信用特征子集中的各个信用特征之间呈现出不相关或弱相关。① 有学者提出了一种新的基于相关性的特征选择方法，该方法利用对称不确定性原理来确定相关性的大小。② 也有学者提出了一种快速聚类特征选择法，此方法首先将特征划分为不同的组，并使组内特征的相关性较高而组间特征的相关性较低；在此基础上，从每一组中选出最有代表性的特征组成最终的特征子集。③ 利用这种方法得到的信用特征彼此间的相关性较小却对信用状态变量具有较好的预测能力。

综上所述，现有的研究已经在信用特征的选择方面取得了一定的成果。然而，仍然存在以下问题需要解决。第一，互联网金融业务中，能够获得许多传统环境下难以获取的且与借款人信用密切相关的数据，如社会网络数据。如何充分利用这些数据选择信用特征，需要进一步加强对信用特征的研究并引入相关的理论基础。第二，互联网金融业务中，信用特征的变量类型多样，既包括定距变量也包括定类变量，不同信用特征与信用状态变量间的关系类型也不同，既包括线性关系，也包括非线性关系。已有的单一的信用特征定量选择方法难以适应多变量类型和多关系类型下的信用特征选择要求，为此需要进一步研究基于综合定量分析的信用特征选择方法。

2.1.3 信用评价模型

已有研究表明，现有的信用评价模型主要包括三大类：统计学评价模型、非统计学评价模型和组合评价模型。

1. 统计学评价模型

统计学信用评价模型运用的方法通常包含判别分析法、Logistic 回归法和

---

① Hall M A. Correlation-based feature selection for machine learning [D]. Hamilton: The University of Waikato, 1999.

② Piao Y, Piao M, Park K et al. An ensemble correlation-based gene selection algorithm for cancer classification with gene expression data [J]. Bioinformatics, 2012, 28 (24): 3306 – 3315.

③ Song Q, Ni J, Wang G. A fast clustering-based feature subset selection algorithm for high-dimensional data [J]. IEEE transactions on knowledge and data engineering, 2013, 25 (1): 1 – 14.

决策树法等。费希尔（Fisher）首先运用判别分析法对分类问题展开研究，这也是 Fisher 判别分析法的起源。① 大卫·杜兰特（David Durand）最早将 Fisher 判别分析方法应用到对不良贷款的识别领域。② 此后，艾森贝斯（Eisenbeis）把 Fisher 判别分析法应用在信用评分领域并进行了推广。③ 一些研究结论表明，判别分析模型能够很好地对信用风险进行识别和评估（Rosenberg and Gleit，1994）。④ 直至今日，判别分析模型仍然被作为一种基准的信用评价方法并在一定范围内适用。判别分析模型在信用评价中的应用效果较好，但是这一模型对数据有着严格的统计学假设条件，例如变量须服需从多元正态分布、方差－协方差矩阵相等、违约的先验概率和误判成本须已知等。然而，在实际建模过程中，绝大多数信用特征变量并不能满足这些条件。为此，研究人员开始寻找新的模型以弱化对信用特征变量的要求。Logistic 回归模型因其所需的前提假设条件较少，稳定性程度较高等优点，已经成为信用评价领域中使用最为广泛的模型之一。威金顿（Wiginton）最早将 Logistic 回归模型运用于信用评分领域。⑤ 后来，克莱默（Cramer）对 Logistic 回归方法的几种变形展开了研究，结果表明，边界 logistic 回归法的分类精度更高。⑥ 决策树模型是另一种应用非常广泛的统计信用评价模型，它的分析结果较为直观，易于解释。李（Lee，2006）等人对决策树模型在信用评价领域中的应用进行了深入的研究并取得了较好的效果，他指出决策树模型具有自动选择信用特征，处理缺失数据能力较强，分析结论的准确性较高

---

① Fisher R A. The Use of Multiple Measurement in Taxonomic Problem [J]. Annuals of Eugenic, 1936 (7): 179－188.

② Durand D. Risk Elements in consumer Installment financing [M]. New York: National Bureau of Economic Research, 1941: 60－72.

③ Eisenbeis R A. Pitfalls in the application of discriminant analysis in business, finance, and economics [J]. The Journal of Finance, 1977 (32): 875－900; Eisenbeis R A. Problems in applying discriminant analysis in credit scoring models [J]. Journal of Banking and Finance, 1978 (2): 205－209.

④ Rosenberg E, Gleit A. Quantitative methods in credit management: a survey [J]. Operations Research, 1994 (42): 589－613.

⑤ Wiginton J C. A note on the comparison of logit and discriminant models of consumer credit behaviour [J]. Journal of Financial and Quantitative Analysis, 1980 (15): 757－770.

⑥ Cramer J S. Scoring bank loans that may go wrong: A case study [J]. Statistica Neerlandica, 2004, 58 (3): 365－380.

等优点，但模型的稳定性较弱。① 总体来看，虽然统计信用评价模型在一些应用场景下表现良好，且具有较好的可解释性和稳定性，但它要求信用特征的原始数据符合严格的统计学假设，并且通常只在样本量较大的情况下才能奏效。

2. 非统计学评价模型

非统计学信用评价模型可以有效弥补统计学信用评价模型的不足之处，常用的非统计学评价模型包括线性规划、神经网络、支持向量机、遗传算法和专家系统等。线性规划是一种运筹学方法，它能够将信用评价问题转化成一个带有不等式约束的最优化问题。奥多姆（Odom）首次将神经网络方法引入信用风险评估。② 多位学者的研究结论显示，当各信用特征间呈现复杂的非线性关系时，神经网络模型（NN）能够发挥明显的优势。③ 然而，另一方面由于神经网络模型具有稳定性较差、网络结构难以确定、缺乏良好的可解释性等缺陷，目前其在信用评价领域的应用仍然受到一定的限制。支持向量机（SVM）是机器学习领域中的前沿成果之一，它将模型训练误差作为优化问题的约束条件之一，并将置信范围的最小化作为优化目标，寻求唯一的全局最优解。贝森和格斯特尔（Baesens and Gestel）率先将支持向量机模型运用到信用评价领域，他们的研究结果表明，基于支持向量机的信用评价方法的效果显著优于基于线性回归与神经网络的信用评价方法。④ 国外学者舍比施（Schebesch）与斯泰克（Stecking）、贝洛蒂（Bellotti）与克鲁克（Crook），

---

① Lee T S, Chiu C C, Chou Y C et al. Mining the customer credit using classification and regression tree and multivariate adaptive regression splines [J]. Computational Statistics & Data Analysis, 2006, 50 (4): 1113-1130.

② Odom M, Sharda R. A neural network model for bankruptcy prediction [C]//Proceedings of the international joint conference on neural networks. Alamitos, 1990: 231-245.

③ Desai V S, Crook J N, Overstreet G A. A comparison of neural networks and linear scoring models in the credit union environment [J]. European Journal of Operational Research, 1996, 95 (1): 24-37; West D. Neural network credit scoring models [J]. Computers & Operations Research, 2000, 27 (11-12): 1131-1152; Malhotra R, Malhotra D K. Evaluating consumer loans using neural networks [J]. Omega, 2003, 31 (2): 83-96; Hajek P. Municipal credit rating modelling by neural networks [J]. Decision Support Systems, 2011, 51 (1): 108-118.

④ Baesens B, Gestel T V, Viaene S et al. Benchmarking state-of-the-art classification algorithms for credit scoring [J]. Journal of the Operational Research Society, 2003 (54): 627-635.

以及国内学者沈翠华、钟波和肖智、肖文兵和费奇等人针对支持向量机信用评价方法做了进一步研究。[①] 虽然支持向量机方法在信用评价领域表现出良好的应用效果，但仍然存在一些问题。例如，如何选择支持向量机的核函数，以及如何设置模型的相关参数仍然需要依靠专家的知识和经验，没有确定的公式可供计算；此外，支持向量机模型也具有黑箱的特点，分析结果的可解释性较差，从信用评价模型中无法得到信用的结构特征。霍兰（Holland）等人于 1975 年提出的遗传算法是一种随机搜索优化算法，它主要通过模仿生物的进化过程来得到最优决策。福格蒂和艾尔森（Fogarty and Ireson）最早将遗传算法运用到个人信用评价领域，[②] 之后，米查尔维奇（Michalewicz）与奥巴斯（Obas）等人对基于遗传算法的个人信用评价模型做了更加深入的研究。[③] 史丹·戴维斯（Stan Davis）等人在个人信用评分卡的开发中运用了遗传算法。[④] 专家系统是一个贷款决策规则的集合，根据信贷管理专家的知识与经验，总结出各种信贷决策规则，并用于评估贷款的违约风险。戴维斯等人（Davis，Edelman and Gammerman）将贝叶斯专家系统应用到信用卡申请者的分类问题中，并将分类结果与基于神经网络模型的分类结果进行比较。[⑤] 伦纳德（Leonard）构建了一个可以用于预测信用卡欺诈行为的专家系统。[⑥] 塔莱布扎德（Talebzadeh）等人描述了专家系统的构建过程，并将专家系统运用到

---

① 沈翠华．基于支持向量机的消费信贷中个人信用评估方法研究［D］．北京：中国农业大学博士学位论文，2004；Schebesch K B，Stecking R. Support vector machines for classifying and describing credit applicants：detecting typical and critical regions［J］. Journal of the Operational Research Society，2005，56（9）：1082－1088；Bellotti T，Crook J. Support vector machines for credit scoring and discovery of significant features［J］. Expert Systems with Applications. 2008，36（2）：3302－3308；钟波，肖智．基于 LS-SVM 的信用评价方法［J］．统计研究，2005（11）：29－31；肖文兵，费奇．基于支持向量机的个人信用评估模型及最优参数选择研究［J］．系统工程理论与实践，2006（10）：73－79.

② Fogarty T C，Ireson N S. Evolving Bayesian classifiers for credit control-comparison with other machine-learning methods［J］. IMA J Management Math，1993，5（1）：63－75.

③ Michalewicz Z. Evolutionary algorithms for constrained parameter optimization problems［J］. Evolutionary computation，1996，4（1）：1－32.

④ Davis S，Albright T. An investigation of the effect of Balanced Scorecard implementation on financial performance［J］. Management Accounting Research，2004，15（2）：135－153.

⑤ Davis R H，Edelman D B，Gammerman A J. Machine-learning algorithms for credit-card applications［M］. London：Oxford University Press，1992：129－137.

⑥ Leonard K J. Detecting credit card fraud using expert systems［J］. Computers & Industrial Engineering，1993，25（1）：103－106.

处理抵押贷款的申请中。[①]

3. 组合评价模型

组合评价模型是近年来信用评价领域的一大趋势，它能够有效促使多个模型之间的优势互补，克服单一模型的缺陷。目前，组合信用评价模型的构建有三种方式。

第一种方式是将多个模型进行串行组合，即前一个模型的输出和其他信用特征一起作为后一个模型的输入，并将最后一个模型的输出作为组合评价模型的分析结果。有学者提出了一种“两阶段混合神经网络判别方法”的组合评价模型，该模型将判别分析法产生的结果与其他信用特征一同作为输入单元，构建神经网络模型（Lee T S，Chiu C C，Lu C J et al.，2002）。研究结论表明，这种组合评价模型能够显著缩短神经网络的训练时间并可以有效地提高信用评价模型分类的精度。[②] 石庆炎提出了一种基于神经网络和逻辑回归的混合两阶段信用评分组合模型，在这一模型中，神经网络的输出结果与其他信用特征一同作为逻辑回归模型的输入变量，用以构建个人信用评分的组合模型，并运用因子分析方法解决逻辑回归模型中的多重共线性。研究结论表明组合模型的分析精度显著高于单一的逻辑回归模型，组合模型的鲁棒性也比单一的神经网络模型优良；此外，组合评价模型中的信用特征均具有良好的解释意义。[③]

第二种构建组合模型的方式是将多个信用评价模型的输出结果进行并行组合。其中每个信用评价模型均采用不同的分类算法。姜明辉将逻辑回归模型和径向基函数神经网络模型的分析结果通过线性方法进行组合，研究结果表明，组合模型的总体分类精度具有显著提升，且第二类误判率明显低于各个单一模型。[④] 也有学者采用加权投票法对多重判别、逻辑回归、支持向量

① Talebzade H，Mandutianu S. Countrywide loan underwriting expert system ［C］. Seattle：The 6th Innovative Applications of Artificial Intelligence Conference，1994：224 –234.

② Lee T S，Chiu C C，Lu C J et al. Credit scoring using the hybrid neural discriminant technique ［J］. Expert Systems with Applications，2002，23（3）：245 –254.

③ 石庆焱．一个基于神经网络 –Logistic 回归的混合两阶段个人信用评分模型研究［J］. 统计研究，2005（5）：45 –49.

④ 姜明辉，谢行恒，王树林等．个人信用评估的 Logistic-RBF 组合模型［J］. 哈尔滨工业大学学报，2007，39（7）：1128 –1130.

机、神经网络、决策树以及最近邻模型的分析结果进行组合，结果表明，组合评价模型在总体分类精度和鲁棒性等方面均具有明显的提升。①

第三种组合模型的构建方式是通过 bagging 或 boosting 等集成算法产生多个训练集，并选取某种不稳定的分类算法（即训练集的微小变动能够使得分类结果显著变动，如决策树和神经网络等）在这些训练集上建立模型，最后对这些模型分析结果进行一定的组合。bagging 和 boosting 的主要区别在于产生训练集时的抽样方式不同，bagging 采用随机抽样产生训练集，而 boosting 根据分类错误率对误分类的训练例赋予更大的权重；此外，bagging 算法中各预测函数没有权重，而 boosting 算法中对预测效果好的函数赋予更大权重。②基于 bagging 和 boosting 组合模型的构建方法又被称为集成或融合（ensemble）。大卫·韦斯特（David West）采用 bagging 和 boosting 方法构建了神经网络集成模型，③ 马里奥拉（Mariola）使用 bagging 和 adaboost 方法集成了决策树模型，实验结果表明集成方法可以显著提高信用评分模型的预测精度与泛化能力。④ 芬莱·史蒂文（Finlay Steven）建立了多种基于 bagging 和 boosting 的集成个人信用评分模型，并将它们的应用效果与传统单一模型的应用效果进行了比较，实验结果表明，集成模型要明显优于单一模型。⑤

综上所述，已有研究在信用评价模型构建方法上取得了一定的成果。然而，仍然存在一定的问题需要进一步解决。第一，现有的 boosting 集成学习模型仅考虑了加强对误分类样本的学习，未能综合考虑不同基分类器对样本分类的一致性和误分类成本等信息，给模型的精度造成一定的影响。需要进一步研究基于分歧度和误分类成本的 Adboost 集成学习模型。第二，现有的信用

① Sun J, Li H. Listed companies' financial distress prediction based on weighted majority voting combination of multiple classifiers [J]. Expert Systems with Applications, 2008, 35 (3): 818 - 827.

② Dietterich T G. An experimental comparison of three methods for constructing ensembles of decision trees: Bagging, boosting, and randomization [J]. Machine learning, 2000, 40 (2): 139 - 157.

③ West D, Dellana S, Qian J X. Neural network ensemble strategies for financial decision applications [J]. Computers & Operations Research, 2005, 32 (10): 2543 - 2559.

④ Chrzanowska M, Alfaro E, Witkowska D. The individual borrowers' recognition: Single and ensemble trees [J]. Expert Systems with Applications, 2009, 3 (2): 6409 - 6414.

⑤ Finlay S. Multiple classifier architectures and their application to credit risk assessment [J]. European Journal of Operational Research, 2011, 210 (2): 368 - 378.

评价模型未能充分考虑网络环境下信用所具有的全息性等特性。评价对象的信用信息不仅分布在互联网金融平台上，也广泛分布在不同的网络业务平台中。如何建立不同分析主体之间的协同交互机制，集成评价对象在多个业务平台上的信用相关数据，并构建基于协同分析的跨业务信用评价模型仍然有待研究。

2.2 信息不对称理论

信息不对称是信用风险产生的根本原因。它指的是在经济活动的过程中，各类参与人员对相关信息的掌握程度是有差异的；信息获取较为充分的参与者，一般处于相对有利的地位，而信息掌握匮乏的参与者，则处于较为不利的地位。信息不对称理论最早是由美国经济学家阿克洛夫、斯彭斯、斯蒂格利茨（Akerlof，Spence and Stiglitz）三人共同提出的，主要包括以下观点：（1）市场经济活动中卖方比买方掌握更多的商品信息；（2）占有信息较为充分的参与者可以通过向其他参与者传送信息而在市场活动中获取利益；（3）交易双方中信息掌握匮乏的一方会尽力从另一方获得信息；（4）市场信号能够在一定程度上缓解信息不对称的程度；（5）信息不对称对市场经济活动产生了严重的危害，政府应当在市场体系中发挥一定的作用以克服这种危害。信息不对称理论能够有效地解释许多市场现象，例如股市变动、失业问题、商品促销、信贷配给、产品的市场占有等，已经成为现代信息经济学的核心理论之一，并被广泛运用到线下和线上金融市场等多个领域。

信息不对称将导致合约缔结前的逆向选择和合约缔结后的道德风险，降低了市场配置资源的效率并极大地增加了交易成本。这里的合同可以是销售合同、雇佣合同，也可以是其他社会契约等。在产品市场上，逆向选择是指在商品交易过程中，由于信息劣势方无法判断产品的真实质量，只愿根据产品的平均质量付价，这就导致优质品的价格被低估而逐渐退出市场，最终导致整个市场上充斥着劣质产品。最早对逆向选择问题进行研究的是美国诺贝尔经济学奖获得者阿克洛夫（Akerlof）。他在 1970 年发表了名为《柠檬市场：质量不确定性和市场机制》的论文，是学术界公认的信息经济学开创性文献。其中“柠檬”在美国俚语中的含义为次品。阿克洛夫在其论文中以旧车市场为例，用逆向选择解释了质量差的二手车将质量好的旧车逐渐挤出二手车市场的过程。随后的学者认为阿克洛夫的二手车市场逆向选择模型具有普遍经济学意义，并将其推广到对其他产品市场的分析，如劳动力市场、保险市场、信贷市场，以及电子商务的拍卖市场、C2C 市场等。例如，陈为民研究了信贷市场中的逆向选择问题，并指出当银行无法识别借款人的信贷风险时，提高贷款利率将导致具有较低风险的借款人（优质借款者）逐渐退出信贷市场，或者迫使他们选择投资风险更高的项目，最终结果使得银行贷款的平均风险升高，期望收益水平降低。李思明分析了互联网金融市场中信息不对称的形成原因和特点，并研究由此引发的逆向选择问题的解决方案。纪淑娴分析了 C2C 电子商务市场上逆向选择的产生原因和表现形式，并从博弈论的视角研究在线信誉系统在消除逆向选择、促进网站信任和卖家信任等方面的积极作用。

道德风险是信息不对称的另一个严重后果。交易者都具有一种自私自利的“机会主义行为倾向”，这就使得信息优势方可能故意隐蔽信息、违反合约，或针对合约的不完全进行投机，从而做出损人利己的行为。有关道德风险的研究最早出现在保险行业，典型的案例是交易者在投保后（是指签订保险合同之后）自身的行为会发生改变。例如，如果一个人购买了汽车保险，他会在使用和保养汽车时比没有购买保险的人更加随意。交易者在投保后的这种行为改变会给保险公司带来巨大的损失，然而由于事后信息不对称的存在，保险公司难以实时对交易者进行全过程的监控，所以要保证交易者的行为在投保前和投保后的一致性只有依靠交易者的道德自律。这种由于事后信息不对称所导致的损失称为道德风险。有关道德风险的研究与应用广泛存在于委托代理问题之中。例如，公司治理问题中的所有人和经理人之间的关系研究、国家治理中的公民和政府间的关系研究均表明存在一定程度的道德风险。此外，金融市场上的道德风险研究也受到广泛关注。向晖分析了个人借贷业务中借款人可能存在的两类道德风险行为：一是借款人在获得贷款后，将资金用于非贷款人所指定用途之中，如将贷款资金投入股票市场；二是借款人在临近还款期限时对借款金额和违约成本进行比较，当违约成本较低时选择违约，从而给贷款人带来巨大损失。申韬指出抵押和担保能有效降低道德风险发生的概率，尤其是抵押品留置权在一定程度上制约了借款人违约风险的发生。谭君从制度层面研究得出，退出登记制度的建立，将在一定程度上减少互联网金融平台经营者卷款的道德风险，同时也最大限度保护了投资者的利益。此外，除了抵押担保和制度完善，信用分析也是降低交易者道德风险发生概率的一种有效手段。

电子商务的发展打破了交易各方在时间和空间方面的限制，极大地扩展了交易对象的范围。然而同时，电子商务也加剧了交易各方之间的信息不对称性，主要由于以下两点原因。

第一，电子商务扩大了交易对象的范围。这造成了交易者之间的重复博弈次数锐减，使得交易者之间由“熟人社会”向“陌生人社会”转变，大大增加了交易各方之间相互了解的难度，造成了严重的信息不对称性。例如，在传统的线下市场中，一个社区的小卖部与该社区的居民经常打交道，大家很熟悉这个小卖部的店主。这是由于线下环境制约了小卖部的服务对象和经营范围，主要是为社区内的住户提供有限的日常生活用品等。因此，小卖部的主人和社区居民间是一种“熟人社会”，小卖部的主人为了获得长期收益，必须保持自身信誉，以招揽回头客。这使得在长期的交易活动中，小卖部主人和社区居民之间不断进行重复博弈，他们之间的信息不对称性大大降低。然而，电子商务环境中，一个卖家的服务对象可以是全国各地甚至是全世界范围内的买家，这些买家很多时候只会与该卖家打一次交道，他们很难对卖家及其产品有深入的了解，这造成了买卖双方间信息的严重不对称。类似的例子还有线上借贷和线下借贷。

第二，交易各方难以进行面对面的交流。电子商务环境中，由于时空的隔离，只能通过图片、文字等信息判断提供的产品和服务的质量，交易者很难有面对面的沟通交流。在这种情况下，交易各方为了自身的利益通常会隐瞒对其不利的信息。例如卖家提供不真实的产品图片以求卖出产品、借款人提供不真实的个人信息以求获得贷款等。

2.3 信用理论

2.3.1 信用及其相关概念

信者，诚实也，是中国价值体系的核心元素之一。《论语》中“信”字的出现频率仅次于“仁”和“礼”。在西方，信用一词起源于拉丁语“Credo”，具有信任和相信（to believe）的含义。由此可见，信用最初是一个伦理和道德范畴的概念。随着社会和经济的发展，信用的内涵中逐渐加入了经济学的内容。《大英百科全书》对信用的解释是“指一方（债权人或贷款人）供应货币、商品、服务或有价证券，而另一方（债务人或借款人）在承诺的将来时间偿还的交易行为”。《牛津法律大辞典》中的信用是指“在得到或提供货物或服务后并不立即而是允诺在将来付给报酬的做法”。我国《现代汉语词典》对信用的定义是：（1）“能够履行跟人约定的事情而取得的信任”，如讲信用，维持信用等；（2）“不需要提供物资保证，可以按时偿付的”，如信用贷款；（3）指商业银行借贷或商业上的赊销、赎购”。综合以上观点，本书将信用定义为交易者在经济活动中履行合约的能力和意愿，其中，合约包含了交易者在经济活动中对其他交易者所做的承诺。为了更好地理解信用，需要进一步将信用与诚信、信任和信誉等若干相近的概念进行区分。

诚信是指诚实守信。对于个人来说，说老实话、办老实事、做老实人，都是诚信的表现。诚信是一种内在品质，是立身之本，也是对人们的行为规范和道德修养方面提出的要求。诚信不是一成不变的，而是在不断运动、变化和发展的。一个人在一时一事上诚信不难，难的是时时、事事、处处都讲诚信。诚信是信任的基础，但与信任不完全相同，这主要是因为信任的建立还需要人们之间相互了解。在现实生活当中，虽然一个人是诚信的，但如果他人对其了解程度不深，也很难建立信任。此外，一个不诚信的人，也可能通过各种手段，骗取他人暂时的信任。然而长久来看，诚信才是信任的基础，没有诚信的人最终获取不了别人的信任。

信任是一种主观信念，主要包含人格信任和系统信任两大类型，是建立信用的基础。① 人格信任通常存在于在熟人社会的范围内，如亲戚、朋友、同学等熟知的人之间。人格信任是在特定的社会背景条件下，以人的社会关系为主导的人治结构，然而，随着商品流动的加快和交易范围的不断扩大，经济活动越来越多的发生在不熟悉的人们之间。在这种环境下，人格信任显示出了巨大的局限性，需要建立以制度为保障的系统信任。系统信任是一种以法制和制度为基础的治理结构。电子商务和互联网金融等的发展正需要建立一种系统信任，并构建以系统信任为基础的信用体系。

从社会关系的角度来看，信任是一种关系，这种关系是建立在诚信的基础之上的。信任作为一种关系具有多维性、动态性、传递性和不对称性等特征。② 多维性是指信任关系具有领域特征。例如 A 在家用电器领域信任 B，则 A 可能会购买 B 推荐的家用电器类产品，但是如果 B 推荐给 A 其他领域的产品则未必能够产生足够影响力。可见，信任关系是多维的，不同方面的信任在经济活动中的作用和效果不同。动态性是指信任关系不是一成不变的，一般情况下，随着社会经济活动的展开，各主体之间相互了解程度的加深，信任关系时刻在变。例如，在网络营销中经常需要动态分析被信任者的影响力的动态变化，以便获取更好的营销效果。信任关系具有传递性。例如，A 信任 B，B 信任 C，则 A 会在一定程度上信任 C。信任还具有不对称性，即 A 信任 B，B 不一定信任 A。

信誉是建立在诚信、信任和信用基础之上的一种声誉。它有助于在人、组织、商品这三者之间建立一种相互信任的生产关系和社会关系，并使得交易活动的各方自愿地反复交往，甚至愿意付出更多的代价来维系交往。信誉

---

① Alfarez Abdul-Rahman, Stephen Hailes. A Distributed Trust Model [C]. Langdale, Cumbria UK: 1997 New Security Paradigms Workshop, 1998: 48 -60.

② Liu S X, Jiang C Q, Ding Y. Identifying effective influencers based on trust for electronic word-of-mouth marketing: A domain-aware approach [J]. Information Science, 2015 (306): 34 -52.

和信用的区别在于：信用是一种履行合约的能力和意愿的体现。然而任何合约都具有不完备性，信誉不仅对经济活动参与者的履约能力和意愿提出要求，还对其在合约不完备之处具有更高层面的道德自律要求。好的信誉是一种无形资产，这种无形资产能够为个人或组织带来更多的市场空间和社会资源。① 然而，这种无形资产难以获得却容易失去。难以获得是因为它需要由长期的诚信行为、广泛的信任关系和良好的信用记录累积而成；容易失去是因为任何违约行为都有可能使先前努力积累的信誉损失殆尽。从这个意义上来说，信誉好的人一般具有良好的信用，因为不好的信用记录，会极大地损害其长期以来苦心经营的信誉；但是仅拥有好的信用记录好并不一定能够产生良好的信誉。信誉在不同类型业务中具有不同的形式。有的学者利用还款历史来表示企业在银行信贷业务中的信誉。② 有的学者将企业在商业信贷中的信誉表示为该企业被报纸等媒体报道的条目数（Machteld V D B，Aerts W，2014）。③ 电子商务平台的信誉系统通过收集、总结与发布交易者之间的相互评价来体现他们的信誉，促进陌生人之间的合作活动，构建基于网络信任的信誉管理机制。还有学者（Xiao S，Dong M，2015）运用隐式半马尔科夫链模型研究了线上线下（O2O）电子商务市场的信誉管理问题。他们从消费者、线下商店和第三方等多个方面考察 O2O 市场上交易者的信誉。从消费者获取的信誉数据包括产品或服务预定时间、消耗时间和评分等；从线下商店获取的信誉数据包括提供的产品和服务类型、当前服务能力、当前信誉状态、可预见未来的信誉状态等；从第三方获取的信誉数据包括初始注册资本、最大服务能力、信贷历史记录、认证状态、法规遵从性记录、行业标准合规记录和登记时间等。④

综上所述，诚信、信任、信用和信誉四者之间是相互辩证的，既有区

---

① Lin Z X，Li D，Janamanchi B et al. Reputation distribution and consumer-to-consumer online auction market structure：An exploratory study [J]. Decision Support Systems，2006，41（2）：435－448.

② Wang T C. Paying back to borrow more：Reputation and bank credit access in early America [J]. Explorations in Economic History，2008，45（4）：477－488.

③ Machteld V D B，Aerts W. Media reputation of a firm and extent of trade credit supply [J]. Corporate Reputation Review，2014，17（1）：28－45.

④ Xiao S，Dong M. Hidden semi-Markov model-based reputation management system for online to offline（O2O）e-commerce markets [J]. Decision Support Systems，2015（77）：87－99.

别又有联系。其中诚信是信任和信用的基础，而这三者又是产生信誉的必备条件。

2.3.2 信用的特性

信用是一个多学科领域的概念，从不同的学科视角，信用所具有的特性也不同。从伦理学的视角来看，信用是一种信守承诺的道德品质，具有责任性、意志性、自律性、精神性、广泛性等特性。从法学的视角来看，信用是一种契约关系上的权利和义务，具有权威性、必行性、平等性、主体认同性和直接显现性等法律特性。随着经济和社会的发展，信用越来越多地被赋予经济学含义。从经济与金融的视角看，信用的特性包括：资本性、动态性、全息性和全程性。

1. 资本性

信用具有资本性。在传统的金融市场上，信用通常表现为商品资本和货币资本。例如，在供应链的上下游企业间，一方授予另一方商业信用，其表现形式为商品资本，即商品所有权的暂时让渡，信用接受方需在规定的期限内将货款支付给信用授予方。信用还可以表现为货币资本，如在银行贷款中，银行授予贷款申请人一定的信用，其表现形式为授信额度。此外，信用还表现为社会资本，信用的应用场景已经深入衣食住行等社会生活的方方面面，如图 2 - 1 所示。信用良好的人能够更加容易在社会生活中获取其所需的社会资源，如工作机会、项目合作机会、人脉资源和决策信息等。信用的多种资本形式之间可以相互转化。例如，互联网金融借贷业务中，出借人通过投标向借款人授予信用，与此同时，投标行为也形成了出借人和借款人之间的社会网络。如果一个借款人发布的借款申请获得很多出借人竞标，该借款人很有可能拥有雄厚的社会资本，表现为在线社会网络中的朋友，则该借款人越有可能获得贷款。即他的社会资本能够转化为金融资本。

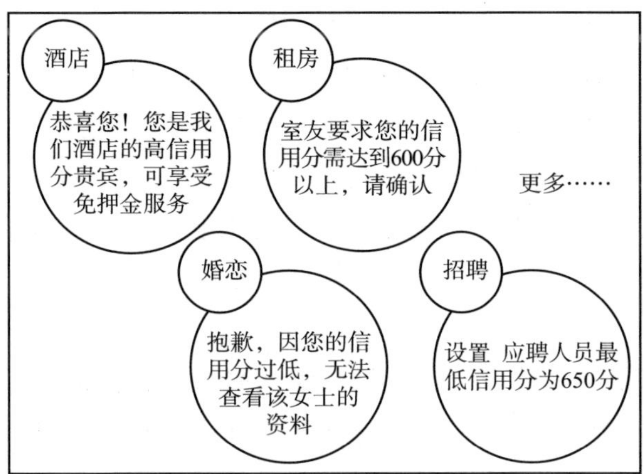

图 2－1　信用的生活类应用场景

2. 动态性

信用具有动态性。信用的动态性是由两个方面引起的。一方面，信用特征的值在不断变化；① 另一方面，这些信用特征对信用状态变量的影响力强度也在不断变化。② 传统的金融市场信用评价主要基于财务信息和个人信息选择相关信用特征，这些特征的变动较为缓慢，很难反映出信用的动态性。互联网金融业务中，信用特征还能够来自大量的线上非财务变量，③ 如在线评论变量和社会网络变量等。这些信用特征是实时变化的，相较于线下环境，更能

① Creal D, Schwaab B, Koopman S J et al. Observation-driven mixed-measurement dynamic factor models with an application to credit risk [J]. Review of Economics and Statistics, 2014, 96 (5): 898－915; Faming Z. A new method of dynamic credit evaluation based on som-k and its application [J]. International Journal of Digital Content Technology & its Applications, 2012, 6 (13): 378－387; Jiang W J, Xu Y S, Guo H et al. Multi agent system-based dynamic trust calculation model and credit management mechanism of online trading [M]. New York: Springer International Publishing, 2015: 168－181.

② Kao L J, Wu P C, Lee C F. An assessment of copula functions approach in conjunction with factor model in portfolio credit risk management [M]//Handbook of financial econometrics and statistics. New York: Springer, 2015: 299－316; Li D, Lin Z. Negative Reputation Rate as the Signal of Risk in Online Consumer-to-consumer Transactions [C]. ICEB, 2004: 868－873.

③ Zheng H, Li D, Wu J et al. The role of multidimensional social capital in crowdfunding: A comparative study in China and US [J]. Information & Management, 2014, 51 (4): 488－496; Van Vlasselaer V, Bravo C, Caelen O et al. APATE: A novel approach for automated credit card transaction fraud detection using network-based extensions [J]. Decision Support Systems, 2015 (75): 38－48.

反映出信用的动态性。已有学者利用时间序列和信用迁移矩阵等方法，研究了由于信用特征取值的变动而造成的信用动态性。此外，信用特征对交易者信用的影响力强度也在不断变化。如某一交易者在十年前的违约行为对其当时的信用影响力较大，而对其现在的信用影响力较小。简而言之，同一信用特征在某一特定时刻的取值对交易者信用的影响力强度是随着时间推移动态变化的。

3. 全息性

信用的全息性是指交易者的信用能够从多个业务视角全方位呈现出来。① 由于同一交易者能够以不同的身份参与到多个业务的交易活动中，其在每个业务中的信用合约内容以及影响合约履行的因素是不同的，因此他在不同的业务中具有不同的信用值。交易者在每个业务中的信用值均可以看作他的全息信用在某一业务维度的投影。例如，一个交易者可以是电子商务贷款中的借款人，同时他还可以是电子商务市场上的卖家。在贷款业务中，作为借款人，其信用合约的内容是在规定的期限内偿本付息，影响合约履行的因素包括项目风险、市场风险、借款人道德水平等。在买卖业务中（如 C2C 交易），作为卖家，其信用合约的内容是在一定期限内向消费者提供承诺的、质量有保障的产品和服务，影响合约履行的因素包括物流能力、产品描述相符程度、售后服务等。若要准确描述这个例子中该交易者的信用，需要从两个维度来衡量，一个维度描述其在借贷业务中的信用，另一个维度描述其在买卖业务中的信用。

从社会经济层面来看，如果信用仅局限于信贷信用，是不完全的信用。例如，一个企业能够如期偿还银行贷款，但可能存在产品不过关、屡遭消费者投诉、偷税漏税，或者企业存在污染和生产安全问题。客观地说，企业信用是企业社会责任的体现，不仅要对金融机构的贷款负责，还要对消费者的消费安全负责，还要履行环保、消防和税收等社会责任。因此，通过全面采集企业多维度的信用数据，才能真实地反映企业的信用。为了体现信用的全息性，林（Lin，2015）等人分析了交易者在电子商务市场上扮演的角色和参

① Lin Z, Whinston A B, Fan S. Harnessing Internet finance with innovative cyber credit management [J]. Financial Innovation, 2015, 1 (1): 1-24.

与的主要业务类型，[①] 并提出一个全息的信用分析框架，将交易者的信用看作一个向量，该向量的每一个维度看作交易者在特定业务场景下的信用。信用的全息性要求信用分析需要关注交易者在不同业务中的履约能力和履约意愿，勾画出交易者的全息信用图谱。

4. 全程性

信用具有全程性。信用的全程性是指信用评价需要贯穿经济活动的全过程，包括交易前、交易中和交易后。[②] 袁登科揭示了电子商务环境下信用的全过程性，并提出一个针对电子商务交易的全过程信用风险管理模型。在这一模型中，他将电子商务业务分为三个大阶段和九个小阶段，如图2-2所示，并分析每个阶段中应着重关注的信用风险项。格鲍尔（Gebauer，2000）指出，网络交易的业务过程分为四个阶段，即信息搜寻、谈判、交易和交易后，每个阶段都牵涉信用问题。[③] 例如，很多贷款申请人在贷前的信用很好，贷后却不按照合约规定的贷款用途使用资金，这些借款人在网络贷款业务的不同阶段的信用是不同的。再比如，有的电子商务卖家在售前的信用很好，一旦产品卖出就不按事先的承诺提供应有的售后服务，这些卖家的信用在买卖业务的不同阶段也是不同的。

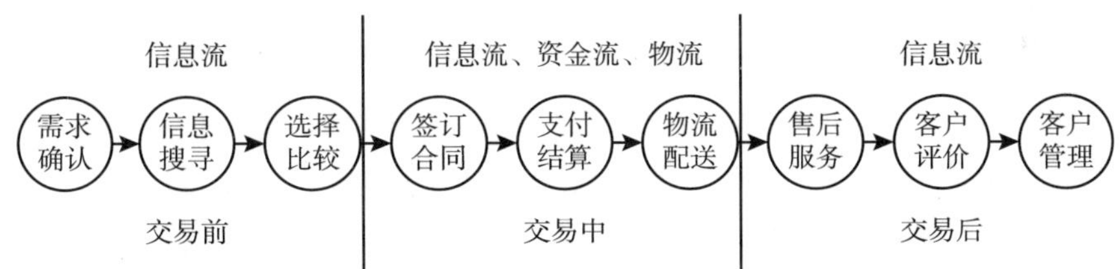

图2-2　网络交易的全过程

① Lin Z，Whinston A B，Fan S. Harnessing Internet finance with innovative cyber credit management [J]. Financial Innovation，2015，1 (1)：1-24.

② Wang Y，Li S，Lin Z. Revealing key non-financial factors for online credit-scoring in e-financing [C]. 2013 10th International Conference on Service Systems and Service Management (ICSSSM)，2013：547-552；Yuan D，Lu T，Yang X et al. A theory analysis and model research on e-commerce credit risk management [C]. 2010 International Conference on E-Business and E-Government (ICEE)，2010：2006-2009.

③ Gebauer J，Scharl A. Between flexibility and automation：An evaluation of web technology from a business process perspective [J]. Journal of Computer-Mediated Communication，2000，5 (2)：1-25.

信用的上述四个特性给互联网金融环境下的信用特征选择提出了新的要求。信用的全息性和全程性要求从不同的业务维度和业务过程全方位地提取信用特征；信用的动态性要求提取信用特征在不同时期的值，用以反映其对信用的动态影响；信用的资本性要求提取合适的信用特征反映交易者的金融资本和社会资本。

2.3.3 信用特征选择的原则

信用特征的选择是信用分析中的重要环节，它直接关系信用评价模型分析结果的真实性和可靠性。信用评价特征的选择应该遵循以下原则。

第一，科学性原则。设计电子商务信用评价特征体系应该在科学理论的指导下进行，以影响个人信用状态的因素及它们之间的关系为依据，结合定性和定量分析方法，科学体现评价模型整体与内部相互关系的数量特征。定性特征应做量化处理，定量特征应注意绝对量和相对量的结合，绝对量反映总量及规模，相对量反映强度和密度。

第二，整体性原则。电子商务信用评价特征体系的整体功能应该超过各个特征的简单求和，能够反映交易者信用状态的整体情况且结构清晰、层次分明、相互关联、协调一致。特征体系应包含影响交易者信用的主要因素，全面反映其履约能力和履约意愿，以保证信用评价的全面性和精确度。

第三，可比性原则。电子商务信用评价要根据反映交易者信用状态的诸多客观特征和主观特征进行。特征体系中包含的特征应符合客观实际，便于相互比较。特征的可比性越强，信用评价效果的可信度就越高。数值型的特征要按某种规则进行转换以消除量纲影响。特征间要避免强的相关关系存在，弱的相关关系也应尽量采取适当的方法予以消除。

第四，实用性原则。电子商务信用评价特征的设计、采集以及使用应遵守相关法律法规、符合国家和地方的方针政策。评分特征必须定义明确、格式规范且便于收集。数据统计的口径和计算要与相关通用标准协调一致。特征体系设计要有较强的可操作性，计算简便、结构清晰、便于进行程序化操作。

第五，本土化原则。各个国家和地区的信用环境、经济文化、个人行为习惯都是有差异的，这样必然导致电子商务信用数据结构上的差异，因此交易者信用评价特征体系的建立必须与国家或地方的经济运行状况和信用环境相适应，每个特征都要结合当地实情和统计分析进行分析。总之，在选择电子商务信用评价特征体系时必须要立足于本国实情，必要时还可根据当地特殊情况建立新特征体系。

2.4 社会资本理论

2.4.1 社会资本的定义

资本是经济学领域的一个最基本概念，它是随着商品经济的发展以及相关理论研究的逐步深入而出现的一个经济学描述性概念。当代西方学者在传统经济学的基础上，将资本的概念进行扩展，他们从社会资源、社会网络的占有与积累、信任和信息等视角提出了社会资本的概念，并认为物质资本、人力资本和社会资本是资本的三大表现形式。

社会资本理论是经济学和社会学等领域研究中的新兴理论，它的产生是建立在对社会网络相关理论与方法的研究基础之上的。20世纪70年代初，几位美国学者（Granovetter，Lin Nan）共同提出并发展了个人社会网络与其拥有的社会资源之间关系的理论，[①] 为社会资本理论的产生奠定了基础。然而，社会资本作为一个正式的概念和术语是由经济学家卢里（Loury G）于1977年在其《种族收入差别的动力学理论》一文中首次提出的。到了20世纪80年代，法国社会学家布尔迪亚（Bourdiea）率先对社会资本的定义、社会资本运作的条件、社会资本的积累和维护、社会资本与金融资本之间的关系等进行

① Lin N，Fu Y C，Hsung R M. The position generator：Measurement techniques for investigations of social capital [J]. Social capital：theory and research. New York：Aldine de Gruyter，2001：57－81.

了系统分析和研究。① 后来经过科尔曼（Coleman）、罗纳德·伯特（Ronald Burt）、帕特南（Putnam）、林南（Lin Nan）等学者的研究，社会资本理论与分析方法又得到了进一步的完善，研究的重点集中在社会资本的概念与特征、社会资本的表现形式和社会资本的功效等方面。② 20 世纪 90 年代之后，社会资本理论逐渐成为经济学、管理学和社会学等学科领域的关注热点，并被广泛应用于对行为经济、信用风险管理、企业绩效管理和政府治理等方面问题的解释与研究中，取得了丰硕的研究成果。这些在各个领域的研究成果又反过来推动社会资本理论的发展。本书将相关学者对社会资本的定义归纳为表 2-1。

表 2-1　社会资本的定义

学者	观点
布尔迪厄（Bourdieu P，2011）	社会资本是包括实际的和潜在的资源集合体，这些资源与一些制度性的关系网络之间存在着密切的联系
卢里（Loury G，1977）	社会资本是人与人之间产生的社会关系
科尔曼（Coleman J S，1988）	社会资本是产生信任的一种机制，具体的形式表现为权威关系、信任关系、规范信息网络、多功能的组织、有意创建的组织等
贝克（Baker W E，1999）	社会资本是关系和资源。如人际关系，个人或企业能够通过关系网络获取所需的资源。包括信息、线索、构思、金融资本、商业契机、情感支持、权力与影响，甚至还包括良好的祝愿，以及信任与合作等
希夫（Schiff M，1992）	社会资本是社会结构中一组可以影响生产功能或效用功能的人与人之间的关系要素
伯特（Burt R S，1997）	社会资本是人与人之间、个人与企业之间的一种关系，它是影响竞争成功的决定因素之一
方丹（Fountain J E，1998）	信任的可传递性是社会资本最重要的特征，在一个比较大的社会网络中，主体之间无须直接的接触也可以获得相互间的信任

① 任亮．社会资本理论的五个命题［J］．探索，2007（3）：109-113.

② Bourdieu P. The forms of capital［J］. Cultural theory：An anthology，2011：81-93.

续表

学者	观点
施蒂格利茨（StiglitzJ E，2000）	社会资本包括隐含的知识、声誉和组织资本，可以被作为处理道德风险和动机问题的方法
林南（Lin N，2000）	社会资本是一种镶嵌于社会结构中的可以在有目的的行动中汲取资源的能力，主要包含三个要点：镶嵌于社会结构中的资源、个人汲取这些资源的能力、有目的地运用这些资源
安海尔（Anheier H K，1995）	社会资本是一种实际的或潜在的资源集合体，这种资源主要通过制度化的关系网络来取得，它是与文化资本和经济资本相对应的三种基本的资本形态之一
波特斯（Portes A，2000）	社会资本是一种蕴藏于社会网络或更为广泛的社会结构当中的，个人动员稀缺资源的能力
阿德勒等（Adler P et al.，2002）	社会资本是一种可供个体或群体利用的信誉，它蕴含在行动者的社会关系结构与背景之中，它的作用是产生对行动者有利的信息，并积极影响行动者与他人之间的友好和团结
奥斯特罗姆（Ostrom E，2000）	社会资本是关于互动模式的共享知识、理解、规范、规则和期望，群体利用这种模式来完成经常性的活动
加贝（Gabbay S M，1998）	社会资本是一种资源，这种资源是通过关系网络获得的。企业社会资本是企业有形的或无形的资源，这种资源会随着关系网络中关系强度的提升而增加

根据表2－1总结的关于社会资本的定义，可以发现，现有研究主要从宏观和微观两个不同的层面研究社会资本。宏观层面的社会资本研究主要从地区或者国家的视角出发，分析社会资本存量对区域经济增长的作用。从这个意义上来说，社会资本是组织内部成员为了共同的利益而普遍认同和遵守的规范。一个组织的社会资本的强弱反映了该组织内部成员间凝聚力的大小以及成员对规范的遵守程度。一般而言，组织内部成员间的信任度、行为规范特征、网络连接紧密程度等，决定了组织的社会资本状况。普特南在对意大利中北部地区社会资本的研究中发现，该地区弥漫着浓厚的信任与合作氛围，这种氛围能协调人们的行动、提高物质资本和人力资本的投资收益、推动区域经济发展，因此该地区具有较高的社会资本。微观层面的社会资本研究着眼于个人行动者的关系指向特征及其自身社会地位状况对其所能获取的社会

资源的影响，或是关注个人行动者所处的社会网络整体的结构性特征以及网络间的互动和制约对个体获取社会资源的能力的影响。本书侧重于从微观层面，研究社会资本对互联网金融业务中的个人信用的影响。本书所采用的社会资本概念是指个人行动者通过社会关系网络所能够获得的各种社会资源，包括权利、保障、信贷、知识、机会、劳力、情感支持和合作等。这种社会资本对分析个人的经济活动和行为十分重要。①

2.4.2 社会资本的分析维度

有关社会资本维度的划分，以纳比特和戈沙尔（Nahapiet and Ghoshal）的观点最为著名。即根据社会资本的特征，将社会资本的度量维度划分为结构维度、关系维度和认知维度三个方面。②

结构维度的社会资本又称为结构性嵌入，反映了行动者之间联系的整体状态。强调的是社会关系网络的非人格化一面，其分析重点集中在社会网络的规模和结构特征，如网络大小、拓扑结构、网络密度、联通性和行动者在网络中所处的位置等。阿胡贾（Ahuja）等人认为个人在社会网络中社会关系的数量可以用来衡量其结构型社会资本的大小。③ 瓦斯科（Wasko）和法拉杰（Faraj）指出个人行动者在社会网络中的中心度是衡量其结构维度社会资本的一个关键要素。④

关系维度的社会资本又称为关系性嵌入，是指通过利用社会关系或由关系手段获取资源的过程，信任和互惠等因素能够显著影响个人行动者的关系

---

① Batjargal B. The dynamics of entrepreneurs' networks in a transitioning economy: The case of Russia [J]. Entrepreneurship and Regional Development, 2006, 18 (4): 305 – 320.

② Nahapiet J, Ghoshal S. Social capital, intellectual capital, and the organizational advantage [J]. Academy of Management Review, 1998, 23 (2): 242 – 266.

③ Ahuja M, Galletta D, Carley K. Individual centrality and performance in virtual r&d groups: An empirical study [J]. Management Science, 2003, 49 (1): 21 – 38.

④ Wasko M, Faraj S. Why should I share? Examining social capital and knowledge contribution in electronic networks of practice [J]. MIS Quarterly, 2005, 29 (1): 35 – 57.

维度社会资本。关系型社会资本与社会关系的情感性密切相关。[①] 社会网络中关系型社会资本存在于当网络成员有强识别性时、[②] 网络成员互相信任时、[③] 网络成员承认和遵守网络规则时。[④] 与线上社会网络的关系型社会资本的衡量相关的两个因素为承诺与互惠。[⑤] 科尔曼（Coleman）指出，承诺代表个人对未来行为的责任和义务，可以通过频繁的社会交往形成。[⑥] 在互联网背景下，承诺可以指社会网络中个人愿意帮助他人的责任感。[⑦] 除了承诺以外，很多学者认为信任是衡量关系型社会资本的重要因素。[⑧] 通常情况下，良好的历史交往有利于信任的建立。在网络环境中，相信与个人是否愿意给予和接收信息以及是否愿意为提高所在关系网络的共同利益而努力相关。[⑨] 互惠的基本原则是互惠互利，个人对从他人处得到的利益予以回报往往是为了未来持续的有帮助性的交换。[⑩] 因此，在网络环境中，一些软关系主体之间存在交易，这主要是由于双方之间互惠的支持力。[⑪] 因此，如果社会网络中有强烈的互惠意识存在，则网络主体们会更加愿意进行知识交换，以及更进一步的交易行为。[⑫]

---

① Nahapiet J，Ghoshal S. Social capital，intellectual capital，and the organizational advantage [J]. Academy of Management Review，1998，23（2）：242－266.

② Lewick R，Bunker B. Developing and maintaining trust in work relationships [J]. Trust in Organizations：Frontiers of Theory and Research，1996（1）：1－14.

③ Coleman J S. Foundations of social theory [M]. Cambridge，MA：Belknap Press，1990.

④ Putnam R. Tuning in，tuning out：The strange disappearance of social capital in America [J]. Political Science and Politics，1995：664－683.

⑤ Wasko M，Faraj S. Why should I share? Examining social capital and knowledge contribution in electronic networks of practice [J]. MIS Quarterly，2005，29（1）：35－57.

⑥ Coleman J S. Foundations of social theory [M]. Cambridge，MA：Belknap Press，1990.

⑦ Constant D，Sproull L，Kiesler S. The kindness of strangers：The usefulness of electronic weak ties for technical advice [J]. Organization Science，1996，7（2）：119－135.

⑧ Coleman J S. Foundations of social theory [M]. Cambridge，MA：Belknap Press，1990；Fukuyama F. Trust：The social virtues and the creation of prosperity [M]. New York：The Free Press，1995.

⑨ Ridings C M，Gefen D，Arinze B. Some antecedents and effects of trust in virtual communities [J]. Journal of Strategic Information Systems，2002（11）：271－295.

⑩ Shumaker S，Brownell A. Toward a theory of social support：Closing conceptual gaps [J]. Journal of Social Issues，1984，40（4）：11－36.

⑪ Wellman B，Gulia M. Net surfers don't ride alone：Virtual communities as communities [J]. Networks in the Global Village，1999：331－366.

⑫ Wasko M，Faraj S. Why should I share? Examining social capital and knowledge contribution in electronic networks of practice [J]. MIS Quarterly，2005，29（1）：35－57.

认知维度的社会资本是指提供能被其他个人行动者共同理解的话语、知识与意义的资源，如符号、语言、习惯和文化等。组织内部的认知社会资本还包括默认的知识等。[①] 认知性社会资本的获得与个人的专业技能以及个人运用专业技能的能力密切相关。[②] 康斯坦特（Constant）等人发现，拥有更高专业技能的人，更加愿意在网络上向他人提供专业建议。[③] 相反，当个人觉得自己的专业技能不够的时候，则不愿意向他人提供建议。同时，那些具有更长终身任职时间的人更加清楚如何利用自己的专业技能与他人分享经验和交流，因此可以创造和获得更多的认知性社会资本。[④]

上述三个方面是对社会资本最具代表性的划分，对学术界产生了重要的影响。研究者经统计分析后认为，这三者之间的关系是“结构维度和认知维度的社会资本对关系维度的社会资本均具有较为强烈的影响，而结构维度的社会资本对认知维度的社会资本则具有较弱的影响”。[⑤]

2.4.3 社会资本与信用

波多尔尼（Podolny）认为，社会资本是一种“棱镜”。一个人的朋友（社会资本）正像一面镜子，能有效地反映他的社会地位、经济能力、人格品德以及信用等各个方面。[⑥] 蒙哥马利（Montgomery）把社会资本的概念运用到小微贷款的信用评价领域。他认为，借款人的故意赖账等违约行为会直接损害经济活动中其他参与者的利益，进而损害该借款人与其他参与者之间的关系，最终导致该借款人的个人社会资本遭受巨大损失。如果该借款人认为所

---

① Boland R J, Tenkasi R V. Perspective making and perspective taking in communities of knowing [J]. Organization Science, 1995, 6 (4): 350 - 372.

②④ Wasko M, Faraj S. Why should I share? Examining social capital and knowledge contribution in electronic networks of practice [J]. MIS Quarterly, 2005, 29 (1): 35 - 57.

③ Constant D, Sproull L, Kiesler S. The kindness of strangers: The usefulness of electronic weak ties for technical advice [J]. Organization Science, 1996, 7 (2): 119 - 135.

⑤ Tsai W, Ghoshal S. Social capital and value creation: The role of intra-firm network [J]. Academy of Management Journal, 1998, 41 (4): 464 - 476.

⑥ Podolny J M. Networks as the pipes and prisms of the market [J]. American Journal of Sociology, 2001, 107 (1): 33 - 60.

获得的贷款数额不足以弥补由于违约而造成的他在社会资本上的损失，那么他就不会故意违约。[①] 从这个意义上来说，社会资本能够显著影响借款人的履约意愿，进而影响其在贷款等业务中的信用。比加特（Biggart）和卡斯塔尼亚斯（Castanias）研究了社会网络融资中的信用分析问题，他们认为社会资本在经济交易中能够起到抵押品的作用，使得交易活动能够按照交易各方达成的合约来实现。[②] 奥洛莫拉（Olomola）等人的研究结论表明，基于社会网络和社会压力的惩罚措施将会提高借款人违约成本，对减少借款人的违约行为具有显著的积极作用，能够减少金融活动的信用风险。[③] 贝斯利（Besley）和科特（Coate）研究了连带责任对借款人还款意愿的作用，以及小组成员通过彼此间存在的社会资本，对小组成员中出现债务拖欠等违约行为的个体施加"同伴压力"等。[④] 查克拉瓦蒂（Chakravarty）等人研究了社会关系网络对企业融资行为的影响，并提出了关系融资理论，认为社会资本能够帮助银行获得小企业软性信息从而减少信息不对称程度，使得金融机构的放贷行为更有保障。[⑤] 这也意味着，社会资本雄厚的企业更容易得到金融机构的青睐，其信用水平更高。

上述研究对社会资本与信用间的关系进行了整体论述，下面从社会资本的结构维度、关系维度和认知维度三个方面，进一步分析社会资本与信用间的关系。

1. 结构维度社会资本与信用

交易者的结构维度社会资本的大小取决于交易者所处的社会网络的规模、拓扑结构、连通性、密度，以及交易者在网络中的位置。[⑥] 已有研究表明，结

① Montgomery A L, Smith M D. Prospects for personalization on the internet [J]. Journal of Interactive Marketing, 2009, 23 (2): 130-137.

② Biggart N W, Castanias R P. Collateralized social relations: The social in economic calculation [J]. American Journal of Economics and Sociology, 2001, 60 (2): 471-500.

③ Olomola A. The nature and determinants of rural loan repayment performance in Nigeria: The case of FADU's micro-credit programme [M]. Nigerian Institute of Social and Economic Research (NISER), 2001.

④ Besley T, Coate S. Group lending, repayment incentives and social collateral [J]. Journal of Development Economics, 1995, 46 (1): 1-18.

⑤ Chakravarty S, Yilmazer T. A multistage model of loans and the role of relationships [J]. Financial Management, 2009, 38 (4): 781-816.

⑥ Hanneman R A, Riddle M. Introduction to social network methods [R]. Working Paper, 2005.

构维度的社会资本能够有效地帮助交易者获取各种资源，如信贷等。① 多位学者研究了互联网金融借贷业务中的借款人信用违约问题，结果表明借款人在社会网络中的朋友数量越多，其信用违约的可能性越小。② 多位学者（Zheng et al.，2014）分析了结构维度社会资本与众筹项目的绩效之间的关系，研究结果表明企业在社会网络中的中心度与众筹绩效成正比，即企业的社会网络连接数量越多，筹款额越高。③ 然而，从另一个角度来看，众筹绩效也与企业和项目发起人的信用密切相关，因此，结构维度社会资本与企业的信用具有紧密联系。伯特的“结构洞”（structural holes）理论指出，社会网络的形态可以分为两种，一种是社会网络中的节点（代表个体或群体）与其他任一节点都存在着直接联系，这种形态比较少见；另一种是社会网络中的节点仅与部分节点存在直接联系，而与其他节点均无直接联系，这种形态较为常见。因此，在第二种形态的社会网络中，整个网络中会出现某些节点与另外一些节点联系断裂的现象，就像社会网络中出现了洞穴一样，故称之为“结构洞”。如果某一节点占据了社会网络中的结构洞位置，即该节点关联着相互之间没有直接联系的两个节点，那么该节点就获得了结构洞赋予他的信息和资源的控制优势。陈运森（2013）通过董事的关联关系定义企业社会网络，并发现企业所处的网络结构洞越丰富，能够获取的商业信用就越多。④

2. 关系维度社会资本与信用

行动者的社会网络包括强关系连接和弱关系连接，它们对于个体行动者的不同行为具有差异性的影响。格兰诺维特提出了判断网络连接关系强弱的四个主要指标，即情感紧密性、关系的时间量、熟识程度（相互信任）以及交互服务。这一研究成果表明行动者与其他行动者间的情感越紧密、投入在关系上的时间越多、行动者之间的信任和交互越多，则这种关系连接就越强，

---

① Nahapiet J，Ghoshal S. Social capital，intellectual capital，and the organizational advantage［J］. Academy of Management Review，1998，23（2）：242－266.

② Li S，Lin Z，Qiu J et al. How friendship networks work in online P2P lending markets［J］. Nankai Business Review International，2015，6（1）：42－67.

③ Zheng H，Li D，Wu J et al. The role of multidimensional social capital in crowdfunding：A comparative study in China and US［J］. Information & Management，2014，51（4）：488－496.

④ 陈运森. 社会网络与企业效率：基于结构洞位置的证据［J］. 会计研究，2015（1）：48－55.

反之越弱。[①] 一般来说，亲属或亲密朋友间形成的网络是强关系网络；而普通朋友、同事或同学间形成的网络为弱关系网络。[②] 研究表明，由强关系连接形成的社会资本有利于行动者的表达性行为的实现，而由弱关系连接形成的社会资本有利于行动者的工具性行为的实现。其中，表达性行为指的是以寻求认可、支持、同情、理解与信任等为目的的行为，工具性行动是指行动者为了某一功利性目的而采取的行动。林（Lin，2013）和李思明（Li，2015）等人的研究表明，高质量的关系维度社会资本有利于借款人获取贷款，一般来说具有良好关系维度社会资本的借款人的违约概率也较低。[③] 刘（Liu）等人研究了关系维度社会资本与借款人成功获取互联网金融贷款之间的关系。他们的研究结论表明，借款人在信贷历史记录中与弱关系的贷款人打交道次数越多，越容易受到潜在投资者的信任，也越容易获得新的贷款；若借款人在信贷历史记录中与强关系的贷款人打交道次数越多，越难受到潜在投资者的信任，也越难获得新的贷款。[④] 产生这一结论的原因是，借款人从强关系网络中获取贷款，是一种表达性行为，其信用状况未必真的优良，很有可能只是网络中其他成员对借款人的一种情感和责任。李思明等人对互联网金融借贷的研究表明，借款人的朋友种类越多，其信用违约率却越高；借款人拥有更多的线下朋友，其信用违约率越低。[⑤]

3. 认知维度社会资本与信用

认知维度社会资本主要表现为行动者被社会网络中其他成员理解的程度，这种程度越高，该行动者在社会网络中的认知维度社会资本越大。认知维度

---

① Granovetter M. The strength of weak ties [J]. American Journal of Sociology, 1973 (78): 1360 - 1380.

② Moran P. Structural vs relational embeddedness: Social capital and managerial performance [J]. Strategic Management Journal, 2005, 26 (12): 1129 - 1151.

③ Li S, Lin Z, Qiu J et al. How friendship networks work in online P2P lending markets [J]. Nankai Business Review International, 2015, 6 (1): 42 - 67; Lin M, Prabhala N R, Viswanathan S. Judging borrowers by the company they keep: Friendship networks and information asymmetry in online peer-to-peer lending [J]. Management Science, 2013, 59 (1): 17 - 35.

④ Liu D, Brass D, Chen D. Friendships in online peer-to-peer lending: Pipes, Prisms, and relational herding. Prisms, and Relational Herding [R]. Working Paper, 2014.

⑤ Li S, Lin Z, Qiu J et al. How friendship networks work in online P2P lending markets [J]. Nankai Business Review International, 2015, 6 (1): 42 - 67.

社会资本能够减少签订合同与契约的交易成本，并有利于行动者寻找合适的合作伙伴。认知维度社会资本还能够促使契约双方互相信任、有助于达成一致与共识，并能够有效避免由于信用违约而产生的诉讼费。① 已有研究表明，一个人在经济活动中的信誉是一种认知维度的社会资本，信誉越好，越容易被他人理解，其信用也相对越好。② 刘（Liu，2014）等人研究了互联网金融中的理性羊群行为，即如果潜在投资者的要好朋友向借款人投标，那么该潜在投资者也会向借款人投标。③ 站在借款人角度来看，当其获得了潜在投资者好友的资助时，该借款人具有较高的认知维度社会资本，因为借款人能够被潜在投资者的好友充分理解，相信其不会违约，这种认知维度社会资本也有利于该借款人在未来获取潜在投资者的信任，并向其投标。

2.5 协同信用评价理论

协同信用评价理论是协同论在信用评价领域的延伸。协同论认为，千差万别的系统，尽管其属性不同，但在整个环境中，各个系统间存在着相互影响而又相互合作的关系。协同信用评价理论要求通过不同评价主体之间的协同，从多个方面对评价对象的信用状态进行全面评价。

2.5.1 协同信用评价机制

数据集成是协同信用评价的基础。④ 从数据集成的视角来看，协同信用评

① Lin M，Prabhala N R，Viswanathan S. Judging borrowers by the company they keep：Friendship networks and information asymmetry in online peer-to-peer lending［J］. Management Science，2013，59（1）：17－35.

② Zheng H，Li D，Wu J et al. The role of multidimensional social capital in crowdfunding：A comparative study in China and US［J］. Information & Management，2014，51（4）：488－496.

③ Liu D，Brass D，Chen D. Friendships in online peer-to-peer lending：Pipes，prisms，and relational herding. Prisms，and relational herding［R］. Working Paper，2014.

④ Berthold H，Rösch P，Zöller S et al. An architecture for ad-hoc and collaborative business intelligence［C］//ACM：Proceedings of the 2010 EDBT/ICDT Workshops，2010：13－19.

价的机制分为三种：基于数据仓库的协同信用评价机制、基于多主体的协同信用评价机制和基于对等网络的协同信用评价机制。①

基于数据仓库的协同信用评价机制根据某一全局模式，将包含信用数据的不同数据仓库物理地集成起来，并在此基础上对评价对象的信用进行协同分析。② 这种协同机制在于难以支持动态性较强环境下的协同分析，③ 例如不同数据仓库中的内容在不断变化。基于不同信用主体的协同信用评价机制根据某一全局模式，将包含信用数据的不同数据仓库逻辑地集成起来，并在此基础上对评价对象的信用进行协同分析。④ 这种协同机制增加了查询管理的复杂性，但是能够支持更加灵活的协同分析体系结构，使得各个数据仓库能够动态地加入或退出协同分析任务。⑤虽然基于不同信用主体的协同信用分析机制能够支持更加动态和灵活的协同分析任务，但是仍然不能保持各个协同评价参与主体的自治性。⑥ 基于对等网络的协同信用评价机制能够有效维护信用评价主体的自治性。在该机制下，各信用评价主体能够在不通知其他主体的情况下，改变其愿意分享的信用相关信息。此外，该机制能够通过一个语义地图来匹配不同自治主体间的概念差异，使各自治主体能够保持自身的相关概念术语和数据模式。⑦

2.5.2　协同信用评价主体

协同信用评价的主体是指拥有和掌握评价对象在各类业务和场景中信

---

①⑤⑦　Rizzi S. Collaborative business intelligence ［C］//Business Intelligence. Berlin：Springer Heidelberg，2012：186 –205.

②　Torlone R. Two approaches to the integration of heterogeneous data warehouses ［J］. Distributed and Parallel Databases，2008，23 (1)：69 –97.

③　Jiang H，Gao D，Li W S. Exploiting correlation and parallelism of materialized-view recommendation for distributed data warehouses ［C］//IEEE. 2007 IEEE 23rd International Conference on Data Engineering，2007：276 –285.

④　Kern R，Dobrowolski G，Nguyen N T. A method for response integration in federated data warehouses ［M］. //New Trends in Computational Collective Intelligence. New York：Springer International Publishing，2015：63 –73.

⑥　Golfarelli M，Mandreoli F，Penzo W et al. OLAP query reformulation in peer-to-peer data warehousing ［J］. Information Systems，2012，37 (5)：393 –411.

用数据的网络平台，如互联网金融平台、社会网络平台和社会媒体平台等。这些平台通过一定的协同机制，共享信用相关数据，并建立协同信用评价模型。

互联网金融平台上的用户提交信息能够在一定程度上反映其信用状态，如用户的人口统计学数据、收入水平、借贷历史、借款用途和担保状况等，这些信息能够有效地反映用户的未来信用。

社会媒体平台上的信誉能够有效反映交易者在经济活动中的履约情况。① 这种履约情况受到交易者的履约能力和履约意愿的共同影响。② 因此，信誉反映了交易者的历史信用，好的信誉也能够帮助交易者在未来的经济活动中获取更多的信用资源。③ 此外，已有研究还表明，信誉是一种无形资产，④ 交易者的违约行为将会对这种无形资产造成严重损害。从这个意义上来说，信誉在重复博弈中会对信用产生显著的影响。⑤ 从社会资本的角度来看，信誉和信用是紧密联系的。事实上，信誉可以被视作一种认知维度上的社会资本，⑥ 能够有效减弱交易者之间的信息不对称性，增强他们之间的理解和互信，防止信用违约的产生。

---

① Dingledine R, Mathewson N, Syverson P. Reputation in privacy enhancing technologies [C]. // ACM. Proceedings of the 12th annual conference on Computers, freedom and privacy, 2002: 1-6; Halpern P. Implicit claims: The role of corporate reputation in value creation [J]. Corporate Reputation Review, 2001, 4 (1): 42-49.

② Helm S. The role of corporate reputation in determining investor satisfaction and loyalty [J]. Corporate Reputation Review, 2007, 10 (1): 22-37//Helm S, Salminen R T. Basking in reflected glory: Using customer reference relationships to build reputation in industrial markets [J]. Industrial Marketing Management, 2010, 39 (5): 737-743.

③ Ambrose B W, Conklin J, Yoshida J. Reputation and exaggeration: Adverse selection and private information in the mortgage market [R]. Working paper, 2015.

④ Machteld V D B, Aerts W. Media reputation of a firm and extent of trade credit supply [J]. Corporate Reputation Review, 2014, 17 (1): 28-45.

⑤ Zhang J. The roles of players and reputation: Evidence from eBay online auctions [J]. Decision Support Systems, 2006, 42 (3): 1800-1818; Resnick P, Zeckhauser R. Trust among strangers in internet transactions: Empirical analysis of ebay's reputation system [J]. The Economics of the Internet and E-Commerce, 2002, 11 (2): 3-25; Zhang Y, Bian J, Zhu W. Trust fraud: A crucial challenge for China's e-commerce market [J]. Electronic Commerce Research and Applications, 2013, 12 (5): 299-308.

⑥ Zheng H, Li D, Wu J et al. The role of multidimensional social capital in crowdfunding: A comparative study in China and US [J]. Information & Management, 2014, 51 (4): 488-496.

社会网络平台上的节点中心性等指标能够有效反映用户的结构维度和认知维度的社会资本，进而影响到其信用。常用的中心性指标包括度中心性、中介中心性和接近中心性。[①] 度中心性是在网络分析中刻画节点中心性最直接的度量指标。一个节点的节点度越大表明该节点的度中心性越高，该节点在网络中越重要。中介中心性表示某一个体在社会网络中作为桥（媒介）的能力。中介中心性值越高，意味着社会网络中个体间的最短路径通过该个体的比率越高。接近中心性强调的是某一个体与所有其他个体的接近程度。在社会网络中，如果个体能够快速地与所有其他个体产生内在连接，它就是中心个体。这种中心性方法不但利用了感兴趣节点和其他所有节点间的最大距离，而且利用了该节点与所有其他节点之间距离的总和。上述中心性指标能够有效反映用户在社会网络中所处的位置以及和其他用户的关系强度等，对其获取信用资源具有显著影响。此外，这些中心性指标也能够反映出其他用户对其履约行为的监督力度，进而影响其履约意愿和信用水平。

2.6 信用评价模型

常用的信用评价模型包括支持向量机、神经网络、Logistic 回归和决策树等。其中前两种算法属于机器学习模型，后两种算法属于统计学模型。

2.6.1　支持向量机

支持向量机是一种适应于小样本的机器学习理论与方法，它是从线性可分情况下的最优分类超平面发展而来的，基本思想可用图 2 -3 来说明。

---

① Carrington P J, Scott J, Wasserman S. Models and methods in social network analysis [M]. London: Cambridge university press, 2005.

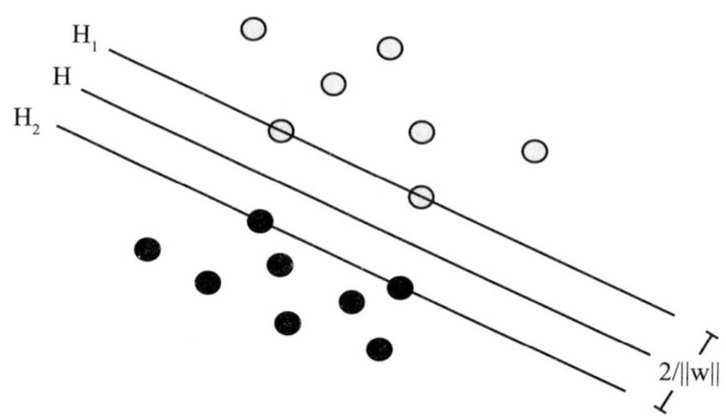

图 2-3 支持向量机的最优分类面

在图2-3中，白点和黑点分别代表两类样本，H为分类超平面，H_1 和 H_2 分别为过各类中离H最近的样本且平行于H的超平面，它们之间的距离称为分类间隔。所谓最优分类超平面是指以最大间隔将两类样本正确分开的超平面。

分类超平面方程的一般形式是 $x \cdot w + b = 0$，将其进行归一化，使得对线性可分的样本集 (x_i, y_i)，$x_i \in R^d$，$y_i \in \{+1, -1\}$，$i = 1, 2, \cdots, n$，满足：$y_1[(w \cdot x_i) + b] - 1 \geqslant 0$，$i = 1, 2, \cdots, n$。此时，分类间隔为 $2/\|w\|$，使分类间隔最大等价于使 $\|w\|^2/2$ 最小。因此，满足 $y_i[(w \cdot x_i) + b] - 1 \geqslant 0$，$i = 1, 2, \cdots, n$，且使 $\|w\|^2/2$ 最小的超平面称之为最优分类超平面。使 $y_i[(w \cdot x_i) + b] - 1 \geqslant 0$，$i = 1, 2, \cdots, n$ 中等号成立的训练样本点称之为支持向量。利用拉格朗日优化方法可以将上述最优分类超平面问题转化为其对偶问题，即在约束条件 $\sum_{i=1}^{n} y_i a_i = 0$；$a_i \geqslant 0 (i = 1, 2, \cdots, n)$ 下对 a_i 求解下列函数的最大值：$Q(a) = \sum_{i=1}^{n} a_i - \frac{1}{2} \sum_{i,j=1}^{n} a_i a_j y_i y_j (x_i \cdot x_j)$。$a_i$ 为原问题中与 $y_i[(w \cdot x_i) + b] - 1 \geqslant 0$，$i = 1, 2, \cdots, n$ 对应的拉格朗日乘子。这是一个不等式约束下二次函数寻优的问题，存在唯一解。容易证明，解中只有少部分不为0，对应的样本点就是支持向量。求解上述问题得到最优分类函数：$f(x) = \operatorname{sgn}\{\sum_{i=1}^{n} a_i^* y_i (x_i \cdot x) + b^*\}$，式中：$a_i^*$ 表示 a_i 的最优解；b^* 是分类阈值，可以用任意一个支持向量求得。

由于并不是所有样本点都是线性可分的，对于线性不可分样本点，需要引入映射函数 $\Phi(x_i)$ 将 x_i 映射到高维特征空间，这种映射函数称为核函数。常用的核函数有线性核函数 $K(x, y)x^T y$；多项式核函数 $K(x, y)=(x^T y+1)^r$；径向基核函数：$K(x, y)=\exp\left(-\frac{|x-y|^2}{a^2}\right)$；S 型核函数：$S(x, y)=\tanh(\gamma x^T y+r)$。本文通过比较，选择径向基核函数为支持向量机算法的核函数。

2.6.2 神经网络模型

神经网络能够很好地解决判别分析和逻辑回归等传统分类方法不能解决的信用与其特征之间的非线性关系、部分特征呈厚尾分布等问题。多层感知器是神经网络中的一种常用模型，也是本章采用的信用评价模型之一。

多层感知器由感受层（S），联想层（A）和响应层（R）构成。S、A、R均由同类神经元构成。感受层为网络结构的输入层，用于特征向量的输入，联想层为网络中隐含层，而响应层则为网络的输出层。S层单元与A层单元通过联结关系构成处理对象的联想矩阵，A层单元与R层单元之间的联结构成对处理对象的决策矩阵，通过训练整理，使网络形成有序的，具有决策能力的稳定结构。当它用于两类模式分类时，相当于在高维样本空间中，用一个超平面将两类样本分开。罗森布莱特（Rosenblat）证明了如果两类模式是线性可分的（指存在一个超平面将两类样本分开），则算法一定是收敛的。在网络特征上主要表现为既无层内神经元的互联，也无层间的反馈联络，故又称为前馈神经网络（FNN）。这种网络实质上是一种静态网络，其输出只是现行输入的函数，而与过去和将来的输入或输出无关，如图2-4所示。

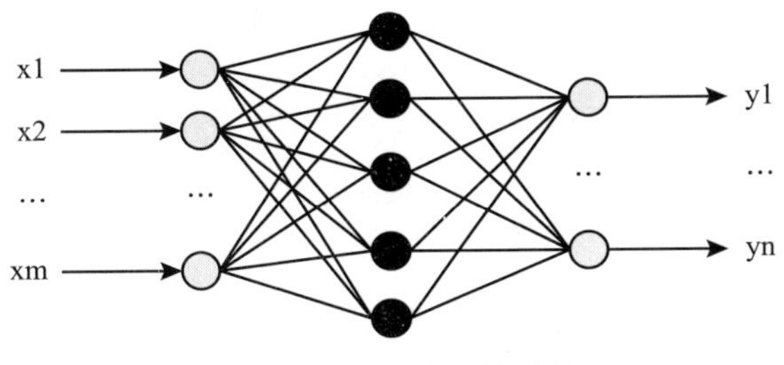

图2-4 多层感知器结构

设层中任意一神经元 j 的输入为 net_j，其输出为 y_j，与此相邻的低层中任一神经元 i 的输入为 y_i，则有：$net_j = \sum_i w_{ji} \cdot y_i$，$y_i = f(net_j)$。其中：$w_{ij}$为神经元 j 与神经元 i 之间的连接权；f(•) 为神经元的输入函数，通常取 Sigmoid 函数，即 $f(net_j) = \frac{1}{1 + e^{-(net_j + h_j)/\theta_0}}$。该式中，$h_j$ 为神经元 j 的阈值，θ_0 用于调整 S 函数的陡度。

本书将构造一个具有三层的多层感知器模型来对交易者的信用进行分析，网络的输入变量是采用最能反映交易者信用的特征来作为输入。由于本书的目标只是将样本数据分成两类（信用好和信用差），所以输出层取一个结点就够了。隐层结点的个数是从一个开始逐个地增加，一直增加到不能再改善模型的分类性能为止，最终确定的隐层结点数为 5 个。

2.6.3 Logistic 回归

Logistic 回归是二分类问题中对线性回归的一种改进。威金顿（Wiginton，1980）最早将 Logistic 回归模型运用于信用评分领域，直至今日 Logistic 回归模型已成为在该领域使用最为广泛的模型之一，其基本原理如下。

设训练集 T 中共包含 n 个客户，包含 k 个描述客户信息的特征变量 $X_i = (x_{1i}, x_{2i}, \cdots, x_{ki})$，$i = 1, 2, \cdots, n$　$x_i \in R$。另外包含一个描述客户是否违约的类别变量 y_i，当客户违约时 $y = 1$，不违约时 $y_i = 0$。由于客户的实际违约概率无法观测，因此假设有一个理论上的客户违约率 y_i^* 存在，y_i^* 为连续型变量。则存在：

$$y_i^* = \beta_0 + \beta_1 x_{1i} + \beta_2 x_{2i} + \cdots + \beta_k x_{ki} + \mu_i$$

其中 μ_i 为随机干扰项，假设其服从 logistic 分布。Logistic 分布的概率密度函数为：$f(x) = \frac{e^{-x}}{(1 + e^{-x})^2}$，显然其概率密度函数关于 y 轴对称，其分布函数为：$F(x) = \frac{1}{1 + e^{-x}}$。设 C 为一个临界点（例如 C = 0），当 $y_1^* > 0$ 时，$y_i = 1$，当 $y_i^* < 0$ 时，$y_i = 0$。用概率的形式表示为：$P(y_i = 1) = P(y_i^* > 0)$，根据概率密度函数的对称性有：

$$P(y_i=1 \mid X_i)=P(y_i>0 \mid X_i)=P(\beta_0+\beta_1 x_{1i}+\cdots+\beta_k x_{ki}+\mu_i>0)$$
$$=P(\mu_i<\beta_0+\beta_1 x_{1i}+\cdots+\beta_k x_{ki})$$

带入分布函数 $F(x)=\frac{1}{1+e^{-x}}$可得：

$$P(y_i=1 \mid X_i)=\frac{1}{1+e^{-(\beta_0+\beta_1 x_{1i}+\cdots+\beta_k x_{ki})}}$$

$$P(y_i=0 \mid X_i)=\frac{e^{-(\beta_0+\beta_1 x_{1i}+\cdots+\beta_k x_{ki})}}{1+e^{-(\beta_0+\beta_1 x_{1i}+\cdots+\beta_k x_{ki})}}$$

其中，待估计参数 β_0，β_1，…，β_k 的值可由极大似然估计法求得。y_i 为实际观测到的客户违约情况，y_i 服从 0－1 分布。

2.6.4　决策树模型

决策树因其形状像树且能用于决策而得名，是一种基于统计理论的非参数识别方法，有时也称为递归分割法，迈克维斯基（Makowski，1985）首次将其应用于信用评分领域。

一个决策树由一系列节点和分支组成，节点和子节点之间形成分支，节点代表着决策过程中所考虑的属性，而不同属性值形成不同分支。构建决策树的过程是不断将数据进行切分，每次切分对应一个属性，也对应着一个节点。对每个切分都要求分成的组之间的差异最大。不同的决策树方法之间的主要区别就是对这个差异衡量方式的区别。经典的决策树算法包括 ID3、C4.5、CART、Qusest 和 Chaid 等。下面以 C4.5 算法为例阐述决策树的原理。

C4.5 算法使用信息增益比率作为属性的选择标准。设 S_1，S_2，…，S_m 是用属性 A 分割 S 形成的 m 个样本子集，定义分裂信息为：$Split(A, S)=-\sum_{i=1}^{m}\frac{|S_i|}{|S|}\log_2\frac{|S_i|}{|S|}$。实际上，分裂信息是 S 关于属性 A 各值的熵。信息增益比率 $GR(X, S)=\frac{G(A, S)}{Split(A, S)}$是衡量属性 A 分裂数据的广度和均匀性，其中 G(A，S）是在属性 A 上分支获得的信息增益。

C4.5 算法选择具有最高信息增益比率的属性来产生决策树节点并生成多叉树，克服了 ID3 方法选择偏向取值多的属性的缺点。其他改进还包括增加了对连续属性的离散化处理功能、采用了 k 折交叉验证技术、能够对缺失数据进行处理等。为了防止决策树的过度拟合，C4.5 算法在构建决策树时，还考虑设置决策树生成的停止条件以及设置剪枝条件来限制决策树的大小。例如，采取设置统计量域值，当统计量小于设定的有统计意义的阈值时则树停止生成；另外还可设置叶节点所含最少实例数来限制树的生长。

第 3 章

互联网金融个人信用评价数据预处理方法

3.1 问题的提出

信用评价数据的质量严重影响到信用评价结果的准确性。互联网金融业务的服务对象大多是难以从银行等传统金融机构融资的借款人。这些借款人很难提供信用评价所需的财务信息。此外，借款人大多具有机会主义倾向，他们会避免提供对其贷款申请不利的信用信息，从而造成信用评价相关特征的缺失，严重影响到信用评价数据的质量和评价结果的有效性。

网络环境下，借款人的社会网络等数据能够有效地弥补信用评价中财务信息缺失的不足，借款人在社会网络和社会媒体上的相关信息能够有效反映其社会资本。这些社会资本一方面能够帮助其获取相关社会资源，如朋友资源、工作机会、决策信息和信用贷款等，[①] 另一方面，借款人的社会资本也能够显著影响到其履约意愿，进而影响到他的信用水平。例如，当借款人认为

① Baker W E, Obstfeld D. Social capital by design: Structures, strategies, and institutional context [M]//Corporate social capital and liability. New York: Springer US, 1999: 88 – 105.

其信用违约产生的收益不足以弥补其在社会资本方面的损失时，通常不会选择违约。① 因此，在互联网金融业务中，借款人的社会资本等特征能够有效反映其信用水平，从而弥补财务特征等的缺失对信用评价产生的不良影响。然而，社会资本特征容易受到策略性行为的影响，如虚假交易和信誉炒作等，造成相关信用特征的异常，进而影响到信用评级数据的质量和信用评价结果的有效性。

互联网金融业务中，对相关信用特征进行缺失值和异常值的预处理比传统环境下显得更加必要，更能够提升信用评价结果的合理性。在缺失值处理中，多重填补法是缺失值填补方法的新发展。它采用若干个可能的值来填补每一个缺失值，并形成多个完整的数据集；然后利用标准的统计分析过程对这些完整数据集进行统计推断，并将分析结果进行综合得到总体参数的估计值。多重填补法能够有效地反映出由于缺失数据而导致的不确定性，因此得到的统计推断更加有效。已有学者比较了多重填补法和不同的单一填补法在各个缺失率水平下对信用缺失数据的填补效果，结果显示多重填补法的填补效果显著优于单一填补法。② 然而，现有的多重填补法在估计缺失值的过程中要求信用特征为连续变量且服从正态分布，对于存在类别变量的信用特征集的缺失值填补效果不佳。③ 互联网金融业务中的信用特征既包括连续变量又包括类别变量，如何综合考虑这两类变量所包含的信息，对缺失值进行填补、

① Montgomery A L, Smith M D. Prospects for personalization on the internet [J]. Journal of Interactive Marketing, 2009, 23 (2): 130 - 137.

② Twisk J, Boer M D, Vente W D et al. Multiple imputation of missing values was not necessary before performing a longitudinal mixed-model analysis [J]. Journal of Clinical Epidemiology, 2013, 66 (9): 1022 - 1028; Siew E D, Peterson J F, Eden S K et al. Use of multiple imputation method to improve estimation of missing baseline serum creatinine in acute kidney injury research [J]. Clinical Journal of the American Society of Nephrology, 2013, 8 (1): 10 - 18; Lee K J, Roberts G, Doyle L W et al. Multiple imputation for missing data in a longitudinal cohort study: A tutorial based on a detailed case study involving imputation of missing outcome data [J]. International Journal of Social Research Methodology, 2016: 1 - 17; De G M C M, Merel V D, Jager K J et al. Multiple imputation: dealing with missing data [J]. Nephrology Dialysis Transplantation, 2013, 28 (10): 2415 - 2420; Resche-Rigon M, White I R, Bartlett J W et al. Multiple imputation for handling systematically missing confounders in meta-analysis of individual participant data. [J]. Stats in Medicine, 2013, 32 (28): 4890 - 4905.

③ Hussain S. A simple method to ensure plausible multiple imputation for continuous multivariate data [J]. Communications in Statistics Simulation & Computation, 2010, 39 (9): 1779 - 1784.

提升缺失值处理的效果，仍然有待进一步研究。

在异常值处理方面。传统的针对单一信用特征的异常值纠偏方法无法充分利用异常值所在样本的近邻样本信息。如何充分利用与异常值所在样本临近样本的数学特征进行异常值纠偏十分重要。此外，由于待评价样本在样本空间中分布密度不均匀，而传统的基于距离的异常样本检测方法无法有效检测分布密度不均匀样本空间中的异常样本。① 基于密度的异常样本检测方法虽然能够处理分布密度不均匀样本空间中的异常样本检测问题，但是算法复杂度过高，不适合大规模数据集上的异常样本检测。② 因此，如何构建一种适合大规模不均匀分布样本空间中的异常样本检测方法十分重要。

3.2
基于分类多重填补的信用评价数据缺失值处理方法

互联网金融环境下信用评价的数据来源广泛，包括交易者的交易历史数据、人口统计数据、社会网络数据、移动通信数据等。由于各数据源的数据采集方式（如采集频率）不一致，信用评价对象拒绝提供相关的数据等原因，信用信息的基础数据中缺失值较多，给信用评价造成了十分严重的影响。例如，当变量存在大量缺失值时，很多信用评分模型便无法使用或难以发挥出应有的分析水平。

缺失值的处理方法大致可以分为两类，一类是直接将含有缺失值的实例删除，另一类是对含有缺失值的实例进行填补。第一类方法在样本量较大、缺失值较少的情况下较为适用，也比较方便。然而，在样本容量不足，或者

① Ferrari D G, Castro L N D. Clustering algorithm selection by meta-learning systems: A new distance-based problem characterization and ranking combination methods [J]. Information Sciences, 2015 (301): 181 – 194; Baselice F, Coppolino L, D'Antonio S et al. A DBSCAN based approach for jointly segment and classify brain MR images [C]//IEEE. 2015 37th Annual International Conference of the IEEE Engineering in Medicine and Biology Society (EMBC). 2015: 2993 – 2996.

② Schubert E, Zimek A, Kriegel H P. Generalized Outlier Detection with Flexible Kernel Density Estimates [C]//SDM. 2014 (14): 542 – 550.

缺失值较多的情况下，简单的删除缺失数据会导致研究结论出现偏差。此外，当缺失数据与未缺失数据之间存在系统差异时，直接删除缺失数据也会导致分析结论的有效性降低。目前，研究人员普遍认为，对缺失值进行填补是一种较好的处理方法。

缺失值的填补方法包含两类，一类是单值填补，另一类是多重填补。单值填补是给每个缺失值都构造一个填补值。常用的单值填补方法有均值填补法和回归填补法。均值填补法是采用缺失属性的平均值对缺失值进行填补；回归填补法则是建立以未缺失值为自变量、以缺失值为因变量的回归模型，通过分析缺失值与未缺失值间的数量关系来对缺失值进行填补的方法。此外，使用最可能的值填补缺失值也是单值填补法中较为常用的方法，可以使用基于推理的工具或决策树来确定最可能的值。多重填补法通常效果更好。

3.2.1 基于多重填补的信用评价数据缺失值处理

1. 多重填补过程

多重填补法是缺失值处理的常用方法。已有研究表明，相对于单一填补法，多重填补法的填补效果更佳。多重填补法并非用一个值来填补信用评价数据的缺失值，而是用 m（$m \geqslant 2$）个合理的填补值来代替缺失值，并产生 m 个完全的信用评价数据集。然后可以采用标准的数据分析方法，对每一个完全数据集的相关数学特征（如均值和方差）进行分析，最后将所得到的结果进行综合。多重填补法的过程如图 3－1 所示。当缺失率较低时，m 取较小的值即可达到很好的填补效果；而当缺失率较高时，则需要较大的 m 值以提高

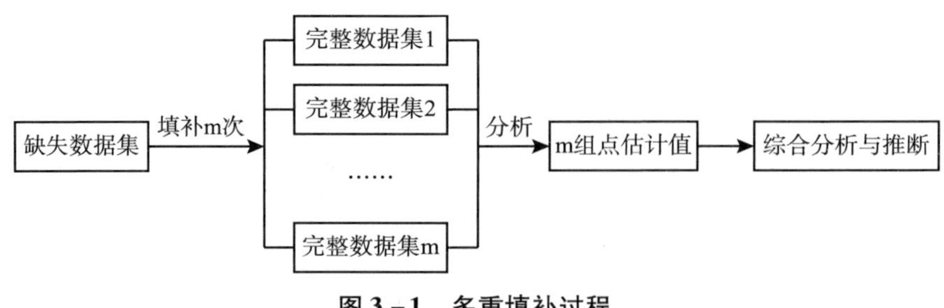

图 3－1　多重填补过程

填补效果。令 X 是含有 p 个信用特征的 $n \times p$ 维矩阵，数据集是缺失的，此处定义 X 中被观测到的部分为 X_{obs}，有数据缺失的部分为 X_{mis}。多重填补法可以分为两步：填补步和后验步。

（1）填补步。根据估计的信用特征均值向量 μ 和协方差矩阵 Σ，从条件分布 $P(X_{mis} \mid X_{obs}, \Phi)$ 中为信用特征的缺失值抽取填补值。其中 Φ 表示信用评价数据集的相关参数。

设 $\mu = [\mu_1' \mu_2']'$ 是两部分信用特征的均值向量，其中 μ_1 是 X_{obs} 的均值向量，μ_2 是 X_{mis} 的均值向量。此外，设定协方差矩阵 Σ：

$$\Sigma = \begin{bmatrix} \Sigma_{11} & \Sigma_{12} \\ \Sigma_{12} & \Sigma_{22} \end{bmatrix} \tag{3-1}$$

式中，Σ_{11} 是 X_{obs} 的协方差矩阵，Σ_{22} 是 X_{mis} 的协方差矩阵，Σ_{12} 是 X_{obs} 与 X_{mis} 之间的协方差矩阵。在多元正态分布的假设下，当给定 $X_{obs} = x_1$ 时，X_{mis} 的均值为：

$$\mu_{21} = \mu_2 + \Sigma_{12}' \Sigma_{11}^{-1} (x_1 - \mu_1) \tag{3-2}$$

其对应的条件协方差矩阵为：

$$\Sigma_{221} = \Sigma_{22} - \Sigma_{12}' \Sigma_{11}^{-1} \Sigma_{12} \tag{3-3}$$

（2）后验步。经过上一步，包含缺失值的信用评价数据集变为完整数据集。从完整数据集中模拟信用特征的后验均值向量和协方差矩阵。即从 $p(\Phi^{(1)} \mid X_{obs}, X_{mis}^{(t+1)})$ 中得到 Φ^{t+1}，新的估计值将用于下一个循环的填补步中。这两步相互迭代直至产生的结果形成一条稳定的马尔科夫链：

$$(\{X_{mis}^{(1)}, \Phi^{(1)}\}, \{X_{mis}^{(2)}, \Phi^{(2)}\}, \cdots, \{X_{mis}^{(t+1)}, \Phi^{(t+1)}\}) \tag{3-4}$$

该马尔科夫链收敛到分布 $P(X_{mis}, \Phi \mid X_{obs})$，此时可以近似独立地从该分布中为缺失值抽取填补值。

以上两步（填补步和后验步）的循环可以简述为：填补步用第 t 次循环得到的参数 $\Phi^{(t)}$ 从分布 $P(X_{mis} \mid X_{obs}, \Phi^{(t)})$ 中抽取 $X_{mis}^{(t+1)}$，后验步从分布 $P(\Phi \mid X_{obs}, X_{mis}^{(t+1)})$ 中抽取 $\Phi^{(t+1)}$。

2. 多重填补的综合统计推断

在完成多重填补后，需要对多个完整的信用评价数据集进行统计推断。对于感兴趣的总体参数 θ 和 σ^2 来说，$\hat{\theta}$ 和 $\hat{\sigma}^2$ 分别为它们的点估计值，则对每个填补后的信用评价数据集进行相同的分析，得到 m 组点估计值（$\hat{\theta}_1$，$\hat{\sigma}_1^2$），（$\hat{\theta}_2$，$\hat{\sigma}_2^2$），…，（$\hat{\theta}_m$，$\hat{\sigma}_m^2$）。多重填补的参数估计是对上面结果的综合，对 θ 的估计为 $\hat{\theta} = \frac{1}{m}\sum_{i=1}^{m}\hat{\theta}_i$。考虑到填补后信用评价数据集的变异来自两个方面，一方面是填补数据集间的变异，另一方面是填补数据集内的变异。因此，对方差 σ^2 的估计包含两个部分，一部分是填补内方差 $\sigma_w^2 = \frac{1}{m}\sum_{i=1}^{m}\hat{\sigma}_i^2$，另一部分是填补间方差 $\sigma_B^2 = \frac{1}{m-1}\sum_{i=1}^{m}(\hat{\theta}_i - \hat{\theta})^2$。方差的估计 σ_T^2 是 σ_w^2 与 σ_B^2 的校正值之和，即 $\sigma_T^2 = \sigma_w^2 + \left[1 + \frac{1}{m}\right]\sigma_B^2$。$\sigma_T^2$ 的平方根即为 $\hat{\theta}$ 的总的标准误。可以看出，当没有缺失数据时，$\hat{\theta}_1 = \hat{\theta}_2 = \cdots = \hat{\theta}_m$，$\sigma_B^2 = 0$，$\sigma_T^2 = \sigma_w^2$。因此，从方差的视角分析，$\sigma_B^2$ 的大小能够反映缺失数据与观察到的数据相比，相对包含了多少信息。θ 近似服从自由度为 ν 的 t 分布，其中 $\nu = (m-1)\left[1 + \frac{m\sigma_w^2}{(m+1)\sigma_B^2}\right]^2$。θ 的 95% 的置信区间为 $\hat{\theta} \pm t_{\nu,0.05}\sqrt{\sigma_T^2}$。对总体参数均值 θ 的缺失部分信息的估计是 $\gamma = \frac{r + 2/(\nu+3)}{r+1}$，其中 r 是由于信用评价数据缺失造成的方差的相对增量，其计算公式为 $r = \frac{(1+m^{-1})\sigma_B^2}{\sigma_w^2}$。γ 和 r 均为多重填补法的有效诊断指标，揭示了 θ 的估计在多大程度上受到了信用评价数据缺失的影响。从方差的视角分析，多重填补法的效率为 $\left[1 + \frac{\gamma}{m}\right]^{-1}$。

3.2.2 分类多重填补法

多重填补法未能考虑类别变量在信用评价数据缺失值填补过程中的作用。在多重填补法中，无论是完整变量还是缺失变量，均属于连续变量且服从正态分布。事实上，很多信用特征属于类别变量，这些类别变量同样能够为缺失值的填补提供有价值的信息。为此，提出一种分类多重填补法，该方法能够在多重填补的过程中考虑到某些对缺失值填补具有重要影响的关键类别变量。

多重填补法分为填补步和后验步。在填补步中需要估计信用特征的均值向量 μ 和协方差矩阵 Σ。然而，仅依据连续变量估计出的 μ 和 Σ 不能反映类别变量的信息，最终导致无法选出最合适的填补值。以下面的例子进一步说明多重填补法存在的缺陷以及所提出的分类多重填补法的基本原理。

设有三个变量 x_1、x_2 和 x_3。其中 x_1 为类别变量，表示性别；x_2 和 x_3 为连续变量，分别表示借款金额和社会网络朋友数量，均服从正态分布。x_2 为完整变量，x_3 为缺失变量。多重填补法利用 x_2 和 x_3 的均值以及它们之间的协方差来对 x_3 中的缺失值进行填补。然而，对于不同的性别（x_1）来说，借款金额（x_2）和社会网络朋友数量（x_3）的均值和协方差等数学特征是显著不同的，多重填补法未能区分总体数据集中不同部分数据的 μ 和 Σ 存在的显著差异（按关键类别变量 x_1 的取值将总体数据集划分为不同的部分）。因此，在总体数据集上估计出的 μ 和 Σ 过于粗糙，未能反映类别变量的信息，进而造成对缺失值的填补不够准确。

针对这一问题，提出一种分类多重填补法。该方法包括三个步骤：第一步，选择关键类别变量；第二步，根据关键类别变量的取值将信用评价数据集划分为若干个子集，并在每个子集上运用多重填补法；第三步，将各子集上的多重填补结果进行汇总，并分析总体填补效果。其中第一步最为关键，即如何选择关键类别变量。

设 α 为某一类别变量，共有 n 种取值情况，分别表示为 α_1，α_2，…，α_n。若存在任意两个不同的值 a_i 和 a_j($1 \leq i, j \leq n$ 且 $i \neq j$)，使得当 $\alpha = \alpha_i$ 和 $\alpha = \alpha_j$ 时，数据集中的其他连续变量（或至少有一个连续变量）的均值显著不同，则 α 可以作为一个候选关键类别变量。

若存在多个候选关键类别变量，则需要根据它们的重要程度，最终选择一个最优的关键类别变量。事实上，也可以根据他们的重要性排名，选择前 k 个候选关键类别变量，然后根据这 k 个变量对总体数据集进行组合分类，并对每一类实施多重填补法。然而，由于多重填补法的算法复杂度较高，组合分类的情况也较多，因此在实际操作中，只选择一个最优的关键类别变量。

候选关键类别变量的重要性排名是确定最优关键类别变量的依据。设 α

和 β 为两个候选关键类别变量。若 α 中存在两个不同的值 a_i 和 a_j（$1\leqslant i, j\leqslant n$ 且 $i\neq j$），使得当 $\alpha=\alpha_i$ 和 $\alpha=\alpha_j$ 时，数据集中有 p 个连续变量的均值显著不同。若 β 中存在两个不同的值 $\beta_{i'}$ 和 $\beta_{j'}$（$1\leqslant i', j'\leqslant m$ 且 $i'\neq j'$），使得当 $\beta=\beta_{i'}$ 和 $\beta=\beta_{j'}$ 时，数据集中有 q 个连续变量的均值显著不同。若 $p>q$，则 α 的重要性程度大于 β。利用这一规则可以找出最优的关键类别变量。

在确定最优关键类别变量之后，根据其取值情况将总体数据集分为多个子集，并在每个子集上运用多重填补法。设 γ 为选定的最优关键类别变量，共有 s 种取值情况，分别表示为 γ_1，γ_2，…，γ_s。值得注意的是，当 γ 取两个不同的值 $\gamma_{i''}$ 和 $\gamma_{j''}$ 时（$1\leqslant i'', j''\leqslant s$ 且 $i''\neq j''$），其他连续变量的均值都不存在显著差异的情况，此时需要将 $\gamma_{i''}$ 和 $\gamma_{j''}$ 并为一组。设 γ 的所有取值 γ_1，γ_2，…，γ_s 可以并为 t 组，当 γ 的取值在同一组内变动时，其他连续变量的均值都不存在显著差异；而当 γ 取不同组内的值时，其他连续变量（至少有一个连续变量）的均值存在显著差异。然后将总体数据集按照这 t 组 γ 值分为 t 个部分，并在每个部分使用多重填补法。

最后，将各部分的填补结果进行汇总，并分析总体填补效果。总体填补效果可以根据各部分数据的填补效果的平均值确定，如平均填补均值和平均填补方差等。此外，也可以通过信用评价模型来分析填补效果，即对于缺失数据集，分别利用传统的多重填补法和分类多重填补法进行处理，后者处理的数据集使得信用评价模型具有更高的精确度。

3.3 信用评价数据的异常值处理方法

3.3.1 常用的异常值检测与处理方法

由于人为和偶然因素或数据变异等，经常有小部分样本与总体存在特征或结构方面的差异，这些数据被称为异常值。信用数据中异常值十分普遍，它由多方面原因造成，如统计口径不一、数据采集方法不同、数据谎报、登记失误、复制和计算失误等。异常值严重影响到信用分析模型的分类精度和泛化能力，进而导致商务决策的失误。对异常值的分析不仅可以提升模型的精度，还能够挖掘更多深层信息，如信用卡欺诈。异常值的检测分为单一属性的异常值检测和异常实例检测两种。

单一属性的异常值检测是指当特定属性的某些取值与该属性的大多数其他取值差异较大时，这些取值可能存在异常。对于单一属性的异常值检测，作图法和标准差法是较为常用和行之有效的方法。

（1）作图法。单一属性异常值检测的最直观的方法是散点图法。通过观测待考察属性在坐标系内的取值分布能够直观地识别出哪些值异常。散点图法的缺点是对异常值的判别缺乏理论依据，存在一定的主观性，因而只能用作对异常值的初步判断。运用残差图法也能够对属性的异常值进行探测。具体做法：首先建立以待考察属性为因变量的多元线性回归模型，然后通过因变量的拟合值和实际值计算出残差、作散点图，残差值特别大的点有可能就是异常值。

通过残差图来探测异常值的缺点也比较明显：当异常值比较多或异常值特别大时，模型可能会受到严重影响向异常值靠拢，于是产生了对正常数据的遮蔽现象并导致模型的拟合程度降低。这时，尽管某些样本确实属于异常值，但它们残差并不是很大。

（2）三倍标准差探测法。三倍标准差探测法的理论依据是契比雪夫不等式。统计数据的离散程度可以由其方差反映，对于任意总体 X 和任意的 $\varepsilon>0$，有 $P(|X-E(X)|\geqslant\varepsilon)\leqslant\frac{D(X)}{\varepsilon^2}$。当 $\varepsilon=3\sqrt{D(X)}$ 时，有 $P(|X-E(X)|\geqslant 3\sqrt{D(X)})\leqslant\frac{D(X)}{9D(X)}\approx 0.11$。即属性取值与该属性期望值之差的绝对值超过 3 倍标准差的概率约为 11%。特别是当总体服从正态分布时，属性取值超过三倍标准差的概率仅有 0.27%。因此可以将与平均值之差的绝对值超过三倍标准差的属性取值视为异常值。根据中心极限定理，当样本容量较大时，样本均值都近似服从正态分布，因此标准差探测法在实际中的应用范围十分广泛。

异常实例检测的目的是发现异常的实例。有些时候，虽然某些实例中不存在单一属性的异常值，但是属性间的相关性和结构关系可能存在异常，导致模型对实例的误分类。异常实例的检测主要包括以下三个步骤：

（1）将样本平均划分为 M 个子集，将其中的 M－1 个子集作为训练集，剩下一个子集作为测试集。循环该过程，直到每一个子集都被当过一次测试集；

（2）利用多种分类算法如逻辑回归、决策树、神经网络和支持向量机等在训练集上建立信用评分模型，并用它们来检测测试集数据。

（3）当且仅当以上所有模型都误分类了某测试实例时，才认为有证据将该实例认定为异常实例，并进行适当处理。

检测出异常的实例后，通常的处理方法是将其删除。但也能够将这些异常实例收集起来，以便将其用作其他的分析用途，如信用卡欺诈检测等。

3.3.2 基于 KNN 的单一信用特征异常值处理方法

为了克服传统方法在单个信用特征异常值处理上未能充分考虑近邻样本所具有的纠偏作用，本书提出一种基于 KNN 的信用特征异常值处理方法。该方法主要分为三个步骤。第一步，数据分布的修正；第二步，三倍标准差探测；第三步，异常值的纠偏。

1. 数据分布的修正

单个信用特征的异常值处理需要运用正态分布数据的相关性质，为此，需要将取值不服从正态分布的信用特征转化为取值服从正态分布的新特征。常见的数据分布及转化方法包括以下三种。

（1）若原信用特征 X_i 的取值服从对数正态分布，则对 X_i 做对数变换，即令：

$$\widetilde{X}_i = \lg(X_i) \tag{3-5}$$

在实际操作中，可以进一步根据 X_i 的取值情况对数据变换的形式做细微调整。例如，若 X_i 中存在取较小值或零值的样本点，可将上述变化形式调整为 $\widetilde{X}_i = \lg(X_i \pm n)$，其中 n 为常数。

（2）若原信用特征 X_i 的取值服从泊松（Poission）分布或轻度偏态分布，则对 X_i 做平方根变换，即令：

$$\tilde{X}_i = \mathrm{Sqrt}(X_i) \tag{3-6}$$

可以利用偏态系数 SK 衡量偏态分布的偏斜程度。通常情况下，$|SK| \leqslant 0.5$ 时的数据分布可被认为是轻度偏态分布。

（3）若原信用特征 X_i 取值的数据分布在两端波动较大，则对 X_i 做倒数变换，即令：

$$\tilde{X}_i = \frac{1}{X_i} \tag{3-7}$$

该变换能够有效平滑原信用特征数据分布的尾部形态，使变换后的数据分布更符合正态分布。

2. 三倍标准差探测

三倍标准差探测法是针对正态分布数据的异常值检测的基本方法，它根据信用特征取值是否落在期望的前后三倍标准差之内来检测异常值，该方法的理论依据是契比雪夫不等式。

信用特征取值数据分布的离散程度可以由其方差反映，对于任意信用特征 X_i 和任意 $\varepsilon > 0$，有：

$$P(|X - E(X)| \geqslant \varepsilon) \leqslant \frac{D(X)}{\varepsilon^2} \tag{3-8}$$

当 $\varepsilon = 3\sqrt{D(X)}$ 时，有 $P(|X - E(X)| \geqslant 3\sqrt{D(X)}) \leqslant \frac{D(X)}{9D(X)} \approx 0.11$。

即信用特征取值与该特征期望值之差的绝对值超过三倍标准差的概率约为 11%。特别是当总体服从正态分布时，信用特征取值超过三倍标准差的概率仅有 0.27%。因此可以将与期望之差的绝对值超过三倍标准差的信用特征值视为异常值。

3. 异常值的纠偏

利用 KNN 算法对信用特征的异常值进行修正。该方法的基本原理是如果某一信用特征在样本 c（每个样本代表一个交易者）中的取值存在异常，可以利用样本 c 的近邻样本在该信用特征上的取值对异常值进行修正。

设 X_i 是某一信用特征。X_{ij} 表示第 j 个交易者 T_j 在 X_i 上的取值，该取值存在异常。$V_m = (X_1, X_2, \cdots, X_i, \cdots, X_m)$ 是由所有信用特征组成的向量空间。

$V_{m-1}=(X_1, X_2, \cdots, X_{i-1}, X_{i+1}\cdots, X_m)$ 是由除了包含异常值的信用特征 X_i 以外，其他信用特征组成的向量空间。$a_j=(X_{1j}, X_{2j}, \cdots, X_{(i-1)j}, X_{(i+1)j}\cdots, X_{mj})$ 是 T_j 在 V_{m-1} 中对应样本点，a_j 中的每一维代表 T_j 在其他信用特征上的取值。利用 KNN 算法寻找 a_j 在 V_{m-1} 中的 K 个最近邻，并用这 K 个最近邻样本点对应的 X_i 的均值作为异常值 X_{ij} 的修正值。

3.3.3　基于 DBSCAN 和相对密度的异常样本检测法

异常样本检测的目的是发现信用特征间具有异常关系的样本。有时候，虽然某些样本不存在单一信用特征的异常，但是信用特征间的相关性和结构关系可能存在异常，导致模型对样本的误分类。例如，某人身高 170 厘米，体重 30 千克，单独观察身高和体重这两个特征，均处于正常值范围之内（期望的上下 3 倍标准差区间内），但这两个特征间的关系存在异常，因此该样本属于一个异常样本。

传统的基于距离的异常样本检测方法通过测量不同样本点间的距离，将远离大部分其他样本点的对象视作异常样本。该方法的主要缺陷在于无法确定一个全局的距离阈值来判断异常样本。尤其是在样本点分布密度不均匀的情况下，适合于某一区域的距离阈值并不一定适合于其他区域。如图 3－2 所示，区域 A 和区域 B 中的样本点均为总体信用评价数据集中的一部分，A 中样本点的密度高于 B，R1 是适用于区域 A 的异常样本检测距离阈值，R2 是适用于区域 B 的异常样本检测距离阈值。若将阈值 A 推广至全局，则 B 中的每个样本均为异常样本，这显然与事实不符；若将阈值 B 推广至全局，则无法检测出 A 中的异常样本。因此，很难在密度不均的样本总体中确定合适的距离阈值用以检测异常样本。

针对上述缺陷，提出一种基于 DBSCAN 和相对密度的异常样本检测方法。该方法首先利用 DBSCAN 聚类方法，将样本点聚成多个类，使得每类中的样本点密度相对均匀，不同类间的样本点密度显著不同。然后计算每个样本点与其所处的类中其他样本点间的相对密度（LOF），并将具有较低 LOF 值的样本点作为异常样本。

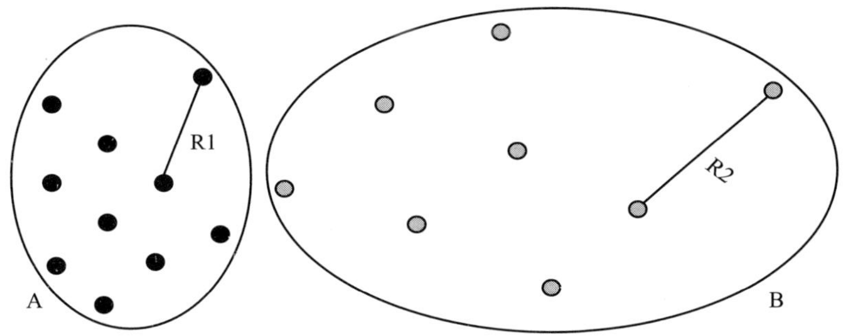

图 3－2　不均匀分布样本空间

为了描述基于 DBSCAN 和相对密度的异常样本检测方法，首先对该方法的相关概念做出定义。

1. DBSCAN 相关概念

定义 1：ε 邻域

以给定对象 o 为中心，ε 为半径的超球状区域，称为对象 o 的 ε 邻域。

定义 2：邻域密度值

对象 o 在 ε 邻域内包含的其他对象的数量称为 o 的邻域密度值，记作 MinPts。

定义 3：核心对象

若对象 p 在 ε 邻域内的邻域密度值 MinPts 达到给定的阈值 c，则称对象 p 为核心对象。

定义 4：直接密度可达

若对象 p 在核心对象 q 的 ε 领域内，则称从 q 到 p 是直接密度可达的。

定义 5：密度可达

给定一系列对象 p_1，p_2，…，p_n，$p = p_1$，$q = p_n$；若从 p_{i-1} 到 p_i 是直接密度可达的，那么从 p 到 q 是密度可达的。

定义 6：密度相连

对于任意对象 o，若存在两个对象 p 和 q 均到 o 密度可达，那么对象 p 到 q 是密度相连的。

2. DBSCAN 算法描述

本书从输入、处理和输出三个方面对 DBSCAN 算法的过程进行描述，如

图3－3所示。

算法名称：DBSCAN
输入：
（1）ε：半经
（2）MinPts：给定对象在 ε 领域内成为核心对象的最小领域密度值
（3）D：集合
处理：
Repeat
（1）判断输入点是否为核心对象
（2）找出核心对象的 ε 领域中的所有直接密度可达点
Until 所有输入点均判断完毕
Repeat
针对所有核心对象的 ε 领域所有直接密度可达点，找到最大密度相连对象集合，在这个过程中涉及一些密度可达对象的合并
Until 所有核心对象的 ε 领域都遍历完成
输出：
目标类簇集合

图3－3　DBSCAN 算法描述

需要指出的是，DBSCAN 算法只能将足够稠密的区域从低密度空间中抽取出来。例如，在图3－4中，（a）是原始数据集，经过 DBSCAN 算法，将稠密区域抽取出来形成（b）。然而这种聚类方式过于粗糙，不能反映（b）中各区域的密度差别。为此，提出一种增量式 ε 参数选取方法。在选择参数 ε 的过程中，首先确定一个较低的阈值 ε_1，并对原始数据集运用 DBSCAN 算法实施聚类，结果如图3－4中（c）所示。然后逐渐升高 ε 的阈值（ε_2，ε_3，…，ε_n；$\varepsilon_i > \varepsilon_{i-1}$），并重复运用 DBSCAN 算法对原始数据集进行聚类，并将那些在后一次聚类中新出现的簇或簇群单独标注出来，最终使得聚类结果形成一定的密度层次，如图3－4中（d）所示。

上述 ε 参数增量式选择方法将使 DBSCAN 算法产生多个密度层次不同的簇或簇群。将处于同一密度层次的簇或簇群视作一个类，记为 c_i。其中，c_1 是 $\varepsilon = \varepsilon_1$ 时算法产生的簇或簇群，$c_i(i \geqslant 2)$ 是当参数 ε 从 ε_{i-1} 调整为 ε_i 时算法运行结果中新增的簇或簇群。例如，可将（c）中的三个簇集记为 c_1，而（d）中新增的两个簇集记为 c_2。

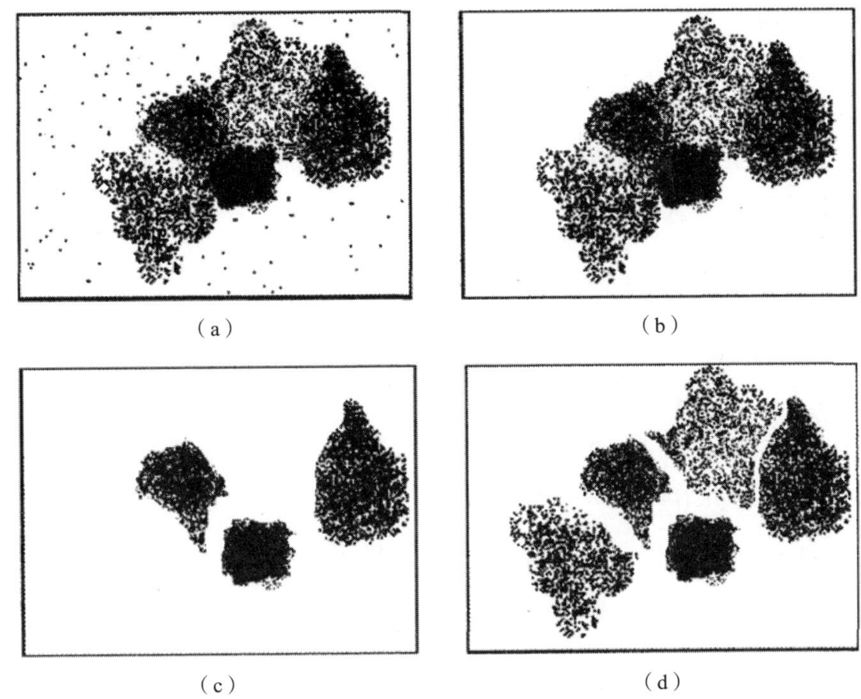

图 3-4 基于增量式 ε 参数选择的 DBSCAN 聚类结果

3. 相对密度

DBSCAN 算法将信用评价数据集中的样本点聚成不同密度层次的类，其中每个类中包含一个或多个簇。接下来，针对每个类中的样本点计算其近邻密度与相对密度，并在此基础上检测各密度层次的类中的异常样本点。为此，首先对相对密度等概念进行定义并给出计算公式。

定义 1：簇内距离

对于同一个簇中的任意两个对象 p 和 q，其簇内距离表示为 d(p, q)。一般而言，d(p, q) 是 p 和 q 之间的欧几里得距离。

定义 2：簇内 k 近邻距离

对于任意对象 p，其簇内 k 近邻距离表示 p 到其所簇中第 k 个最近邻居 o 的距离，记为 k-distance(p)。

定义 3：簇内 k 近邻邻居

若对象 r 与对象 p 处于同一簇中，且 d(p, r) ≤ k - distance(p)，则称 r 是

p 的一个簇内 k 近邻邻居。p 的所有的簇内 k 近邻邻居集合称为其簇内 k 近邻邻居集，记为 N(p，k)。

定义 4：近邻密度

对象 p 的近邻密度记为 density(p，k)，它是 p 到其 k 近邻邻居的平均距离的倒数，记作式（3-9）。

$$\mathrm{density}(p, k) = \left[\frac{\sum_{y \in N(p, k)} \mathrm{distance}(x, y)}{|N(p, k)|} \right]^{-1} \tag{3-9}$$

其中，|N(p，k)|是 p 的 k 近邻邻居集的大小。

定义 5：相对密度

对象 p 的相对密度是指 p 的近邻密度与其簇所在类中其他对象的平均近邻密度的比值，记作式（3-10）。

$$\mathrm{relative-density}(p, c_i) = \frac{\mathrm{density}(p, k)}{\frac{\sum_{y \in c_i} \mathrm{density}(y, k)}{|c_i|}} \tag{3-10}$$

其中，c_i 表示对象 p 的簇所在的类，$|c_i|$表示类内的对象总数。

4. 基于 DBSCAN 与相对密度的异常样本识别

根据 DBSCAN 算法和相对密度的相关概念，对提出的异常样本识别过程描述如图 3-5 所示。其中，最近邻居数 k 和相对密度阈值 φ 可以通过实验法确定。

```
算法名称：基于 DBSCAN 与相对密度的异常点识别
输入：
    P：对象集合
    c_i：类别信息（由 DBSCAN 算法产生）
    k：最近邻居数
    φ：相对密度的阈值
处理：
    For each p ∈ P
    relative-density(p, c_i) = density(p, k) / (∑_{y∈c_i} density(y, k)/|c_i|)
    IF  relative-density（p，c_i） <φ
    Then p 为异常点；
    Else p 为正常点
输出：
    所有异常点集合
```

图 3-5 基于 DBSCAN 与相对密度的异常点识别

3.4
数据预处理实验研究

3.4.1 缺失值填补实验研究

为了验证提出的分类多重填补法在缺失值处理方面的可行性和有效性，本节对借款人的社会资本信用特征的缺失值进行处理。社会资本信用特征取自借款人的在线社会网络，包括借款人在社会网络上的粉丝数（A）和文章数（B）两个变量。这两个变量能够有效地反映借款人的结构维度和认知维度社会资本，进而影响其还款意愿和信用水平。首先对信用特征 A 和 B 的数据分布进行检验，并通过对数转化将它们的分布调整为正态分布。然后，按照不同比率（如 10%、20%、30%）随机删除上述两个信用特征中的部分数据，使其呈现出完全随机缺失的状态。最后，分别采用多重填补法和分类多重填补法对不完整数据集进行处理。通过比较相关的统计学参数和 Logistic 回归信用评价模型的预测精度来衡量不同方法在处理缺失值时的效果。在运用分类多重填补法的过程中，根据本书 3.2.2 节中提出的方法，确定性别为最优关键类别变量，见表 3－1。

表 3－1　　两类方法的缺失值填补效果　　单位：%

缺失值处理方法	缺失 10%	缺失 20%	缺失 30%	完整数据
多重填补法	81.1	79.3	76.7	82.7
分类多重填补法	81.4	80.2	78.1	

表 3－1 显示，随着缺失率的不断升高，两类方法对缺失数据集的相关参数（均值和标准差）的估计越来越偏离真实值。然而，分类多重填补法对缺失数据集的参数估计更加接近真实值，且依据分类多重填补法处理后的数据集，在 Logistic 回归信用评价模型中的精确度更高。因此，本书提出的分类多

重填补法有效改善了多重填补法的缺失值处理过程。

3.4.2 异常值处理实验研究

对经过对数转化的信用特征 Ln(A) 和 Ln(B) 进行描述性统计分析，结果如表 3-2 所示。然后运用三倍标准差法，确定它们的正常值范围，并将超出正常范围的信用特征值视作异常值。在表 3-2 中，统计了信用特征 Ln(A) 和 Ln(B) 的异常值数量。

表 3-2　异常信用特征的描述性统计分析

信用特征	均值	标准差	最小值	最大值	正常值范围	异常值数量
Ln(A)	6.7301	1.8343	0	11.5125	[1.2273, 12.2329]	20
Ln(B)	6.3050	1.7132	0	11.4495	[1.1654, 11.4446]	195

针对上述两个信用特征，分别运用删除法、均值纠偏法和 KNN 方法对异常值进行处理，并利用 Logistic 回归模型对经过异常值处理后的结果进行信用分类，分类精度的结果如表 3-3 所示。由表 3-3 可知，基于 KNN 的异常值纠偏方法优于传统的删除法和均值纠偏法。特别地，当 K=1 时，即利用最近邻居进行异常值的纠偏效果最好，构建出的信用评价模型精确度也最高。

表 3-3　不同异常值处理方法的效果　单位：%

模型	删除法	均值纠偏	最近邻纠偏	2 近邻纠偏	3 近邻纠偏	4 近邻纠偏	5 近邻纠偏
Logistic	83.1	83.4	85.8	85.4	85.2	84.9	84.5

对于异常样本的检测，首先利用 DBSCAN 方法将信用评价数据集聚成密度层次不同的区域，针对不同密度区域，根据所提出的相对密度计算方法，计算样本点的相对密度，并按照降序排序。按照一定的比例（1%~10%）去除各密度区域中相对密度排名靠后（即相对密度值较小）的样本点，这些样

本点被视作异常样本。在计算样本点的相对密度过程中，采用实验法确定最合适的近邻数量。利用 Logistic 回归模型在去除异常样本后的数据集上构建信用评价模型，并通过信用评价模型的精度反映异常样本的检测效果。若原始数据集中的异常样本均能被有效检测和排除，则信用评价模型的精确度较高。表 3－4 反映了不同情况下异常样本的处理效果。其中，第一行是根据不同的近邻数量计算样本点的相对密度，第一列是根据相对密度的值，去除不同比率的异常样本。实验结果表明，当利用最近的 3 个邻居样本点计算得出的相对密度值具有最佳的异常样本检测效果，当将相对密度值最小的 3% 的样本点作为异常样本加以排除时，取得最好的异常样本检测效果。此外，基于 3 近邻的异常样本检测效果等同于基于 4 近邻的异常样本检测效果，这说明利用 3 近邻和 4 近邻计算出的相对密度排序没有发生变化，从而检测出的异常样本相同。

表 3－4　　异常样本检测效果——逻辑回归模型

比例%	最近邻 相对密度	2 近邻 相对密度	3 近邻 相对密度	4 近邻 相对密度
1	0. 8517	0. 8547	0. 8659	0. 8659
2	0. 8544	0. 8621	0. 8734	0. 8734
3	0. 8621	0. 8734	0. 8792	0. 8792
4	0. 8468	0. 8536	0. 8622	0. 8622
5	0. 8360	0. 8311	0. 8467	0. 8467

3. 5
不均衡数据处理

不均衡数据集是指数据集中某些类的实例数远远超过其他类的实例数。信用数据集是典型的非均衡数据集，信用好和信用差的客户在数量上差距非常大。因此，信用差的客户的特征会淹没在信用好的客户的特征中，使得信用评分模型很难正确识别信用差的客户。因此，如何有效地提高模型对信用差的客户的识别能力已经成为信用评分领域亟待解决的问题。目前，这类问题的解决思路主要有两种。第一种思路是从数据层面入手，即在构建训练集的过程中，增加对少数类样本的抽样或者减少对多数类样本的抽样来进行平衡，降低样本类别结构对分类器带来的不良影响。第二种思路是对分类算法进行重新设计，例如考虑误分类代价，将分类边界适当地往多数类方向偏移。

3.5.1 数据层面的不均衡数据处理

过抽样和欠抽样是两种最常见的不均衡数据的处理方法。过抽样是指在抽样时，对总体中的少数类样本采用高于百分之百的抽样比例，这意味着某些少数类样本在训练集中将不止一次出现；欠抽样是指对总体中的多数类样本采用较低的抽样比例，这意味着有些多数类样本不会在训练集中出现。采用这两种抽样方法，可以使两类样本达到平衡，从而比较有效地突出总体中少数类别的特征，提高模型的分类能力。然而，有些学者认为简单地进行过抽样和欠抽样都有缺陷：过抽样会产生重复样本，进而导致模型在学习过程中的过拟合；而欠抽样则可能造成重要信息的丢失。进而提出了一些改进的抽样方法，SMOTE（synthetic minority over-sampling technique）就是其中的一种。该方法的基本思想是在距离较近的少数类实例之间插入“人造”数据来增加少数类实例数目。这样既不会出现对重复样本的过拟合，也不会因为删除多数类样本而丢失重要信息。

3.5.2 算法层面的不均衡数据处理

代价敏感学习是在算法层面解决不均衡数据问题的主流方法，即在分类学习算法中引入误分类代价。代价敏感学习的基本思想是先通过领域专家对误分类成本做出估计，并基于误分类成本构建决策矩阵，然后将误分类代价作为新的参数对分类算法进行重新设计。

表 3-5　　信用评价的决策矩阵

—	预测信用好	预测信用差
实际信用好	C_{00}	C_{01}
实际信用差	C_{10}	C_{11}

表 3-5 显示的是信用评价的决策矩阵。其中，C_{ij} 表示将类标号为 j 的样本误分为类标号为 i 的样本的代价。在个人信用评分中，C_{00} 和 C_{11} 均为零，而 C_{10} 的值远大于 C_{01} 的值。已有研究表明，C_{10} 的值一般是 C_{01} 的值的 5～20 倍。下面，以 C4.5 算法和支持向量机算法为例，说明如何利用代价敏感的思想对算法进行调整，以适应处理不均衡数据的要求。

1. 基于代价敏感的 C4.5 算法

传统的 C4.5 算法将 C_{01} 和 C_{10} 这两种误分类代价看作是相等的。基于代价敏感的 C4.5 算法基本思想如下：根据所属的类别，给每个样本赋一个初始权重：$W(i) = C(i)\frac{N}{\sum_j C(j)N_j}$，其中 N 代表训练集中的样本容量，$N_j$ 表示 j 类样本的数量，$C(j) = \sum_i C_{ij}$ 是第 j 类样本的误分类总代价。显然，各类样本的权重与该类的误分类代价成正比。通过样本权重设定后，各类样本的权重大小在整个学习过程中不再变化。基于代价敏感的 C4.5 算法与传统 C4.5 算法的分类和剪枝过程一致，仅对类标识指定策略进行更改：当为叶节点指定类标志时，通过比较叶子节点中各类样本的权重比来决定，哪个类的权重比大就被指定为该叶节点的类标志，而在传统的 C4.5 算法中，是将叶节点中的多数类作为该节点的类标志的，类 i 在某叶节点中的权重比为 $P(i) = \frac{W(i) \times N_i}{\sum_j W(j)N_j}$。

2. 基于代价敏感的支持向量机算法

在对不平衡数据进行分类时，支持向量机算法（SVM）计算出的最优分类平面会靠近少数类，造成少数类的分类错误增加。解决这个问题的思路是赋予错分正负例的惩罚系数 C^+ 和 C^-，使目标函数变为 $\min\left[\frac{1}{2}\|w^2\| + C^+\sum_{\{i \mid y_i = +1\}}\xi_i +\right.$

$C^{-}\sum_{\{i|y_i=-1\}}\xi_i]$。使用拉格朗日乘子法，得到拉格朗日的原始形式：$L_p=\frac{1}{2}w^Tw+C^{+}\sum_{\{i|y_i=+1\}}\xi_i+C^{-}\sum_{\{i|y_i=-1\}}\xi_i-\sum_{i=1}^{n}a_i(y_i(w^Tx_i+w_0)-1+\xi_i)-\sum_{i=1}^{n}r_i\xi_i$。其对偶形式与标准支持向量机完全相同，只是对 a 的约束变为：$0\leqslant a_i\leqslant C^{+}$，if $y_i=+1$，$0\leqslant a_i\leqslant C^{-}$，if $y_i=-1$。只要 $a_i=C$，就有 $\xi_i>0$。于是，那些有非零松弛变量的少数类对应的 a_i 要大于有非零松弛变量的多数类对应的 a_i，于是将最优分类平面推向了多数类。

本书同时采用了数据层面和算法层面的方法处理不均衡数据。在数据层面，根据已有研究和公开可访问的数据集的经验，采用过抽样和欠抽样的方法对信用差的实例和信用好的实例进行处理，最终将二者的比例控制在 1：3 左右。在算法层面，分析了互联网金融平台的数据，并根据对具体业务的调查，设置信用评价的决策矩阵。

3.6 数据离散化处理

在信用评价的过程中，经常需要对数值型属性进行离散化，即将数值型属性的值域划分为若干子区间，每个子区间对应一个离散值。对信用评价数据的离散化主要有以下几个方面的考虑。第一，信用数据有时会涉及一些个人隐私的敏感信息，如年龄和收入等，离散化是一种数据脱敏处理，能够有效保护个人隐私。第二，一些机器学习与数据挖掘算法只能处理离散属性，不能处理连续属性，如 ID3 和朴素贝叶斯算法等。第三，数据离散化能够在一定程度上减小异常值对分类模型的影响，有助于提高模型的分类精度。根据离散化过程中是否考虑类别信息，可以将离散化方法分为无指导离散化和有指导离散化。

无指导离散化是指在离散化过程中不考虑类别信息的方法。等距区间离散化法和等频区间离散化法是最常见的无指导离散化方法。前者将某连续型属性的值域划分为几个等距区间，后者则允许有不同长度的区间存在，但每个区间内的样本数量相等。从信用评价领域的相关研究和应用来看，绝大部分都是采用以上两种离散化方法。如将金额划分为 1000 ~ 2000 元、2000 ~ 3000 元、3000 ~ 4000 元等区间，或将年龄划分为 20 ~ 30 岁、30 ~ 40 岁、40 ~ 50 岁等区间。等距区间或等频区间离散化方法由于没有考虑类别信息，通常具有较大缺陷。例如，等距区间离散化方法经常造成样本分布不均，有些区间内包含许多样本，而有的区间却一个也没有，严重削弱了属性对分类学习提供的信息量大小。等频离散化法也经常导致不良的分界。例如，出现一个区间中所有样本都属于一个类，而下一个区间中除了第一个样本仍属于之前的类，其余样本都属于另一个类的情况。

有指导离散化方法在离散化过程中考虑类别信息，其过程通常由以下四步组成：第一步，对数值型属性取值从小到大排序；第二步，根据某种规则产生候选断点，构造初始区间；第三步，按照某种合并规则，合并相邻的初始区间；第四步，制定停止标准，使合并一直进行到符合停止标准为止。

决策树采用熵分裂数值属性的方法在实践中有良好的应用效果，是最常用的有指导离散化方法之一。

3.7
本章小结

信用评价数据的预处理能够显著提升信用评价结果的有效性，并有助于发现新的规律。本章从信用评价数据的缺失值处理和异常值处理等方面，分析了现有的数据预处理方法存在的不足之处，并针对互联网金融环境下信用评价数据的特点，提出新的数据预处理方法。

在缺失值处理方面，本章提出一种分类多重填补法。该方法在缺失值填补过程中，能够充分利用互联网金融环境下连续和分类信用特征的数学特征等相关信息，因而有效克服了传统多重填补法难以处理包含类别变量的数据集的缺失值问题。在异常值处理方面，提出了一种基于 KNN 算法的单一信用特征异常值纠偏方法。该方法能够有效弥补删除法、均值纠偏法和众数纠偏法等方法难以利用局部信息处理异常值的缺点。此外，针对密度分布不均样本空间中难以确定异常样本检测的距离阈值等问题，本章提出了一种基于DBSCAN和相对密度的异常样本检测方法，并通过实验研究验证了上述方法的有效性。

第 4 章

互联网金融个人信用特征选择方法

4.1 问题的提出

信用特征的选择是信用评价过程的基础环节，它直接影响最终评价结果的准确性。网络环境下，传统的信用特征获取难度较大。由于互联网金融交易的虚拟性，借贷双方难以有面对面的接触，出借人和借贷平台很难获取借款人的资产状况等信用相关数据。另外，网络环境下社会媒体和在线社会网络等信息能够有效反映借款人在交易活动中的行为，为信用评价提供了新的数据来源。在网络环境下，借款人信用的影响因素众多，信用评价信息广泛分布在不同的网络平台中，具有体量大、价值稀疏和变量类型丰富等特征。如何根据信用的特性和相关理论，对互联网金融业务的信用特征进行选择，是一个值得研究的问题。

信用特征的选择主要分为初选和筛选两个阶段。其中，初选阶段主要根据信用的定义及相关特性，从若干个方面对可能影响借款人信用的特征进行定性选择。从信用的定义角度出发，信用特性的初选主要从借款人的还款能力和还款意愿两个角度，选取相关特征衡量其信用水平。此外，抵押品和担保方也是信用评价的重要方面，能够对借款人起到较强的增信作用。① 从信用的特性角度出发，信用特征的初选需要体现信用的相关特性，如资本性。现有的信用特征初选主要反映了信用所具有的金融资本，然而互联网金融环境下，信用的资本性不仅表现为金融资本，还表现为社会资本。② 如何根据信用表现出的社会资本性，并结合社会资本理论，研究融合社会资本的信用特征初选方法值得进一步研究。

信用特征的筛选是在初选的基础上，运用相关的定量分析方法，对初选特征集进行进一步选择，以去除影响力较小的特征和冗余特征。然而，互联网金融业务中信用特征的变量类型丰富，既包括定距变量也包括定类变量；信用特征与信用状态变量间的关系类型多样，既包括线性关系又包括非线性关系。对于不同变量类型的信用特征，需要运用不同的定量选择方法；对于和信用状态变量具有不同关系类型的信用特征，也需要运用不同的定量选择方法。因此，单一的信用特征定量选择方法无法适应互联网金融业务中信用特征的筛选需求，如何根据信用特征的变量类型以及信用特征与信用状态间关系类型，设计基于综合定量分析的信用特征筛选方法值得进一步研究。

本章考虑了信用所具有的社会资本性特性，并结合社会资本理论，从借款人的结构维度、关系维度和认知维度的社会资本出发，提出一种融合社会资本的互联网金融业务个人信用特征定性初选方法。在此基础上，运用相关分析法、卡方统计量法、信息增益率法和支持向量回归法等定量分析方法，对初选的信用特征进行进一步的筛选。在筛选的过程中，综合运用不同的分析方法选择与信用状态变量具有线性和非线性关系的定距变量和定类变量等信用特征。

① Zhou X, Zhang X. Fuzzy comprehensive credit evaluation of listed companies in liquor industry [C]. // IEEE. Information Management and Engineering (ICIME), 2010 The 2nd IEEE International Conference on, 2010: 472 - 475; Zhang L, Cao S Y, Wang K. Chinese Micro-enterprise Credit Rating Model and Empirical Analysis [J]. Journal of Applied Sciences, 2013, 13 (15): 2959 - 2963.

② Olomola A. The nature and determinants of rural loan repayment performance in Nigeria: The case of FADU's micro-credit programme [M]. Nigerian Institute of Social and Economic Research (NISER), 2001.

4.2 融合社会资本的信用特征定性选择方法

4.2.1　基于文献研究法的信用特征定性选择方法

已有研究主要从借款人的个人情况（如人口统计学信用特征）、财产情况（如不动产，收入等）、借贷历史情况，以及有无抵押和担保等方面选取信用特征。常用的信用特征包括年龄、性别、受教育程度、婚姻状况、收入水平和资产状况等。这些信用特征主要从还款能力和还款意愿两个方面反映借款人的信用。例如，年龄、收入水平和资产状况主要反映了借款人的还款能力；而受教育程度和婚姻状况则反映了借款人的还款意愿。此外，一些研究人员还将借款人的成长能力纳入信用特征体系，以反映交易者未来的还款能力与意愿。表4－1和表4－2反映了现有的学术界和业界所采用的个人信用评价特征集。

在已有研究的基础上，结合互联网金融业务的具体特点，从个人信息、借款信息和验证信息等三个方面，提取相关的信用特征，对互联网金融业务中的个人信用进行评价。

个人信息：性别、年龄、受教育程度、婚姻状况和孩子数量等变量能够有效反映用户的履约意愿，进而影响到一个人的信用。已有研究表明，女性较之男性的履约意愿更强，信用也相对较好；年长已婚且有孩子的人士的信用较之年轻未婚人士的信用更好，因为他们的责任意识更强，具有更高的履约意愿；受教育程度较高的人履约意愿和信用状况也相对较好。

借款信息：借款项目本身包含的信息也能影响到借款人的还款能力与意愿。为此，从借款人的当前及历史借款项目中，提取相关信用特征对其信用进行评价。具体包括借款金额、借款利率、借款用途、还款方式和担保状态等。已有研究表明借款人的信用与借款金额成正比，与借款利率成反比。还款方式与信用水平间也具有密切的联系，提前还款通常被视作信用良好的表现。此外，担保状态也对信用具有显著影响，有担保的借款人通常信用更好。

验证信息：为了核实借款人的身份，很多互联网金融平台需要对借款人进行身份验证，然而，有些验证信息并不是借款人必须提供的。在这种情况下，主动提供身份验证信息的借款人被认为具有较高的信用水平，因为他们敢于接受更加严格的信用监督。一般来说，网络交易平台的身份验证包括身份认证、学历认证、电话认证和视频认证。

4.2.2 基于社会资本的信用特征定性选择方法

信用具有资本性，信用的资本性体现为信用能够为经济活动的参与者带来潜在资源。传统的线下经济业务中，信用主要表现为金融资本，包括货币资本和商品资本。例如企业的银行信用是一种货币资本，反映了该企业从银行获取货币资源的能力；而企业的商业信用是一种商品资本，体现了该企业从供应链上下游其他企业获取商品资源的能力。网络环境下，交易者的信用不仅体现为金融资本，更多情况下表现为社会资本，并能够为交易者带来广泛的社会资源，如人脉资源、合作项目、工作机会和决策信息等，如表4－1、表4－2所示。

表4－1　国内外部分学者采用的个人信用评价特征集

学者	特征集
杜兰德（Durand）	年龄、性别、工作、工作行业、工作稳定性、房屋、保险账户
罗斯巴赫（Roszbach）	性别、婚姻状况、是否大城市、房屋、是否有注册企业、收入、收入变化、应税资产、信用报告被查询的次数、其他无抵押贷款、已有无抵押贷款数额、已有无抵押贷款个数、已有无抵押贷款中已经使用的数额、贷款数额、担保
韦斯特（West）	工作、工作稳定性、在居住地时间、雇佣时间、房屋、拥有其他资产、贷款数额、信用时间长度、是否有其他贷款、是否有存款账户
卡林（Carling）	年龄、性别、婚姻状况、房屋、是否有注册企业、收入、收入变化、应税资产、拥有其他资产、信用报告被查询的次数、其他无抵押贷款、已有无抵押贷款数额、已有无抵押贷款中已经使用的数额、贷款数额

续表

学者	特征集
沈翠华	资产、贷款数额、信用时间长度、是否有其他贷款、存款账户平均余额、经常账户状态、贷款目的
姜明辉	年龄、教育程度、月均收入、职业、单位性质、配偶、贷款金额、贷款期限、还款方式、担保方式

表4－2　　国内部分商业银行采用的个人信用评价特征集

建设银行	年龄、性别、婚姻、健康、教育程度、户籍、单位类型、行业情况、职位、在本职位时间、职称、收入、家庭平均收入、在本银行的账户、储蓄账户余额、与银行的业务往来、是否银行职员、是否有其他贷款
中信银行	年龄、性别、婚姻、教育程度、户籍、单位类型、行业情况、职位、在本职位时间、职称、收入、家庭平均收入、家庭净收入、其他资产、保险、是否有其他贷款
民生银行	年龄、教育程度、户籍、单位类型、职位、收入、家庭净收入、金融资产、其他资产、保险、在本银行账户、是否有不良信用记录、卡消费积分
华夏银行	年龄、性别、婚姻、健康、户籍、单位类型、职位、在本职位时间、职称、收入、家庭平均收入、金融资产、其他资产、在本银行账户、与本行的业务往来

网络环境下，借款人的社会资本主要通过在线社会网络等社交媒体平台信息来度量。借款人在在线社会网络中的活动和行为能够有效地体现其结构维度、关系维度和认知维度的社会资本。这些维度的社会资本一方面体现了借款人获取资源的能力，另一方面反映了借款人所受到的监管和约束力大小。社会网络中的其他成员能够对借款人的履约行为起到监督作用并施加社会压力。因此，在线社会网络能够显著影响借款人的履约能力、履约意愿和信用水平，是网络环境下信用特征选择的重要来源。

从与网络交易平台的关系角度来看，在线社会网络的类型分为两种，一种是嵌入型社会网络，另一种是独立型社会网络。嵌入型社会网络是包含在网络交易平台之中的，为交易活动提供服务的一种社会网络，通常是由网络交易平台自建形成。例如，互联网金融平台为了促使借贷交易的达成，降低借贷双方的信息不对称性，构建了连接借贷双方的社会网络。独立型社会网络与网络交易平台间的关系是相对独立的，如微博、微信、Twitter和 Facebook 等第三方社会网络。然而，随着电子商务的发展，经济活动的日益线上化，各类新型网络交易业务层出不穷，网络交易平台与独立型社会网络间的关系也日益紧密，例如很多网络交易者逐渐通过微博和微信等第三方平台进行营销、融资和投资活动。借款人在独立型社会网络上的行为和活动也能有效反映其信用状态。无论是嵌入型社会网络还是独立型社会网络均能有效体现借款人的社会资本，并可用来评价其在借贷业务中的信用状况。

1. 基于结构维社会资本的信用特征选择

结构维度社会资本能够有效反映交易者在社会网络中的位置以及获取资源的能力，同时也反映了该交易者受到的社会监督力度和履约意愿的大小。中心度是最常用的结构维度社会资本变量，包括入度和出度。然而，传统的中心度只能衡量与交易者所处节点具有直接联系的其他节点数量（例如朋友网络中的直接朋友数）。但在事实上，互联网金融业务中，借款人不仅能够通过直接朋友获取贷款，也能通过间接朋友（即朋友的朋友）获取贷款，借款人受到的社会监督也不仅仅来自社会网络中的直接朋友。为此，本书也将借款人在社会网络中的间接朋友信息作为信用评价的重要信用特征项。

2. 基于关系维社会资本的信用特征选择

结构维度社会资本能够反映借款人在社会网络中的关系数量，而关系维度社会资本通过衡量借款人所拥有的关系类型，进一步反映其所拥有的关系的质量。互联网金融平台中的社会网络关系类型是多样的，不同关系类型体现出的关系质量差异显著。例如，互联网金融平台中的社会网络关系类型包含线上朋友、同学、至交和亲戚等。这些关系类型所代表的关系质量显然不同。一般来说，线上关系的质量低于线下关系的质量，如线上朋友关系的质量低于同学等线下关系的质量；线下弱关系的质量低于线下强关系的质量，如同学关系的质量低于亲戚关系的质量。不同的关系质量对借款人履约行为的影响不同。为此，在信用特征的选择过程中，需要进一步考虑关系维度的社会资本。

3. 基于认知维社会资本的信用特征选择

互联网金融业务中，认知维社会资本能够有效提升社会网络中其他成员对借款人的理解，降低借贷双方的信息不对称性。认知维社会资本的表现形式多样，例如借款人的信誉和借款人对借款用途的描述等。其中，借款人的信誉信息能够通过社会网络中其他成员对该借款人的评价来体现，这些评价信息能够有效增强潜在投资者对借款人的了解，进而提升借款人的受信概率。此外，借款人对于借款项目及借款用途的说明也能够增强他人对其还款能力的了解和认识，提升其信用水平。

4.2.3　基于社会资本的信用特征定量选择方法

在互联网金融环境下，交易者的信用表现为一种社会资本。为此，本书从结构维度、关系维度和认知维度的社会资本出发，提取合适的社会资本变量，分析交易者的信用特征。其中，利用社会网络分析法，研究交易者的在线社会网络活动状况，提取结构维度和关系维度的社会资本变量；利用情感分析方法，研究交易者在社会媒体上的活动状况，提取认知维度的社会资本变量。

1. 社会网络分析

社会网络分析是一种重要的社会学分析方法。社会学理论认为，社会不仅是由个人而且是由网络构成的，网络包含了节点及节点之间的关系。社会网络分析能有效揭示经济活动参与者之间的交互行为、互动模式和潜在社会结构。对于社会网络分析，不同的学者和学术组织有着不同的看法。例如最大的国际社会网络分析学术组织对社会网络分析的看法是："社会网络分析关注于揭示人们之间的互动模式。社会网络分析基于这样一种直觉，认为一个人的生活方式很大程度上取决于该个体与其社会关系网络联系的方式和程度。同样，对于一个组织和社会来说，其成功和失败往往也取决于其内部结构的互动模式。"斯科特（1992）认为，社会网络分析已经成为一套分析社会结构的方法。这种方法集中于结构中的关系因素的研究，更加重视其关系的作用而不是其属性数据。有的学者认为，社会网络分析是一种对个人和组织等实体以及实体间关系的图示和测量（S. Staab et al.，2005）。网络的节点表示联结的实体，连线表示节点间的关系和关系的流动。社会网络分析同时提供了对于人类关系的一种数学分析和可视化分析。虽然相关说法的侧重点不完全一致，但对于社会网络分析来说，社会网络结构都是其研究的重点，社会网络结构中的节点和关系是其研究的对象。

社会网络分析最早源自图论学，采用拓扑图来描述节点和关系，在19世纪六七十年代，逐步在社会学学科领域形成社会网络分析方法，并在随后漫长的发展过程中，逐步吸收数学、统计学、计算机科学的成果，成为一种跨学科的分析方法，特别是进入21世纪后，随着计算机处理能力的飞速发展和基于复杂网络研究的突破，研究人员发现大量的真实社会网络表现出与规则网络和随机网络不同的统计特性，呈现出小世界效应和无标度特性，称为复杂网络，这些来自复杂网络研究的成果进一步丰富和完善了社会网络分析的理论和方法，使社会网络分析变得更加成熟和完善，成为分析网络结构及其功能作用的最重要的分析方法之一。在社会网络分析发展的过程中，还吸收了大量来自社会资本理论的研究成果，如格兰诺维特的嵌入性理论、弱连接优势理论、博特的结构洞理论、林南的社会资源理论、科尔曼的社会资本理论、边燕杰的强关系力量假设等，与社会资本研究有着紧密的联系，已经成为社会资本研究的一种重要的研究和分析方法。

社会网络分析主要从关系和结构两个维度进行数据的计算处理。关系维度的社会网络分析考察的是社会网络中的节点属性，如点度中心度、中介中心度和接近中心度等。结构维度的社会网络分析考察的是节点间的关系在整个社会网络中的分布状态，主要通过密度、平均距离等指标反映出来，结构维度的社会网络分析能够有效地反映社会网络的整体属性，如小世界特性和无标度特性。

（1）社会网络关系维度的分析。关系维度主要是指网络中各个节点之间关系的特征，比如关系强弱程度、直接关系还是间接关系、关系的数量等，主要采用中心性分析技术进行分析处理，其主要包括对于中心度的计算处理以及小团体、社区分析等。中心度指标主要包括三种类型：点度中心度、中间中心度和接近中心度，具体如下。

点度中心度（degree centrality），主要用于衡量节点在一个社会网络中的直接关系数量和居于中心位置的程度，点度中心度越高，表示该节点在网络中与更多节点之间存在直接联系，在网络中更加居于中心地位，其在网络中拥有的非正式权利和影响力越大，即其声望和影响力也越高。已有研究表明，节点的点度中心度与其在社会网络中的资源获取能力有着密切的联系，这里的资源包括人脉资源、决策信息、合作机会和信贷资源等。

中介中心度（betweenness centrality），即一个节点的中介中心度，衡量的是社会网络中经过该节点的最短路径的数量，该指标可以反映出节点对关系资源控制的能力。如果一个节点居于两个关系节点之间的位置，两个节点之间的联系必须通过该节点才能完成，则根据结构洞的理论可以认为该节点作为中介控制着两个节点之间的联系和信息的流动，对两个节点具有一定程度的控制作用。中介中心度越高，节点作为中介的程度越高，越可能占据控制信息流动的关键位置，其声望和影响力也越大，越容易被其他节点信任。中介中心度高的节点一般都是桥接不同网络社区的重要节点，是社会网络中信息传播的重要渠道。

接近中心度（closeness centrality），该指标用于衡量节点不受其他节点控制的程度，是通过测该节点与其他节点之间的路径长度之和来计算。接近中心度越低，节点与其他节点的距离越远，越难以与其他节点相互交流。

（2）社会网络结构维度的分析。结构维度主要用于研究社会网络结构中关系的分布状况及紧密程度，主要采用凝聚性分析方法，分析网络密度、中心势、度分布、平均最短路径长度、聚类系数和网络社区等，以反映网络整体拓扑结构。

密度（density）表示网络中各节点间关系的紧密程度。密度越大，说明网络中已经建立的关系数量与可能建立的关系数的比例也越高，网络的规模程度也越高，个体间的关系连接程度和密集程度也更高。平均距离（average distance）是指网络中所有成员到达其他成员的平均最短距离。平均距离越大则说明该网络的节点间跨度越大，关系的流动和传递越困难，网络整体的凝聚性程度也较低。

中心势是对网络中关系密度分布的一种表征，反映了网络结构对节点的依赖程度。从个体网络的中心度，可以看到个体在网络中的位置。所有个体的中心度集中起来，则可以反映出网络整体结构的更多信息。对于一个网络，如果存在着一个或者多个高中心度的点，当这些点被删除或移除网络，网络就会迅速崩溃或分离成若干孤立的子网，则表示网络具有很高的中心势，其关系分布集中度很高。从这个意义上讲，中心势越高，其依赖于少数网络用户的程度也越高，一旦这些用户离开网络或用户不稳定，其带来的损失或者危害也越大；中心势越低，其网络的弹性越大，越不容易受网络个体用户的影响。比如中间中心势越高，表示该网络中的用户更加依赖于一些用户，受其影响和控制的程度也越大，这些用户在网络中的声望也会越高，控制资源的能力越强。

社区分析旨在发现社会网络中的隐性社区。隐性社区通常表示为社会网络中的一组节点，在这组节点内的网络连接密度显著高于这组节点与外界节点间的网络连接密度。隐性社区显示了节点间的真实互动，其中蕴含的节点间交互行为与模式等信息比显性社区中的相应信息具有更重要的价值。

社会网络分析能够有效地提取电子商务交易者结构维度和关系维度的社会资本。已有研究表明，交易者的结构维度和关系维度的社会资本能够对他们的信用起到背书作用，是电子商务环境下信用评价的重要方面。

2. 情感分析

情感分析又称意见挖掘，是对带有情感色彩的主观性文本进行分析、处理、归纳和推理的过程。从不同的角度，情感分析可以分为不同的类型。

按照分析的粒度级别来划分，情感分析可以分为篇章级别、主题级别和特征级别的分析。篇章级别的情感分析从整个文本的层面上判定其情感倾向。如在一段评论交易者信用的文字中，篇章级别的情感分析旨在得出该段文字对交易者信用好坏与否的整体观点。主题级别的情感分析关注对每一主题所表达的观点和意见的分析。例如关于对交易者信用的评论可以分为多个主题，不同的主题从不同的方面（服务态度、物流速度和售后服务等）评价交易者的信用情况。主题级别的情感分析能够从多个方面反映交易者的信用。特征级别的情感分析关注对每个特征情感倾向的分析。例如在手机类产品的评论中，消费者针对手机的不同特征（待机时间、屏幕大小和分辨率等）进行评论。特征级别的情感分析能够从更细的特征角度反映消费者的观点和意见。

按照分析结果的表示形式来划分，情感分析可以分为极性分析和强度分析。极性分析只产生文本的情感极性，如正面评价和负面评价。强度分析不仅产生情感极性，还产生极性的强度，如正面评价还可以细分为强、中、弱三种不同的强度。在电子商务环境下，交易者之间可以相互评价，这种评价不仅包括情感极性，也包括极性的强度。例如，消费者可以给电子商务卖家五星评价，该五星不仅表明了是正面评价，而且表明了消费者对卖家十分肯定和满意。

情感分析的结果能够反映社会媒体中其他成员对交易者的认知，是一种认知维度的社会资本，这种资本能够增加交易者在经济活动中与其他对象的共同语言，增强互信程度。已有研究表明，交易者认知维度的社会资本能够显著降低交易过程中的信息不对称性和信用风险水平。因此，利用情感分析提取的认知维度的社会资本变量是一类重要的信用特征。

4.3 基于综合定量分析的信用特征筛选方法

为了降低后续的信用评价模型复杂性，提升信用评价的效率，需要对初选的信用特征进行进一步筛选。传统的信用特征筛选方法分为两大类：包裹法和过滤法。这些方法能够很好地适应于初选信用特征数量较少。信用特征与信用状态间的关系较为简单的应用场景下。然而，互联网金融业务中，信用特征的数量多，变量类型丰富，信用特征与信用状态间的关系复杂，不仅包括线性关系，也包括大量的非线性关系。为此，笔者提出一种基于综合定量分析的信用特征筛选方法。该方法分为两步，首先利用相关分析法筛选与信用状态变量线性相关的信用特征，然后利用组合方法筛选与信用状态变量具有非线性关系的信用特征。

4.3.1 基于相关分析的信用特征筛选

设 Y 为信用状态变量，表征借款人的信用状态。$X_i(i=1, 2, \cdots, n)$ 为信用评价的初选信用特征。本书根据信用状态变量和信用特征的变量类型的不同，分四种情况计算二者间的相关性。

（1）若 Y 为定距变量，X_i 也是定距变量，相关系数（Person 系数）：

$$\rho_{X_iY} = \rho_{YX_i} = \frac{Cov(X_i, Y)}{\sqrt{D(X_i)}\sqrt{D(Y)}} \quad (i=1, 2, \cdots, n) \tag{4-1}$$

$D(X_i)$ 和 $Cov(X_i, Y)$ 分别表示 X_i 的方差以及 X_i 与 Y 间的协方差。

（2）若 Y 为定距变量，X_i 为定类变量，相关系数（Eta 系数）：

$$E_{YX_i} = \frac{\sum(Y-\overline{Y})^2 - \sum(Y-\overline{Y}_i)^2}{\sum(Y-\overline{Y})^2} \quad (i=1, 2, \cdots, n) \tag{4-2}$$

$\overline{Y}$ 为 Y 的均值，$\overline{Y}_i$ 为 X_i 的每一个类对应的 Y 的均值。

（3）若 Y 为定类变量，X_i 为定距变量，相关系数（Eta 系数）：

$$E_{X_iY} = \frac{\sum(X_i-\overline{X}_i)^2 - \sum(X_i-\overline{X}_{ij})^2}{\sum(X_i-\overline{X}_i)^2}$$

$$(i=1, 2, \cdots, n; j=1, 2, \cdots, m) \tag{4-3}$$

$\overline{X}_i$ 为 X_i 的均值，$\overline{X}_{ij}$ 为 Y 的每一个类（共有 j 个取值）对应的 X_i 的均值。

（4）若 Y 为定类变量，X_i 也是定类变量，相关系数（Lambda 系数）：

$$\lambda_{X_iY} = \lambda_{YX_i} = \frac{\sum m_Y + \sum m_{X_i} - (M_Y + M_{X_i})}{2n - (M_Y + M_{X_i})} \quad (i=1, 2, \cdots, n) \tag{4-4}$$

其中，m_{X_i} 是 Y 每个类别下 X_i 的众数次数；m_Y 是 X_i 每个类别下 Y 的众数次数；M_{X_i} 是 X_i 的众数次数；M_Y 是 Y 的众数次数；n 为样本总数。

上述步骤将与信用状态变量 Y 具有强相关的信用特征 X_i 挑选出来。然而，这些信用特征之间通常也具有一定的相关性，增加了信用评价模型的复杂性。为此，需要进一步对挑选出的信用特征 X_i 进行筛选，减弱信用特征之间的相关性。具体方法如下。

（5）若 X_i 为定距变量：

对于所有的其他定距变量 X_j，计算 X_i 与它们的相关系数，并选出其中的最大值。

$$\hat{\rho}_{X_iX_j} = \max\left\{\frac{Cov(X_iX_j)}{\sqrt{D(X_i)}\sqrt{D(X_j)}}\right\} \quad i, j=1, 2, \cdots, M; i\neq j \qquad (4-5)$$

其中，M 为定距变量的总数。

对于所有的其他定类变量 X_j，计算 X_i 与它们的相关系数，并选出其中的最大值。

$$\hat{E}_{X_iX_j^*} = \max\left\{\frac{\sum(X_i - \bar{X}_i)^2 - \sum(X_i - \bar{X}_{ij})^2}{\sum(X_i - \bar{X}_i)^2}\right\}$$

$$i, j=1, 2, \cdots, N; i\neq j \qquad (4-6)$$

其中，N 为定类变量的总数。$\bar{X}_i$ 为 X_i 的均值，$\bar{X}_{ij}$为 X_j 的每一个类对应的 X_i 的均值。

当上述两个相关系数的最大值大于或等于 0.9 时，认为 X_i 与其他信用特征间具有较强的相关性。此时，需要根据各信用特征与因变量间相关性的强弱，舍弃其中一个信用特征。

（6）若 X_i 为定类变量：

对于所有的其他定距变量 X_j，计算 X_i 与它们的相关系数，并选出其中的最大值。

$$\tilde{E}_{X_iX_j} = \max\left\{\frac{\sum(X_j - \bar{X}_j)^2 - \sum(X_j - \bar{X}_{ij})^2}{\sum(X_j - \bar{X}_j)^2}\right\}$$

$$i, j=1, 2, \cdots, M; i\neq j \qquad (4-7)$$

其中，M 为定距变量的总数。$\bar{X}_j$ 为 X_j 的均值，$\bar{X}_{ij}$为 X_i 的每一个类对应的 X_j 的均值。

对于所有的其他定类变量 X_j，计算 X_i 与它们的相关系数，并选出其中的最大值。

$$\tilde{\lambda}_{X_iX_j^*} = \max\left\{\frac{\sum m_{X_i} + \sum m_{X_j} - (M_{X_i} + M_{X_j})}{2n - (M_{X_i} + M_{X_j})}\right\}$$

$$i, j=1, 2, \cdots, N; i\neq j \qquad (4-8)$$

其中，N 为定类变量的总数。m_{X_i}是 X_j 每个类别下 X_i 的众数次数；m_{X_j}是 X_i 每个类别下 X_j 的众数次数；M_{X_i}是 X_i 的众数次数；M_{X_j}是 X_j 的众数次数；n 为样本总数。

当上述两个相关系数的最大值大于或等于 0.9 时，认为 X_i 与其他信用特征间具有较强的相关性。此时，需要根据各信用特征与因变量间相关性的强弱，舍弃其中一个信用特征。

4.3.2 基于组合分析法的信用特征筛选

在本书 4.3.1 中，利用相关分析方法筛选出了与信用状态变量具有线性关系的信用特征。然而，互联网金融业务中的信用特征众多，各信用特征的变量类型不同，且这些信用特征与信用状态变量间的关系复杂。有些信用特征虽然与信用状态变量间的线性相关性较弱，但具有较强的非线性关系。因此，单一的相关分析方法容易漏选重要的信用特征。为此，根据信用特征与信用状态变量的变量类型，选取不同的方法，通过探究二者间的非线性关系，研究基于组合分析法信用特征筛选方法。

1. 若信用状态变量 Y 为定类变量

（1）若信用特征 X_i 也为定类变量，运用卡方统计量法。设 Y 有两类取值（不妨设为 0 和 1），其中 0 代表信用好的用户，1 代表信用不好的用户。信用特征 X_i 有 n 类取值，表示为 X_{i1}，X_{i2}，…，X_{in}。G 和 B 分别代表训练集中 $Y=0$ 和 $Y=1$ 的用户数量。G_j 和 B_j 分别表示当信用特征 X_i 取第 j 类值 X_{ij}时，训练集中 $Y=0$ 和 $Y=1$ 的用户数量，则计算信用特征 X_i 的卡方统计量：

$$\chi^2 = \sum_{j=1}^{n}\left[\left(\frac{G_j - \hat{G}_j}{\hat{G}_j}\right)^2 + \left(\frac{B_j - \hat{B}_j}{\hat{B}_j}\right)^2\right] \tag{4-9}$$

其中 $\hat{G}_j = \frac{G_j + B_j}{G + B}G$，$\hat{B}_j = \frac{G_j + B_j}{G + B}B$。

当信用特征 X_i 的卡方统计量越大时，其对信用状态变量 Y 的重要性程度越高，越应该筛选为最终的信用特征。实际操作中可以根据卡方统计量的相伴概率 Prob. Chi-Square 进行判断。一般地，当 Prob. Chi-Square 小于 0.05 时，

信用特征 X_i 被筛选为最终的信用特征。

上述方法是针对 Y 有两类取值的情况。若 Y 有多类取值（如共有五类信用等级 A，B，C，D，E），则利用卡方分割的方法，计算 Y 的两两取值（共有 $C_5^2=10$）间信用特征 X_i 的卡方统计量，当且仅当 X_i 的所有卡方统计量（共有 $C_5^2=10$）对应的 Prob. Chi-Square 均小于 0.05 时，信用特征 X_i 被筛选为最终的信用特征。

（2）若信用特征 X_i 为定距变量，运用信息增益率法。设信用状态变量 Y 有 m 类不同的取值 Y_1，Y_2，…，Y_m。S 是由 s 个样本组成的数据集，其中 s_i 表示 S 中 $Y=Y_i(i=1,2,\cdots,m)$ 的样本数，$P_i=\frac{s_i}{s}$是指对于任意一个样本 $Y=Y_i(i=1,2,\cdots,m)$ 的概率。则 S 的信息量计算如下：

$$\mathrm{Info}(s_1,s_2,\cdots,s_m)=-\sum_{i=1}^{m}P_i\log_2(P_i) \tag{4-10}$$

设信用特征 X_i 具有 n 个不同值 $\{a_1,a_2,\cdots,a_n\}$，利用 X_i 将 S 划分为 n 个子集 $\{s_1,s_2,\cdots,s_n\}$ 其中 s_j 表示 S 中在 X_i 上具有值 a_j 的样本，s_{ij}是子集 s_j 中 $Y=Y_i(i=1,2,\cdots,m)$ 的样本数。则利用信用特征 X_i 划分 S 所产生的信息熵 E(A，S) 如式（4-11）所示：

$$E(A,S)=\sum_{j=1}^{n}\frac{s_{1j}+s_{2j}+\cdots+s_{mj}}{s}\mathrm{Info}(s_{1j},s_{2j},\cdots,s_{mj}) \tag{4-11}$$

信用特征 X_i 相对于 S 的信息增益 G(A，S) 定义为：

$$G(A,S)=\mathrm{Info}(s_1,s_2,\cdots,s_m)-E(A,S) \tag{4-12}$$

上述 G(A，S) 能够用来表示一个信用特征对于分类的贡献大小。G(A，S) 越大，则认为该信用特征对分类的贡献越大，其重要性程度也越高，应该被筛选为最终的信用特征。

然而，如果某一信用特征具有大量不同取值，则信息增益函数倾向于产生较大的函数值，但是信用特征的取值多并不代表该信用特征对信用分类有更大贡献。相反，一个取值过多的信用特征对分类并无帮助。信息增益率（Gain Ratio）能够有效地消除信用特征取值过多对信息增益函数造成的影响，是对信息增益的一种改进，令

$$\mathrm{Split}(A,S)=-\sum_{i=1}^{n}\frac{|s_i|}{|S|}\log_2\frac{|s_i|}{|S|} \tag{4-13}$$

则将信息增益率 GR(A, S) 定义为：

$$GR(A, S) = \frac{G(A, S)}{Split(A, S)} \tag{4-14}$$

其中，分裂信息 Split(A, S) 是 S 关于信用特征 X_i 的各值的熵。

2. 若信用状态变量 Y 为定距变量，运用支持向量回归法

构建信用状态变量 Y 与信用特征 X_i 间的支持向量回归模型：

$$f(x) = w \cdot \phi(x) + b = \sum_{i=1}^{n} (a_i - a_i^*) K(x, x_i) + b \tag{4-15}$$

式（4-15）中，$\phi(x)$ 是对信用特征的非线性变换。为此，支持向量回归机能够有效体现信用特征与信用状态变量间的非线性关系。

为了检验信用特征 X_i 是否与状态变量 Y 具有较强的非线性关系，进行以下两步操作。

（1）构建两个支持向量回归机模型。其中模型 1 中不包含 X_i，而模型 2 将信用特征 X_i 纳入自变量中。

（2）利用 t 检验考察模型 1 和模型 2 的预测精度是否具有显著的差异。若模型 2 的预测精度显著高于模型 1，则认为信用特征 X_i 与 Y 具有较强的非线性关系，应该将其筛选为最终的信用特征。

4.4 实例分析

A 平台是我国知名的互联网金融平台。为了商业保密起见，本书中隐去了平台的具体名称。在本节中，运用融合社会资本的信用特征初选方法，对 A 平台上的相关信用特征进行定性选择。本书将信用特征的定量筛选实验放在第六章的案例研究中，与信用评价数据预处理和信用评价模型构建作为一个整体介绍。所有信用特征的相关数据均通过网络爬虫程序获取。

A 平台上的信用相关信息包括四类：借款人个人信息，包括年龄、性别、婚姻状况、受教育程度等；借款信息，包括借款金额、借款利率、借款期限、还款方式和借款用途等；社会资本信息，包括朋友数量、朋友种类、朋友成功借款率、朋友是否投标、朋友的朋友的数量、朋友的朋友种类、朋友的朋友成功借款率和朋友的朋友是否投标等；验证信息，包括身份验证、电话认证、学历认证和视频认证等。所有的这些信用特征，都直接或间接地影响借款人最终的借贷结果：借款是否成功、借款金额、借款利率和还款期限。其中，借款人个人信息、借款信息和验证信息这三类中的信用特征的有效性已经得到广泛研究。本书着重关注社会资本信息中的信用特征。

A平台的社会资本表现为用户在平台上的朋友数量、朋友关系和朋友类型等。其中平台将朋友关系分为八种：同事、普通朋友、亲密朋友、同学、几面之缘、亲戚、平台网友和其他网友。本书将这八种朋友关系分为两大类：线下朋友（同事、普通朋友、亲密朋友、同学、几面之缘和亲戚）和线上朋友（平台网友和其他网友）。朋友类型分为三种，即纯朋友、投标朋友和成功投标朋友。纯朋友是指没有借贷交易的朋友，投标朋友是指对借款人发布的借款项目进行投标的朋友，成功投标朋友是指对借款人的借款项目投标成功并形成借贷关系的朋友。上述对用户社会资本的描述仅限于直接朋友。事实上，用户的间接朋友（朋友的朋友）也能为其带来社会资源，并影响其在信用活动中的履约能力和意愿，也属于用户的社会资本。本书将间接朋友也纳入社会资本的考虑范围，包括朋友的朋友数量，投标朋友的朋友数量等信用特征。表4－3是融合社会资本的信用特征的定性选择结果。

表4－3　　融合社会资本的信用特征定性选择结果

被解释变量	变量说明	类型	取值范围
Default	是否违约：1——违约，0——未违约	定类	0，1
解释变量	—	—	—
借款信息	—	—	—
Ln_AmtReq[1]	借款金额	定距	[2.39，11.61]
IR	借款利率，由投标人投标利率算术平均所得	定距	[0，27]
BMaxIR	借款人可接受最高借款利率	定距	[0，27]
RepaymentO	是否是每月还款，1——按月等额还款，2——到期还款	定类	1，2

续表

被解释变量	变量说明	类型	取值范围
BidType	投标模式：1——竞标，2——友情和3——线下	定类	1，2，3
LCategory	借款用途：0——无说明，1——短期周转借款，2——住房或装修借款，3——个人消费借款，4——创业借款，5——教育学资借款，6——汽车消费借款，7——其他目的借款	定类	1，2，3，4，5，6，7
Vouch	担保状态：1——无担保，2——个人担保，3——系统担保	定类	1，2，3
Ln_ListN	历史借款申请次数	定距	[0，3.81]
SucListPct	借款成功率=成功借款次数/历史借款申请次数	定距	[0，1]
Ln_BidN	投标数	定距	[0，5.78]
社会资本信息	—	—	—
Ln_FrdN	朋友数量	定距	[0，6.54]
FrdTypeN	朋友种类[2]的数量，如：1——借款人只有一种类型朋友	定类	[0，8]
FrdOnlinePct	线上朋友百分比	定距	[0，1]
Ln_FrdListN	朋友历史借款平均次数	定距	[0，8.50]
FrdSucListPct	朋友历史借款成功率=朋友成功借款次数/朋友历史借款次数	定距	[0，1]
FrdBidNPct	朋友投标率=朋友投标数/总投标数	定距	[0，1]
FrdBidAmtPct	朋友借款率=朋友投标金额/借款金额	定距	[0，1]
FrdSucBidAmtPct	朋友成功借款率=朋友成功投标金额/借款金额	定距	[0，1]
Ln_FrdBidListN	投标朋友历史借款次数	定距	[0，8.43]
FrdBidSucListPct	投标朋友历史借款成功率=投标朋友成功借款次数/投标朋友历史借款次数	定距	[0，1]
Ln_FOFN	朋友的朋友数量	定距	[0，8.36]
FOFTypN	朋友的朋友种类的数量	定距	0，1，2，3，4，5，6，7

续表

被解释变量	变量说明	类型	取值范围
FOFBidAmtPct	朋友的朋友借款率＝朋友的朋友投标额/借款金额	定距	[0，1]
FOFBidSucAmtPct	朋友的朋友成功借款率＝朋友的朋友成功投标金额/借款金额	定距	[0，1]
Ln_FOFBidListN	投标朋友的朋友历史借款次数	定距	[0，8.85]
FOFBidSucListPct	投标朋友的朋友借款成功率＝投标朋友的朋友成功借款次数/投标朋友的朋友历史借款次数	定距	[0，1]
个人信息	—	—	—
Gender	性别，1——男，0——女	定类	0，1
Ln_Age	年龄	定距	[0，4.45]
Education	受教育程度：1——小学，2——中学，3——中专，4——高中，5——大专，6——本科，7——硕士研究生，8——博士研究生，9——博士后	定类	1，2，3，4，5，6，7，8，9
Marriage	婚姻状态：1——已婚，0——未婚	定类	0，1
ChildN	小孩数量	定类	0，1，2，3，4，5
验证信息	—	—	—
IDV	身份认证，1——有，0——无	定类	0，1
CellphoneV	电话认证，1——有，0——无	定类	0，1
EducationV	学历认证，1——有，0——无	定类	0，1
VideoV	视频认证，1——有，0——无	定类	0，1

注 [1]："Ln_" 表示变量进行了对数转化。

[2]：A 平台八种朋友类型：1——普通朋友，2——挚交，3——同事，4——同学，5——亲戚，6——几面之缘，7——拍友，8——其他。

4.5 本章小结

为了更好地反映信用所具有的社会资本性，并全面体现不同变量类型信用特征及其与信用状态变量之间的线性和非线性关系，本章主要从定性分析和定量分析两个方面研究了互联网金融业务的信用特征的初选和筛选方法。定性分析方面，在分析信用的资本性等相关特征的基础上，结合社会资本理论和已有关于信用特征选择的文献，研究融合社会资本的信用特征定性选择方法。定量分析方面，根据信用特征的变量类型及其与信用状态变量的关系类型，运用相关分析、卡方统计量分析、信息增益分析和支持向量回归分析等相关方法，研究基于综合定量分析的信用特征筛选方法。最后，以 A 平台为实验环境，获取相关数据，验证了本章提出的方法的有效性。

本章的研究内容是下一章节的研究基础，为构建合理的信用评价模型提供了必要的条件。

第 5 章

互联网金融个人信用评价模型

5.1 问题的提出

网络环境下，信用评价结果的准确性普遍较低，信用违约的概率显著高于传统的银行借贷等线下金融机构的借贷业务。造成这种现象的原因一方面是现有的信用评价模型存在一定缺陷，另一方面是传统的信用评价模式不适应互联网金融业务环境下的信用评价要求。针对上述问题，从两个方面着手研究互联网金融业务的信用评价模型。第一，从信用评价模型算法方面，对现有的 Adaboost 集成学习模型进行改进；第二，针对网络环境下信用表现出的全息性等特征，设计一个基于协同分析模式的跨业务信用评价模型。

一方面，已有研究表明，Adaboost 集成学习模型相对于单一模型的分类效果较好。① 然而在 Adaboost 模型中，每个基分类器在训练样本重抽样的过程

---

① Wang G，Hao J，Ma J et al. A comparative assessment of ensemble learning for credit scoring［J］. Expert systems with applications，2011，38（1）：223 –230；Xie H，Han S，Shu X et al. Solving credit scoring problem with ensemble learning：A case study［C］//Knowledge Acquisition and Modeling，2009（KAM'09）. Second International Symposium on IEEE，2009（1）：51 –54.

中，仅考虑到对误分类样本加强学习，将分类错误的样本赋予更高的权重；未能综合考虑各样本的误分类成本和分类难度。① 不同样本的误分类成本和分类难度差异较大，需要进一步关注对误分类成本高和分类难度大的样本的学习。事实上，不同类型误分类的成本是显著不同的。已有研究表明，第二类错误（将信用差的样本分类成信用好的样本）的犯错成本远高于第一类错误（将信用好的样本分类成信用差的样本）的犯错成本。因此，应该更加关注第二类错误的样本，并赋予它们更高的权重。此外，各基分类器对样本的分类结果具有一定的分歧程度。有些样本在各基分类器中的分歧度较高，即部分基分类器将其分类正确而另外一部分基分类器将其分类错误，需要更加关注这类分歧度较高的样本，并赋予它们更高的权重，因为这类样本的分类难度较大。如何综合考虑误分类成本和分类难度对集成学习模型中基分类器的样本权重的影响，设计考虑误分代价与分歧度的 Adaboost 信用评价模型值得进一步研究。

另一方面，网络环境下信用表现出较强的全息性，即用户的信用是多维度的，需要从不同的业务视角对个人信用进行综合评价。② 用户的信用不仅体现在互联网金融业务中，也能够体现在其他业务类型和场景中。例如，交易者的信用可以体现在网络商品销售业务中，还能够体现在衣食住行等生活场景中，如网络约车场景等。因此，一个人的信用相关数据不仅分布在互联网金融平台上，还广泛分布在不同类型的业务平台中。信用的全息性给全面获取用户的信用数据提供了新的机遇，克服了互联网金融业务中相关信用特征（如金融资本特征）难以获取的缺陷。然而另一方面，如何建立不同网络业务平台间协同分析机制，并在此基础上构建基于协同分析模式的跨业务信用评价模型，从而提升对互联网金融业务中借款人信用评价的全面性和有效性，仍然有待进一步研究。

---

① 高敬阳，陈程立诏，朱群雄．基于争议度的 Boosting 集成网络样本权值调整算法［J］．中南大学学报（自然科学版），2012，43（11）：4355－4360．

② Lin Z，Whinston A B，Fan S. Harnessing Internet finance with innovative cyber credit management［J］. Financial Innovation，2015，1（1）：1－24.

5.2 基于分歧度与误分代价的 Adaboost 信用评价模型构建

5.2.1 Adaboost 算法权重调整策略缺陷分析

Adaboost 算法的权重调整策略是根据前一个基分类器的分类结果，提高后一个基分类器中分类错误样本的权重，降低后一个基分类器中分类正确样本的权重，从而使后续的基分类器更加关注对分类错误样本的学习。其权重调整方法具体表示如下。

（1）初始状态时，训练集共包含 m 个样本，表示为 (x_1, y_1)，(x_2, y_2)，…，(x_m, y_m)。各样本权重：$D_1(i)=1/m$。

（2）在第 t+1 个基分类器中，各样本权重为：

$$D_{t+1}(i)=\frac{D_t(i)}{Z_t}\times\begin{cases}e^{-\alpha_t} & \text{if}\quad h_t(x_i)=y_i\\ e^{\alpha_t} & \text{if}\quad h_t(x_i)\neq y_i\end{cases}$$
$$=\frac{D_t(i)\exp(-\alpha_t y_i h_t(x_i))}{Z_t}\tag{5-1}$$

式（5-1）中，$\alpha_t=\frac{1}{2}\mathrm{Ln}\left(\frac{1-\varepsilon_t}{\varepsilon_t}\right)$，$\varepsilon_t$ 表示第 t 个基分类器的训练误差，$D_t(i)$ 表示样本 i 在第 t 个基分类器的训练集中的样本权重，$D_{t+1}(i)$ 表示样本 i 在第 t+1 个基分类器的训练集中的样本权重，Z_t 为归一化因子。由式（5-1）可以得知，Adaboost 算法对所有被分类正确的样本的权重调整幅度为：

$$\frac{1}{Z_t}e^{-\alpha_t}=\frac{1}{Z_t}e^{-\frac{1}{2}\mathrm{Ln}\left(\frac{1-\varepsilon_t}{\varepsilon_t}\right)}=\frac{1}{Z_t}e^{\mathrm{Ln}\sqrt{\frac{\varepsilon_t}{1-\varepsilon_t}}}=\frac{1}{Z_t}\sqrt{\frac{\varepsilon_t}{1-\varepsilon_t}}\tag{5-2}$$

对所有被分类错误的样本的权重调整幅度为：

$$\frac{1}{Z_t}e^{\alpha_t}=\frac{1}{Z_t}e^{\frac{1}{2}\mathrm{Ln}\left(\frac{1-\varepsilon_t}{\varepsilon_t}\right)}=\frac{1}{Z_t}e^{\mathrm{Ln}\sqrt{\frac{1-\varepsilon_t}{\varepsilon_t}}}=\frac{1}{Z_t}\sqrt{\frac{1-\varepsilon_t}{\varepsilon_t}}\tag{5-3}$$

上述的样本权重调整策略仅和前一基分类器的训练误差 ε_t 有关，没有考虑到样本在之前所有基分类器中被分类错误和分类正确的情况，也没有考虑到被分类错误的样本的错误类型和误分代价。这导致分类错误的样本权重均以较大的、相同的幅度提升，Adaboost 算法变得越来越倚重这些权重过大的样本，而忽略了对其他样本的训练，进而导致算法的精确度降低。为此，我们在考虑训练误差 ε_t 的同时，进一步将分歧度和误分代价等因素引入样本权重的调整策略中，以提升 Adaboost 算法的性能。

5.2.2 考虑分歧度和误分代价的权重调整策略

为了提升 Adaboost 算法的学习性能，不仅需要提升分类错误样本的权重，还需要对分歧度高和误分代价高的样本提高权重。为了说明我们的权重调整策略，首先对相关概念进行定义。

1. 分歧度

一个样本的分歧度是指不同基分类器对该样本所属类别判断的一致性程度。若所有基分类器均将该样本划分为同一类别（如信用好或不好），则样本的分歧度最小；若各基分类器对该样本所属类别判断不一，则分歧度较大。

设 ERR_i^t 表示第 i 个样本在前 t 个基分类器中被正确分类的总次数，ERE_i^t 表示第 i 个样本在前 t 个基分类器中被错误分类的总次数。ERR_i^t 和 ERE_i^t 的取值范围为［0，t］。则第 i 个样本在前 t 个基分类器中的分歧度 dif_i^t 表示为：

$$dif_i^t = \frac{1}{1 + ERstd_i^t} \tag{5-4}$$

式（5-4）中，$ERstd_i^t$ 表示样本 i 在前 t 个基分类器中分类正误次数的标准差，具体计算公式为：

$$ERstd_i^t = \sqrt{(ERE_i^t - avg_i^t)^2 + (ERR_i^t - avg_i^t)^2} \tag{5-5}$$

式（5-5）中，$avg_i^t = \frac{ERE_i^t + ERR_i^t}{2}$ 表示样本 i 在前 t 个基分类器中分类正误次数的平均值。本书中样本 i 的分歧度 dif_i^t 在前 t 个基分类器判断结果均相同（均判为信用好或信用不好）的情况下取值最小，$dif_{i\,min}^t = \frac{2}{2 + \sqrt{2}t}$；当前 t

个基分类器中，有$\frac{t}{2}$个将样本 i 判断为一类（信用好或不好），而另外$\frac{t}{2}$个将样本 i 判断为另一类（信用不好或好），此时 dif_i^t 的取值最大，$dif_{i\,max}^t = 1$。

2. 误分代价

误分代价是指由于分类错误导致的损失。在信用评价问题中，不同类型误分类的代价是不同的。误分类包括两种类型：第一种类型是将信用好的样本识别为信用不好的样本（又称第一类错误）；第二种类型是将信用不好的样本识别为信用好的样本（又称第二类错误）。已有研究表明，第二类错误的代价是第一类错误代价的 5 ~ 20 倍。

在上述的分歧度和误分代价定义的基础上，对 Adaboost 原有的样本权重调整策略做如下改进：

初始状态时，数据集共包含 m 个样本，表示为 (x_1, y_1)，(x_2, y_2)，…，(x_m, y_m)。各样本权重 $D_1(i) = 1/m$。

在第 t + 1 个基分类器中，各样本权重为：

$$D_{t+1}(i) = \frac{D_t(i)}{Z_t} \times \begin{cases} dif_i^t \cdot e^{-\alpha_t} & \text{if} \quad h_t(x_i) = y_i = 1 \\ dif_i^t \cdot \rho \cdot e^{\alpha_t} & \text{if} \quad h_t(x_i) = 1;\ y_i = 0 \\ dif_i^t \cdot e^{\alpha_t} & \text{if} \quad h_t(x_i) = 0;\ y_i = 1 \\ dif_i^t \cdot e^{-\alpha_t} & \text{if} \quad h_t(x_i) = y_i = 0 \end{cases} \tag{5-6}$$

式（5 - 6）中，$h_t(x_i) = 1$ 或 0 表示样本 x_i 在第 t 个基分类器中被判为信用好或不好，$y_i = 1$ 或 0 表示样本 x_i 实际值为信用好或不好。$h_t(x_i) = 0$；$y_i = 1$ 表示样本 x_i 实际上信用好，却被第 t 个基分类器判为信用不好，属于第一类错误。$h_t(x_i) = 1$；$y_i = 0$ 表示样本 x_i 实际上信用不好，却被第 t 个基分类器判为信用好，属于第二类错误。ρ 表示第二类错误与第一类错误的误分代价比。已有研究表明 ρ 的取值范围为 5 ~ 20。dif_i^t 表示样本 x_i 在前 t 个基分类器中的分歧度。

上述权重调整策略不仅加强了对分类错误样本的训练，也考虑到对分歧度高和误分代价高的样本的训练，有效提升了 Adaboost 算法的精确度。

5.2.3　基于分歧度与误分代价的 Adaboost 信用评价模型

在上述权重调整策略的基础上，本书进一步提出基于分歧度与误分代价的 Adaboost 信用评价模型。主要包括输入、处理和输出三个部分。图 5－1 展示了该模型的整体架构。

对所提出的基于分歧度与误分代价的 Adaboost 信用评价模型描述如下。

输入：

训练集 $D=\{(x_1, y_1), (x_2, y_2), \cdots, (x_m, y_m)\}$，其中 $x_i \in X$ 是信用特征集合，$y_i \in Y=(0 或 1)$ 为样本的信用标签。

基分类器 $h_i(x)$；

迭代次数 T。

处理：

1. 初始化

对 D 中的每个样本赋予初始权值 $d_1(i)=\frac{1}{m}$，即对 D 中每个样本，以等概率方式抽取并组成第一个基分类器的训练集。

2. 迭代次数 t=1，2，…，T

（1）从训练集 D 中以概率 $d_t(i)$ 生成训练样本分布 D_t，并训练基分类器 $h_t(x)$。

（2）计算基分类器 $h_t(x)$ 的训练误差 $\varepsilon_t=\frac{EN}{EN+RN}$，其中 RN 和 EN 分别表示 $h_t(x)$ 分类正确的样本数和分类错误的样本数。

（3）若 $\varepsilon_t>0.5$ 则返回步骤（1），否则计算 $h_t(x)$ 的权重 $\alpha_t=\frac{1}{2}Ln\left(\frac{1-\varepsilon_t}{\varepsilon_t}\right)$。

（4）统计各训练样本被分类正确和错误的次数

$$\begin{cases} ERE_i^{t+1}=ERE_i^t+1 & \text{if} \quad h_t(x_i)\neq y_i \\ ERR_i^{t+1}=ERR_i^t+1 & \text{if} \quad h_t(x_i)=y_i \end{cases}$$

其中，ERR_i^t 表示样本 i 在前 t 个基分类器中被正确分类的总次数，ERE_i^t 表示样本 i 在前 t 个基分类器中被错误分类的总次数。

（5）根据 5.3.2 中的权重调整策略更新训练样本权重。

输出：

对各个基分类器的分类结果进行集成，具体的集成方式为：

$$H(x) = \text{sign}\left(\sum_{t=1}^{T} \alpha_t h_t(x)\right) \tag{5-7}$$

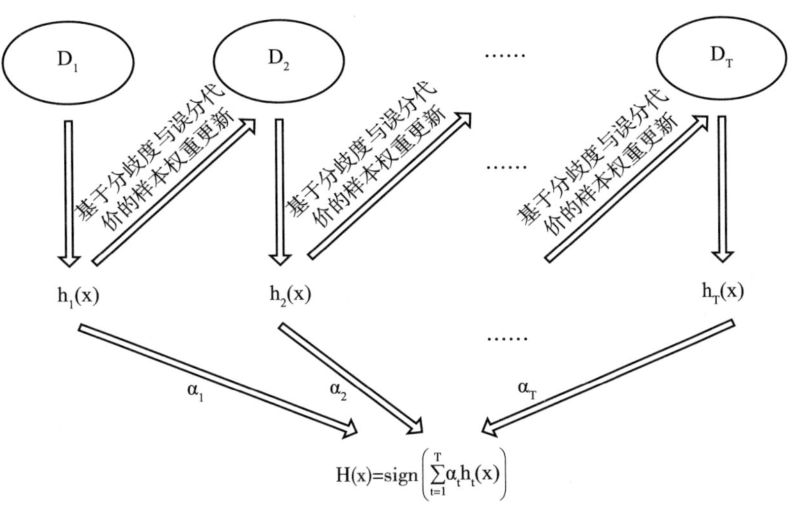

图 5－1　基于分歧度与误分代价的 Adaboost 算法

5.2.4　实验研究

1. 实验数据与实验方案设计

本实验采用 C 平台上的借款人数据，共包括 14844 个样本，其中 2/3 作为训练集，1/3 作为测试集。测试集中信用好的样本数为 4353 个，信用不好的样本数为 595 个。C 平台是我国某一著名的互联网金融平台。为了商业保密起见，本书中隐去了平台的具体名称。

为了验证本书提出的基于分歧度与误分代价的 Adaboost 信用评价模型的有效性，将本书提出的方法与传统 Adaboost 模型的效果进行比较。在比较的过程中，选择 Logistic 回归模型作为集成学习模型的基分类器。

为了对实验结果进行评价，选取了基于混淆矩阵的评价指标，这些指标被广泛用于数据挖掘和信用分析，它们是：

True positive rate（TPR，又称真阳性率）：指实验结果中正确地识别出信用差的人的比例。

$$TPR = \frac{\text{True Positive}}{\text{True Positive} + \text{False Negative}} \tag{5-8}$$

True negative rate（TNR，又称真阴性率）：指实验结果中正确识别出信用好的人的比例。

$$TNR = \frac{\text{True Negative}}{\text{True Negative} + \text{False Positive}} \tag{5-9}$$

式（5－8）和式（5－9）中，各子项的含义如下：

True Positive（TP）：实际为正例，也被分类为正例的样本数。

False Positive（FP）：实际为负例，被错误的分为正例的样本数（又称第一类错误）。

True Negative（TN）：实际为负例，也被分类为负例的样本数。

False Negative（FN）：实际为正例，被错误的分为负例的样本数（又称第二类错误）。

一般来说，正例被设置为实验人员所关注的对象。在信用分析过程中，正例通常是指信用差的人，因为需要更加关注是否能够准确识别出那些信用不好的人。

上面两个衡量指标分别对模型识别信用好的人和信用差的人的能力做出了描述。然而并不能反映出模型对于两类人识别的整体效果。为此，根据莱斯曼（Lessmann，2015）等人的研究，构建了误分类成本这一指标。在信用分析的过程中，会产生两类错误：第一类错误是将信用好的人误分类为信用差的人（FP），第二类错误是将信用差的人误分类为信用好的人（FN）。

这两类错误的犯错成本是不同的。已有研究表明，传统线下借贷中第二类错误的犯错成本是第一类错误的犯错成本的 5～20 倍，即错误的识别信用差的人所造成的损失更大。然而，互联网金融的额度较小，且贷款利率和收益较高，因此将第一类错误和第二类错误的误分类成本设为 1∶5。并构建如式（5－10）所示的误分类成本指标用以衡量模型对信用好和信用差这两类人分类的整体效果。误分类成本指标越小，说明模型的整体分类效果越好。

$$Cost = FPR + 5 \times FNR \tag{5-10}$$

其中，$FPR = \frac{FP}{FP + TN}$，$FNR = \frac{FN}{FN + TP}$

2. 实验结果与讨论

表 5 - 1 展示了本书提出的基于分歧度与误分代价的 Adaboost 信用评价模型与传统的 Adaboost 信用评价模型的分类性能。本书选择逻辑回归模型（LR）作为集成学习模型的基分类器。

表 5 - 1　　　　　　　　　　信用评价结果

Model	FN	TN	FP	TP	TPR	TNR	FPR	FNR	Cost
本书方法 + LR	537	2061	120	252	0. 3194	0. 9450	0. 0550	0. 6806	3. 4581
Adaboost + LR	622	2115	66	167	0. 2110	0. 9697	0. 0302	0. 7890	3. 9751

表 5 - 1 的评价结果表明，本书提出的模型与传统的 Adaboost 模型相比，犯第一类错误的比例更高（FPR），但是犯第二类错误的比例较低（FNR）。而第二类错误的犯错成本显著高于第一类错误。最后利用 Cost 的值来反映各个模型的综合性能。结果表明，提出的模型具有更低的 Cost 值，即总体犯错成本更低，信用评价的综合效果比传统的 Adaboost 模型更加优异。

5. 3
基于协同分析模式的跨业务信用评价模型

5. 3. 1　基于对等网络的协同信用分析模式

网络环境下，信用表现出较强的全息性。一个人的信用不仅体现在互联网金融业务中，也能够体现在其他业务类型和场景中。例如，交易者的信用不仅能体现在网络商品销售业务中，还能够体现在衣食住行等生活场景中，如网络约车场景等。因此，一个人的信用相关数据不仅分布在互联网金融平台上，还广泛分布在不同类型的业务平台中。集成不同业务平台的相关信用数据，并进行协同信用分析，能够对借款人的信用做出更加全面的评价。为此，提出一种基于对等网络的协同信用分析模式。该模式能够从多个类型的业务视角，全面评价借款人的信用。

图 5－2 所示的是基于对等网络协同机制的信用分析框架。在该框架中，由多个主体共同参与信用评价，每个主体称为一个 peer。在协同过程中，各个主体均拥有借款人某一方面的信用数据，这些主体可以分为两种类型，即目标主体（target peer）和源主体（source peer）。其中，目标主体扮演数据提供者、数据集成者和协同分析者三大角色；而源主体扮演了数据提供者和协同分析者两种角色。目标主体和源主体之间的交互在协同分析模式中十分重要，它始终贯穿在数据集成与协同分析的过程中。这二者之间的交互如下。

（1）由目标主体制定一个 OLAP 查询，并将该查询发送至查询处理器。由于不同主体的多维数据模式是异构的，因此查询处理器需要根据源主体的多维数据模式，将目标主体传送过来的 OLAP 查询进行重新制定，重新制定查询需要根据语义地图，该语义地图能够匹配相同概念在不同主体多维数据模式上的差异化表达，如图 5－2 所示。

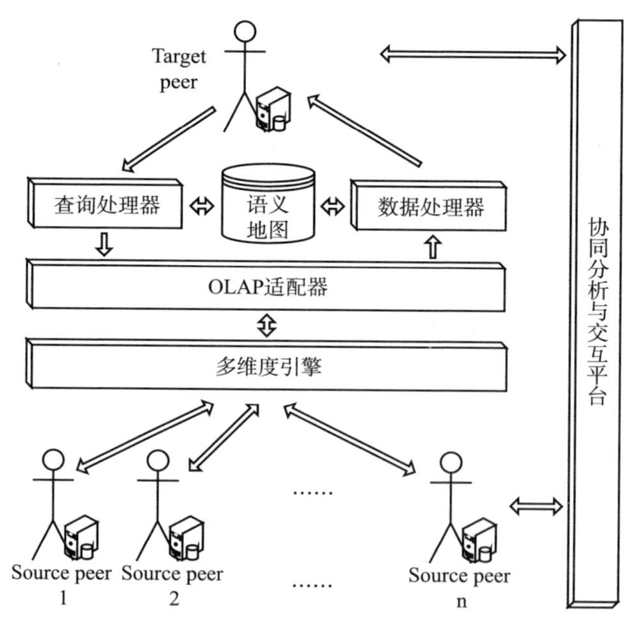

图 5－2　基于对等网络的协同信用分析框架

（2）查询处理器将一组重新制定后的查询发送至 OLAP 适配器。OLAP 适配器进一步将这些查询传递至多维度引擎，并由多维度引擎在各个源主体的数据仓库中执行这些查询。这些源主体的数据仓库中存放着借款人在不同类型在线业务平台上的相关信用数据。

（3）多维度引擎在执行完这些 OLAP 查询后，将查询结果返回 OLAP 适配器和数据处理器。数据处理器需要根据语义地图，将查询结果转化为适应目标主体多维数据模式的形式。最后，数据处理器将转化后的查询结果反馈给目标主体。

经过上述三个步骤，目标主体完成了与各个源主体之间的交互，并将源主体的信用相关数据与自身数据集成起来，为协同信用分析奠定了一定的基础。在上述数据集成过程中，OLAP 工具提供了相关的数据查询功能和一些简单的数据分析功能。然而，OLAP 工具的分析能力有限，仅能进行验证型分析，难以发现隐藏在数据仓库中的潜在数据模式与规律。目标主体在制定 OLAP 查询时，也受自身知识和经验的限制，难以制定一个完备的 OLAP 查询并充分获取有价值的信用分析数据。此外，在上述交互过程中，各个源主体只是被动地接受目标主体发出的查询指令，仅扮演了一个协同分析的数据提供者角色，未能真正参与协同分析过程。

数据挖掘是一种数据驱动的分析方法，且不需要过多的经验知识。数据挖掘工具能够有效克服 OLAP 工具的上述不足。为此，在协同信用分析框架中引入相关的数据挖掘工具，并将这些工具集成到一个共享的协同分析与交互平台中。目标主体与源主体均可以通过这一平台提供的数据挖掘工具分析本地的信用相关数据，并将发现借款人信用的重要影响因素。

本书设计的协同分析与交互平台能够让各个主体参与到信用分析的过程中，并就各自发现的数据模式、规律和信用影响因素进行交流。此外，利用该平台的数据挖掘工具发现的信用影响因素等知识也能够帮助目标主体制定更加完备的 OLAP 查询，获取更多的信用分析相关数据。

上述协同信用分析框架能够保证各主体具有充分的自治性。各个主体可以在不通知其他主体的情况下，改变其愿意分享的信用分析数据集、数据模式和相关术语，各主体也能够在该框架下自由加入和退出协同信用分析任务。此外，该框架中的各主体方的地位是平等的，目标主体并不拥有更高的地位，也是协同信用分析的成员之一，且某一任务中的目标主体也能够成为另一任务中的源主体。

5.3.2　基于协同分析的跨业务信用评价模型

在上述协同分析模式与框架的基础上，进一步提出了基于协同分析的跨业务信用评价模型。为了更好地理解提出的模型，首先需要介绍模型构建的相关背景，主要包括模型构建的目的、模型构建的各主体方、模型采用的评价算法等。

本书构建模型的目的在于评价互联网金融业务中的借款人信用。因此，互联网金融中的借款人是我们的评价对象。根据信用所具有的全息性，一个人的信用可以表现在多个方面，不仅体现在借贷业务中，也能体现在各种其他类型的在线业务和场景中。为此，还需要从多个业务和场景的视角全面评价借款人的信用。在本章的研究中，评价的对象也以不同身份参加过多种类型的在线业务，并在不同的网络平台中留下相关的信用信息。评价对象具有双重身份，一方面他们是互联网金融业务中的借款人，另一方面，他们也是电子商务市场上的卖家。本书从他们在互联网金融业务、电子商务业务和日常生活场景等方面，获取相关信用信息，构建基于协同分析的跨业务信用评价模型。

参与协同信用评价模型构建的主体方包括互联网金融平台、电子商务平台和社会网络平台。其中互联网金融平台是目标主体，电子商务平台和社会网络平台是源主体。互联网金融平台上包含了评价对象在网络借贷业务中的信用数据，电子商务平台上包含了评价对象在电子商务业务中的信用数据。社会网络平台也参与到本书的协同信用评价模型构建过程中，本书选择的社会网络平台和电子商务平台具有一定的合作关系。本书的评价对象能够将他们在电子商务平台上的账户与他们在这一社会网络平台上的账户关联起来，并开展社会网络营销。本书选择的评价对象均已将他们在这两个平台上的账号做了关联。因此，在本书的研究场景下，社会网络平台也包含了评价对象在电子商务业务中的信用数据。

信誉是一种认知维度的社会资本，它能够增强卖家在交易中被买家所认可和理解的程度。在互联网中，在线信誉系统中的用户评论能够有效反映卖家在经营活动中对其承诺的履约情况。例如，卖家提供的产品和服务是否与其广告宣传的一致，卖家是否提供了其承诺的物流服务和产品售后服务等。因此，在线信誉体现了卖家在商品交易过程中的信用，可以从信誉系统的用户评论中提取用于评价卖家信用的特征。

利用评论分析卖家信用需要考虑评论的情感和时间。第一，具有不同情感倾向的用户评论对卖家信用具有不同的影响，好评和差评对卖家信用的影响效果是不同的。通常来说，好评对卖家信用具有正向影响，而差评对卖家信用具有负向影响。此外，差评对卖家信用的影响力强度一般要高于好评。这主要是因为买家通常倾向于给卖家好评，除非卖家出现严重的违约行为（如售假等），在这种情况下，差评更能真实地反映卖家信用。另外，良好的信用十分难以获取，却很容易失去，因此差评对信用的影响更大。第二，不同时间段内的用户评论对卖家信用具有不同的影响。例如，十年前的用户评论对卖家在当时的信用具有很大的影响，对其现在的信用则影响较弱。因此，越靠近当前的用户评论，越能反映卖家现在的信用。根据上述分析，在从用户评论中提取卖家信用特征时，需要考虑评论的情感和时间。为此，选择以下特征，并分别考虑它们对卖家信用的不同影响。这些特征包括：近半年的总评论数、半年前的总评论数、近半年的差评率、半年前的差评率等。在计算用户评论数量的过程中，本书并没有考虑网络的虚假评论，主要有两点原因。第一，淘宝平台有着严格的反信誉炒作机制，能够很大程度地避免虚假评论。例如，14 天内同一买卖双方就同一产品多次交易所产生的众多评论只记作一条评论，30 天内同一买家对特定卖家评论所产生的信誉分不能超过 6 分。此外，淘宝平台对低价产品交易产生的信誉分做了一系列限制，以防止卖家利用低价产品交易炒作其信誉。第二，本书选取的卖家具有较长的经营年限（至少为 5 年），这些卖家关注其在淘宝平台上的长远利益，很少采用投机行为，一般不会利用虚假评论来炒作自身。

上述特征能够很好地反映信用所具有的资本性、动态性和全程性。首先，这些特征体现了信用的资本性。用户评论不仅是一种认知维度的社会资本，也可以作为金融资本的代理变量。已有研究表明，卖家的用户评论数量与其销售量呈正相关关系，即总评论数越多，卖家的销售量越大，其金融资本也越高。第二，这些特征能够反映出信用的动态性表现特征。为了体现信用的动态性，本书提取不同时间段内的用户评论，旨在反映其对卖家信用的动态影响。第三，这些特征能够体现信用的全程性表现特征。用户评论的情感实际上反映了卖家在交易过程各个阶段中的履约情况，例如交易前的产品宣传是否真实和交易后的售后服务是否遵守承诺等。

卖家在微博平台上的社会网络变量能够很好地反映其结构维度和关系维度的社会资本，与信用具有密切的联系。为此，笔者提取淘宝卖家在新浪微博上的社会网络变量，作为卖家的信用特征。新浪微博是阿里巴巴的重要合作伙伴，2013 年 4 月阿里巴巴斥资 5.86 亿美元收购 18% 新浪微博股份，为阿里信用数据集增添了最为稀缺的社交网络数据。淘宝卖家可以将其在淘宝平台上的账户与其新浪微博账户关联起来，并能够在微博平台上展示其产品和服务，进行微博营销。

本书在卖家微博中提取的社会网络变量包括关注数、粉丝数、微文数、微博等级。其中，关注数表明了卖家在新浪微博平台上关注的其他用户的数量，反映了卖家构建社会网络的积极性；粉丝数表明该卖家在新浪微博平台上被多少其他微博用户关注，反映了卖家在社会网络中的受欢迎程度；博文数是指卖家在新浪微博上发布的博文条数，反映了卖家在社会网络中的活跃程度；微博等级与卖家自申请微博账户之日起累计的活跃天数有关，反映了该卖家在社会网络中花费的时间。上述四个变量中，关注数和粉丝数可以看作卖家的结构维度的社会资本，分别代表了卖家在社会网络中的出度和入度。博文数和微博等级可以看作卖家在其社会网络中投入的精力和时间，这两个变量数值越大，说明卖家在社会网络中花费的精力和时间越长，该卖家与微博网络中其他成员互动越多（卖家每发一条微博，关注该卖家的其他用户都能接收到），关系越紧密。因此，这两个变量可以看作关系维度社会资本的代理变量。

根据社会资本理论，结构维度和关系维度的社会资本变量能够显著影响交易者的信用风险。因此，上述 4 个社会网络变量能够作为卖家的信用特征。

本书的协同信用评价模型采用的是 Logistic 回归模型，具体形式如式（5 - 11）所示：

$$\Pr\{y=1\}=\frac{\exp(\beta_0+\beta_1 x_1+\cdots+\beta_r x_r)}{1+\exp(\beta_0+\beta_1 x_1+\cdots+\beta_r x_r)} \tag{5-11}$$

事件 $y=1$ 表示客户违约，$pr(y=1)$ 可以简记为 P，表示违约概率，$z=\beta_1+\beta_1 x_1+\cdots+\beta_r x_r$，$x_i$ 表示输入的信用特征。因此，式（5－11）也可记作：

$$p=\frac{1}{1+e^{-z}}\text{或者 } \mathrm{Ln}\left(\frac{p}{1-p}\right)=z \tag{5-12}$$

表 5－2 展示了各主体利用相关的数据挖掘工具进行协同分析而产生的信用特征，具体的特征选择方法可以参考本书第四章的内容。

表 5－2　　基于协同分析的信用特征

数据源	特征	特征含义备注
互联网金融平台上的信用特征（F_a）	f_{a1} 性别	—
	f_{a2} 年龄	—
	f_{a3} 学历	—
	f_{a4} 婚姻状况	—
	f_{a5} 工作类型	—
	f_{a6} 收入水平	—
	f_{a7} 历史借款次数	—
	f_{a8} 历史借款金额	历史总借款金额/历史借款次数
	f_{a9} 历史还款期限	每次借贷的还款期限的平均值
	f_{a10} 历史利率水平	—
电子商务平台上的信用特征（F_{b1}）	f_{b11} 近半年的总评论数	—
	f_{b12} 半年前的总评论数	—
	f_{b13} 近半年的差评率	—
	f_{b14} 半年前的差评率	—
	f_{b15} 好评总数	—
	f_{b16} 差评总数	—
	f_{b17} 递送速度	—
	f_{b18} 售后服务	—
	f_{b19} 描述相符	产品与宣传之间的相符程度

续表

数据源	特征	特征含义备注
社会网络平台上的信用特征（F_{b2}）	f_{b21} 粉丝数	关注该用户的人数
	f_{b22} 关注数	该用户关注的人数
	f_{b23} 博文数	—
	f_{b24} 微博等级	—

表5-2中，互联网金融平台上的信用特征包括性别、年龄、学历、婚姻状况、工作类型、收入水平、历史借款次数、历史借款金额、历史还款期限、历史利率水平等。这些信用特征主要反映了评价对象的个人情况和借贷历史。电子商务平台上的信用特征包括近半年的总评论数、半年前的总评论数、近半年的差评率、半年前的差评率、好评总数、差评总数、递送速度、售后服务、描述相符等。这些信用特征主要反映了评价对象作为电子商务卖家时的信誉状况，也可视作一种认知维度的社会资本。社会网络平台上的信用特征包括粉丝数、关注数、博文数和微博等级。这些信用特征主要反映了评价对象的结构维度和关系维度社会资本。其中，粉丝数和关注数反映了评价对象的结构维度社会资本，博文数和微博等级可以视作关系维度社会资本的代理变量。这两个特征的值越大，说明评价对象与他人的互动越多，关系也越紧密。上述信用特征是通过相关的统计分析与数据挖掘得出的，也与已有的关于信用评价的研究结论相符。

表5-2中包含的信用特征可以分为两个部分，互联网金融业务信用特征（F_a）和跨业务信用特征（F_{b1} 和 F_{b2}）。本书利用上述特征构建协同信用评价模型，对借款人在互联网金融业务中的信用进行分类。信用分类依据是用户是否在历史信贷活动中拖欠还款或不还款，将不存在这两类情况的用户划分为信用好的用户，反之划分为信用差的用户。

5.3.3 基于跨业务平台数据的实验研究

本章的实验数据包括5940个数据，其中2/3作为训练集，1/3作为测试集。测试集中信用好的样本数量为 1454 个，信用差的样本数量为 526 个。

设计三个 Logistic 信用评价模型（LR_i），其中 LR_1 的输入变量为 F_a，LR_2 的输入变量为 F_a 和 F_{b1}，LR_3 的输入变量为 F_a、F_{b1} 和 F_{b2}。LR_1 为基于互联网金融平台数据的信用评价模型，LR_2 和 LR_3 为基于协同分析的跨业务信用评价模型。沿用本书 5.2.4 小节中提出的 TPR、TNP 和 Cost 等指标来判断上述三个模型在互联网金融信用评价方面的性能。表 5－3 展示了上述三个模型在分析互联网金融业务借款人信用时的结果。

表 5－3　　　　协同信用评价结果

Models	FN	TN	FP	TP	TPR	TNR	Cost
L_{R1}	345	1336	118	181	0.3441	0.9188	4.0165
L_{R2}	302	1328	126	224	0.4259	0.9133	3.5315
L_{R3}	291	1329	125	235	0.4468	0.9140	3.4054

注：LR_1、LR_2 和 LR_3 分别使用信用特征集 F_a、F_a+F_b 和 $F_a+F_b+F_c$。

由表 5－3 可知，LR_2 的 TPR 的值高于 LR_1，说明评价对象在电子商务平台上的信用特征（F_{b1}）能够显著增强模型对互联网金融业务中的信用差的样本的识别精度。然而，LR_2 的 TNR 的值略低于 LR_1，说明当在模型中加入 F_{b1} 时，模型对于信用好的样本的识别精度略有下降。由于信用好和信用差的误分类成本不同，使用 Cost 的值来判定模型对于信用好和差这两类人的整体识别能力。Cost 的值越小，模型的误分类成本越小，模型的整体识别能力越强。LR_2 的 Cost 值低于 LR_1，这表明了当在模型中加入 F_{b1} 后，模型对于信用好和信用差这两类人的整体识别能力显著增强。同样，LR_3 的 Cost 值低于 LR_2，这表明了评价对象在社会网络平台上的信用特征（F_{b2}）能够显著增强模型对互联网金融业务中信用好和信用差这两类人的整体识别能力。比较 LR_1、LR_2 和 LR_3 的分析结果可以发现，当在模型中加入跨业务信用特征（F_{b1} 和 F_{b2}）时，信用评价模型的整体性能得到显著提高。这一实验结论验证了提出的基于协同分析的跨业务信用评价模型的有效性。

5.4 本章小结

本章分析了现有 Adaboost 集成学习模型样本权重调整策略存在的缺陷，并在此基础上，综合考虑误分类率、分歧度和误分代价等因素，改进了基分类器中的样本权重调整策略，提出一种新的基于分歧度和误分代价的 Adaboost 信用评价模型。在 C 平台上的实验结果表明所提出的模型能够显著提高原有 Adaboost 模型的性能。

此外，根据网络环境下信用表现出的全息性，构建了一个基于协同分析的跨业务信用评价模型。在该模型中，利用多个信用分析主体间的协同，获取评价对象在多个网络平台上的相关信用特征，并在此基础上构建跨业务的信用评价模型。在某一国内知名的互联网金融平台上的实验结果表明，基于协同分析的跨业务信用评价模型的效果显著优于仅利用互联网金融平台构建的信用评价模型。

第 6 章

案例研究

——以某平台的互联网金融业务为例

为了系统性地验证本书第三章、第四章和第五章中相关方法的有效性，本章以某互联网平台（为了商业保密起见，以下简称 A 平台）所经营的金融业务的信用评价为例进行案例研究。首先介绍 A 平台的基本情况和业务流程，并在此基础上获取该平台中借款人的信用相关数据。通过对获取的数据进行预处理、信用特征提取和信用评价模型构建，验证本书提出的相关方法的可行性和有效性。

6.1 平台简介

A 平台是中国一家著名的互联网金融平台。同其他互联网金融平台相比，A 平台的最大特点在于它采用纯线上模式运作，平台本身不参与借款，而仅提供信息匹配、工具支持与服务等功能。借款人的借款利率在法定最高利率的限制下自主设定。截至 2014 年，A 平台注册用户超过 600 万，累计成功借款笔数超过 260 万笔，累计成功投资笔数超过 1200 万笔，平台从品牌影响力、用户数、平台交易量等方面均在行业内占据领先优势。

在 A 平台上进行借款或投资，用户需要先选择身份（借款人或出借人）

注册建立账户，才能进入借贷过程。完成注册以后，借款人可以向平台提出借款申请，提交相应的借款项目信息，包括借款金额、时间、利率范围、用途和还款方式等。提交申请后由平台进行审核，审核通过后，借款项目在平台公布，公布的信息包括借款人信息、借款项目信息、平台审核信息以及投标记录等，供平台所有的潜在投资者浏览并做出投资决策，包括是否投标、投标多少和投标利率。

A 平台的定价模式采用竞标方式，一个借款项目供众多出借人投标，在标的发布期间，只有当投标总金额大于借款金额时，“借款标”才形成，否则为“流标”。若投标金额大于借款金额，则按照借出者投标利率排序，取最小利率出借人。“借款标”经平台审核通过后，借款人和出借人借贷合同达成，借款金额由平台打入借款人关联账户。A 平台业务的交易流程和资金流向如图 6 -1 所示。

A 平台的借贷交易是纯信用的，无抵押无担保。因此信用评价十分重要。由于我国个人信用体制不健全，没有直接的个人信用评价结果可用，而 A 平台自身对借款人信用评价方法的合理性也有待进一步研究。因此，本章在前面各章节对互联网金融业务信用评价方法研究的基础上，通过案例研究验证所提出的方法的合理性和有效性。

从 A 平台上获取的数据包括 17211 条借款项目记录、55727 条投标记录、17188 条用户基本信息记录和 107563 条朋友信息记录。通过对比借款信息表和投标信息表的记录，剔除了无效的借款记录和关键变量缺失的借款记录，最终数据包含 51421 条完整记录，其中有 10715 条信用不好的记录，40704 条信用好的记录。

图 6 -1 网络借贷平台业务交易流程

资料来源：西南财经大学李思明论文《基于社会资本的 P2P 网络借贷信用问题研究》。

6.2 信用评价数据预处理

6.2.1 缺失值填补

本书利用A平台的信用数据进行缺失值填补实验研究。首先，检查各信用特征的数据分布，并将能够转化为正态分布的信用特征挑选出来，共包含三个信用特征：BmaxIR（借款人可接受最高借款利率）、FrdOnlinePct（线上朋友百分比）、FrdBidAmtPct（朋友借款率=朋友投标金额/借款金额）。然后，按照不同比率（如10%、20%、30%、40%）随机删除上述三个信用特征中的部分数据，使其呈现出完全随机缺失的状态。

分别采用删除法、均值填补法、回归填补法、多重填补法和分类多重填补法对不完整数据集进行处理。最后通过比较相关的统计学参数和Logistic回归信用评价模型的预测精度来衡量不同方法在处理缺失值时的效果。在运用分类多重填补法的过程中，首先需要确定最优的关键类别变量，利用t检验选择最优关键类别变量，如表6-1所示。在BidType、LCategory、Vouch、Marriage和IDV 5个类别变量中，当变量Marriage取不同值时，其他信用特征的均值等数学特征的差异最大，对多重填补结果的影响也最大。这意味着需要根据Marriage的不同取值，将总体数据集分为不同的部分，利用多重填补法对每一部分数据集中信用特征的数学特征进行估计并在此基础上填补各部分数据集的缺失值。

表6-1　关键类别变量的选择

变量	BidType	LCategory	Vouch	Marriage	IDV
LnAmtReq	0.000	0.170	0.000	0.000	0.000
IR	0.115	0.000	0.000	0.000	0.330

续表

变量	BidType	LCategory	Vouch	Marriage	IDV
BmaxIR	0. 999	0. 000	0. 000	0. 000	0. 213
LnListN	0. 775	0. 521	0. 001	0. 000	0. 000
SucListPct	0. 509	0. 513	0. 239	0. 000	0. 000
LnBidN	0. 000	0. 822	0. 276	0. 000	0. 000
FrdTypeN	0. 012	0. 315	0. 013	0. 000	0. 000
FrdOnlinePct	0. 000	0. 000	0. 000	0. 000	0. 000
LnFrdListN	0. 336	0. 374	0. 000	0. 000	0. 000
FrdSucListPct	0. 215	0. 175	0. 789	0. 000	0. 000
FrdBidAmtPct	0. 000	0. 399	0. 508	0. 000	0. 246
FrdSucBidAmtPct	0. 000	0. 983	0. 091	0. 000	0. 001
FrdBidSucListPct	0. 989	0. 991	0. 013	0. 000	0. 000
FOFTypeN	0. 119	0. 304	0. 000	0. 000	0. 000
FOFOnlinePct	0. 000	0. 083	0. 179	0. 000	0. 000
LnFOFListN	0. 535	0. 101	0. 221	0. 000	0. 000
FOFSucListPct	0. 201	0. 214	0. 001	0. 000	0. 000
FOFBidAmtPct	0. 002	0. 736	0. 240	0. 000	0. 000
FOFBidSucAmtPct	0. 009	0. 000	0. 433	0. 000	0. 000
LnFOFBidListN	0. 038	0. 839	0. 029	0. 000	0. 000
FOFBidSucListPct	0. 010	0. 139	0. 938	0. 000	0. 000
LnAge	0. 285	0. 509	0. 883	0. 000	0. 146

表6－1中，α值小于0. 05，说明类别变量取不同值时，连续变量的均值有显著不同，这说明类别变量的取值对于连续变量的数据特征和多重填补的结果具有显著影响。可以看出，Marriage取不同值时，对每个连续变量的均值都具有显著影响，并将进一步影响到根据这些连续变量均值所产生的多重填补结果。因此，Marriage变量应该被确定为最优关键类别变量。根据最优关键类别变量的取值将数据集划分为多个部分，在每一个部分数据集中使用多重填补法估计信用特征的均值等数据特征，并在此基础上填补各部分数据集的

缺失值，见表 6－2。

表 6－2　　各类填补方法的缺失值填补效果

缺失类型	方法	离散度	BmaxIR	FrdOnlinePct	FrdBidAmtPct	预测精度
完整数据	—	均值	18.0469	0.7231	0.1240	89.2%
		标准误	4.3297	0.4169	0.2442	
缺失 10%	删除法	均值	17.9478	0.7247	0.1258	87.1%
		标准误	4.5405	0.4152	0.2442	
	均值填补	均值	17.9478	0.7247	0.1258	87.2%
		标准误	4.3075	0.3939	0.2316	
	回归填补	均值	18.0462	0.7189	0.1248	87.2%
		标准误	4.3391	0.4161	0.2463	
	多重填补	均值	18.0578	0.7228	0.1241	87.2%
		标准误	4.3583	0.4181	0.2455	
	分类多重填补	均值	18.0454	0.7237	0.1243	87.3%
		标准误	4.3912	0.4170	0.2453	
缺失 20%	删除法	均值	19.1019	0.7631	0.1269	84.8%
		标准误	3.6068	0.3906	0.2461	
	均值填补	均值	19.1019	0.7631	0.1269	85.4%
		标准误	3.2259	0.3494	0.2201	
	回归填补	均值	18.6191	0.7426	0.1239	85.9%
		标准误	3.6801	0.3984	0.2426	
	多重填补	均值	17.8502	0.7206	0.1237	86.1%
		标准误	4.4700	0.4174	0.2424	
	分类多重填补	均值	18.0147	0.7282	0.1247	86.9%
		标准误	4.3900	0.4141	0.2433	
缺失 30%	删除法	均值	19.1253	0.7499	0.1094	82.0%
		标准误	3.8362	0.3995	0.2370	
	均值填补	均值	19.1253	0.7499	0.1094	83.2%
		标准误	3.2095	0.3342	0.1983	

续表

缺失类型	方法	离散度	BmaxIR	FrdOnlinePct	FrdBidAmtPct	预测精度
缺失 30%	回归填补	均值	18.7306	0.7357	0.1197	83.5%
		标准误	3.8545	0.4036	0.2394	
	多重填补	均值	17.8553	0.7219	0.1256	84.7%
		标准误	4.4809	0.4165	0.2422	
	分类多重填补	均值	17.9962	0.7253	0.1230	85.6%
		标准误	4.4311	0.4134	0.2421	
缺失 40%	删除法	均值	18.9791	0.6923	0.1170	77.8%
		标准误	4.1252	0.4341	0.2387	
	均值填补	均值	18.9791	0.6923	0.1170	78.9%
		标准误	3.1953	0.3363	0.1849	
	回归填补	均值	19.0020	0.6959	0.1169	79.3%
		标准误	4.3033	0.4148	0.2364	
	多重填补	均值	17.8449	0.7250	0.1226	80.6%
		标准误	4.5096	0.4152	0.2360	
	分类多重填补	均值	17.9591	0.7228	0.1217	81.7%
		标准误	4.4881	0.4171	0.2375	

表6－2展示了各类填补方法在缺失值填补中的效果。由表6－2可知，随着数据缺失比率的增加，采用各种方法处理得到的统计学参数与真实值之间的差距越来越大，Logistic 回归信用评价模型的精确度也越来越低。当数据缺失比率较低（≤10%）时，采用各方法处理缺失值后，Logistic 回归信用评价模型的精确度较接近。此时，运用删除法最为简便快捷，其他方法需要花费的计算时间较长，且提升效果不明显。随着数据缺失比率的上升（20%～40%），分类多重填补法逐渐显示出优势，其填补后的参数估计和 Logistic 回归信用评价模型的精确度均优于其他处理方法。

6.2.2 单一信用特征异常值处理

将信用特征的数学分布转化为正态分布。运用三倍标准差法，确定各信用特征的正常值范围，并将超出正常范围的信用特征值视作异常值。找出存在异常值的信用特征，包括 LnFrdListN（朋友历史借款平均次数）和 LnAge（年龄），并对它们进行描述性统计分析，如表 6－3 所示。

表 6－3　　　　异常信用特征的描述性统计分析

信用特征	均值	标准差	最小值	最大值	正常值范围	异常值数量
LnFrdListN	3.9288	1.3564	0	8.3559	[0, 7.9979]	9
LnAge	3.3710	0.1934	2.9444	4.1271	[2.7908, 3.9512]	25

针对上述两个信用特征，分别运用删除法、均值纠偏法和 KNN 方法对异常值进行处理，并利用 Logistic 回归、DT（决策树）和 NN（人工神经网络）模型对经过异常值处理后的结果进行信用评价，结果如表 6－4 所示。由表 6－4 可知，对于上述三个模型，基于 KNN 的异常值纠偏方法优于传统的删除法和均值纠偏法。特别地，当 K＝1 时，利用最近邻居进行异常值的纠偏效果最好，构建出的信用评价模型精确度也最高。

表 6－4　　　　不同异常值处理方法的效果

异常值	删除法	均值纠偏	最近邻纠偏	2 近邻纠偏	3 近邻纠偏	4 近邻纠偏	5 近邻纠偏
Logistic	0.8948	0.9063	0.9347	0.9293	0.9221	0.9178	0.9129
DT	0.8732	0.8871	0.9185	0.9121	0.9065	0.9003	0.8927
SVM	0.8916	0.8976	0.9278	0.9230	0.9159	0.9103	0.9047

6.2.3　异常样本检测与处理

对于异常样本的检测，首先利用 DBSCAN 方法将信用评价数据集聚成三个密度层次不同的区域。其中，ε 表示邻域半径。运用 K 近邻算法计算各密度区域的平均 K 近邻密度（K＝1，2，…，5），根据不同邻域半径聚类得出的密度区域具有显著不同的密度，如表 6－5 所示。

表 6 – 5　　不同区域的平均 k 近邻密度

ε	平均最近邻密度	平均 2 近邻密度	平均 3 近邻密度	平均 4 近邻密度	平均 5 近邻密度
ε≤0. 5	1. 6140	1. 0234	0. 8821	0. 7970	0. 7474
0. 5 < ε≤1	0. 7912	0. 5249	0. 4667	0. 4384	0. 4202
ε > 1	0. 3083	0. 2575	0. 2207	0. 2057	0. 1956

针对不同密度区域，根据所提出的相对密度计算方法，计算样本点的相对密度，并按照降序排序。按照一定的比例（1% ~10%）去除各密度区域中相对密度排名靠后（即相对密度值较小）的样本点，这些样本点被视作异常样本。在计算样本点相对密度的过程中，采用实验法确定最合适的近邻数量。利用 Logistic 回归模型、DT 模型（决策树）和 NN 模型（人工神经网络）在去除异常样本后的数据集上构建信用评价模型，并通过信用评价模型的精度反映异常样本的检测效果。若原始数据集中的异常样本均能被有效检测和排除，则信用评价模型的精确度较高。表 6 – 6、表 6 – 7 和表 6 – 8 反映了不同情况下异常样本的处理效果。其中，第一行是根据不同的近邻数量计算样本点的相对密度，第一列是根据相对密度的值去除不同比率的异常样本。

表 6 – 6　　异常样本检测效果——逻辑回归模型

比率	最近邻相对密度	2 近邻相对密度	3 近邻相对密度	4 近邻相对密度	5 近邻相对密度
1%	0. 9363	0. 9392	0. 9411	0. 9411	0. 9411
2%	0. 9389	0. 9443	0. 9486	0. 9486	0. 9486
3%	0. 9352	0. 9412	0. 9423	0. 9423	0. 9423
4%	0. 9308	0. 9356	0. 9375	0. 9375	0. 9375
5%	0. 9233	0. 9274	0. 9316	0. 9316	0. 9316
6%	0. 9142	0. 9197	0. 9247	0. 9247	0. 9247
7%	0. 9026	0. 9082	0. 9138	0. 9138	0. 9138
8%	0. 8868	0. 8946	0. 9022	0. 9022	0. 9022

续表

比率	最近邻 相对密度	2 近邻 相对密度	3 近邻 相对密度	4 近邻 相对密度	5 近邻 相对密度
9%	0.8634	0.8740	0.8848	0.8848	0.8848
10%	0.8427	0.8538	0.8626	0.8626	0.8626

表 6-7　　异常样本检测效果——决策树模型

比率	最近邻 相对密度	2 近邻 相对密度	3 近邻 相对密度	4 近邻 相对密度	5 近邻 相对密度
1%	0.9201	0.9219	0.9243	0.9243	0.9243
2%	0.9233	0.9282	0.9326	0.9326	0.9326
3%	0.9174	0.9244	0.9271	0.9271	0.9271
4%	0.9096	0.9182	0.9196	0.9196	0.9196
5%	0.8969	0.9070	0.9102	0.9102	0.9102
6%	0.8802	0.8924	0.8975	0.8975	0.8975
7%	0.8588	0.8732	0.8793	0.8793	0.8793
8%	0.8347	0.8518	0.8557	0.8557	0.8557
9%	0.8132	0.8287	0.8321	0.8321	0.8321
10%	0.7925	0.8098	0.8116	0.8116	0.8116

表 6-8　　异常样本检测效果——神经网络模型

比率	最近邻 相对密度	2 近邻 相对密度	3 近邻 相对密度	4 近邻 相对密度	5 近邻 相对密度
1%	0.9296	0.9313	0.9336	0.9336	0.9336
2%	0.9321	0.9357	0.9392	0.9392	0.9392
3%	0.9279	0.9293	0.9313	0.9313	0.9313
4%	0.9142	0.9189	0.9201	0.9201	0.9201
5%	0.8978	0.9016	0.9044	0.9044	0.9044
6%	0.8713	0.8784	0.8827	0.8827	0.8827

续表

比率	最近邻 相对密度	2 近邻 相对密度	3 近邻 相对密度	4 近邻 相对密度	5 近邻 相对密度
7%	0. 8486	0. 8551	0. 8602	0. 8602	0. 8602
8%	0. 8313	0. 8368	0. 8398	0. 8398	0. 8398
9%	0. 8097	0. 8172	0. 8209	0. 8209	0. 8209
10%	0. 7932	0. 7998	0. 8033	0. 8033	0. 8033

由表 6 -6 至表 6 -8 可知，当利用三阶近邻计算样本点的相对密度，并将相对密度值最低的 2% 的样本视作异常样本加以排除时，信用评价模型的精度最高。这也从侧面反映了此时异常样本的处理效果最佳。当排除过多的相对密度较低的样本点时，信用评价模型的精度反而下降。这说明此时异常样本的相对密度阈值设置过高，很多正常样本点也被当作异常样本点加以排除，从而缺乏足够的样本训练模型，导致模型的精度下降。此外，当利用更多的近邻数量（4 阶近邻、5 阶近邻）来计算样本点的相对密度时，最后取得的异常样本处理效果不变，即检测不出更多的异常样本点时，信用评价模型的精度也不变。

利用图 6 -2 尝试解释为何基于 3 阶近邻计算出的样本点相对密度能够取得最佳的异常样本检测效果。在图 6 -2 中，存在四种不同的异常样本分布状态。其中只有（a）是单独的异常样本，（b）（c）（d）中均存在异常的簇群，即若干的异常样本扎堆出现。根据本书 4. 3. 2 中提出的相对密度计算方法，由 1 阶近邻（最近邻）计算出的样本点相对密度仅能检测出（a）中的异常样本，而检测不出（b）（c）（d）中的异常簇群。进一步可以发现，由 k 阶近邻计算出的样本点相对密度能够检测出最多由 k 个异常样本扎堆出现的异常簇群。而当数据集中最多只有 k 个异常样本组成的异常簇群时，利用 k 阶及 k 阶以上数量的近邻计算出的样本点相对密度具有相同的异常样本检测效果。对于本实验来说，由 4 阶和 5 阶近邻计算得出的样本点相对密度，其异常样本处理效果等同于由 3 阶近邻计算得出的样本点相对密度，这是由于本实验数据集中最多只出现了由 3 个异常样本扎堆出现的异常簇群。

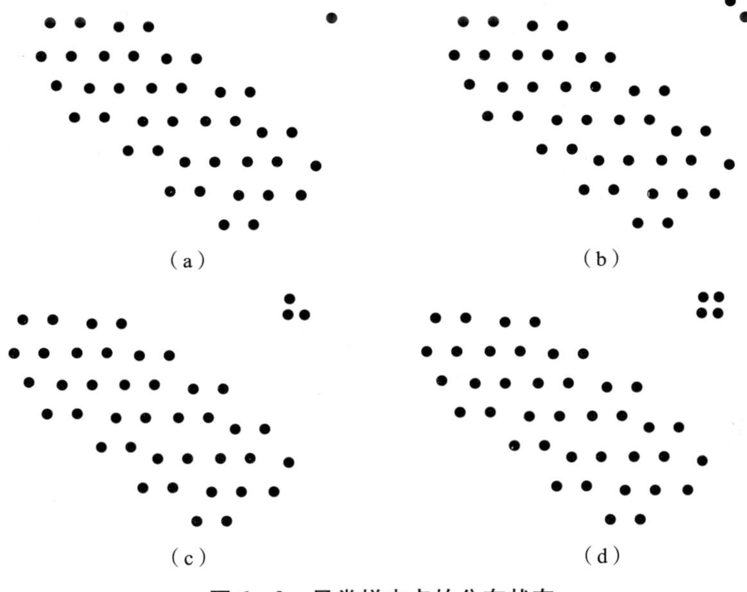

图6－2　异常样本点的分布状态

6.3 信用特征的定量筛选

在本书4.4节中，已经从个人信息、借款信息、社会资本信息和验证信息等四个方面对A平台业务中借款人的信用特征进行了初步选择。本节在初选信用特征集合的基础上，进一步运用综合定量分析方法对初选特征进行筛选。

表6－9和表6－10反映了各个初选信用特征与因变量（default：是否违约）间的相关性。其中，表6－9是定距信用特征与default间的相关性，用Eta系数衡量。表6－10呈现了定类信用特征与default间的相关性，用Lambda系数衡量。根据经验值，当Eta系数和Lambda系数小于0.3时，初选信用特征与因变量间为弱相关。为了降低后续信用评价模型的复杂度并提升信用评价效率，在信用特征筛选过程中，排除那些具有弱相关性的初选信用特征。这些被排除的信用特征包括RepaymentO（还款方式）、BidType（投标模式）、

LCategory（借款用途）、Vouch（担保状态）、Gender（性别）、Marriage（婚姻状况）、IDV（身份认证）和 EducationV（学历认证）。值得说明的是，这些被排除的信用特征只是与因变量间不具有较强的线性关系，但是仍有可能具有一定的非线性关系。本书将在后续的试验中继续检测它们与因变量间的非线性关系，并将那些具有非线性关系的信用特征重新纳入最终的信用特征集。

表 6－9　　定距信用特征与因变量间的相关性

定距信用特征	与因变量间的 Eta 系数	定距信用特征	与因变量间的 Eta 系数
LnAmtReq	0. 461	LnFrdBidListN	0. 641
IR	0. 599	FrdBidSucListPct	0. 656
BMaxIR	0. 482	LnFOFN	0. 76
LnListN	0. 535	FOFTypeN	0. 542
SucListPct	0. 760	FOFOnlinePct	0. 743
LnBidN	0. 855	LnFOFListN	0. 782
LnFrdN	0. 601	FOFSucListPct	0. 786
FrdTypeN	0. 391	FOFBidNPct	0. 765
FrdOnlinePct	0. 57	FOFBidAmtPct	0. 877
LnFrdListN	0. 663	FOFBidSucAmtPct	0. 74
FrdSucListPct	0. 725	LnFOFBidListN	0. 718
FrdBidNPct	0. 679	FOFBidSucListPct	0. 72
FrdBidAmtPct	0. 740	LnFAge	0. 324
FrdSucBidAmtPct	0. 641	—	—

表 6－10　　定类信用特征与因变量间的相关性

定类信用特征	与因变量间的 Lambda 系数	定类信用特征	与因变量间的 Lambda 系数
RepaymentO	0. 002	Education	0. 450
BidType	0. 024	Marriage	0. 202

续表

定类信用特征	与因变量间的 Lambda 系数	定类信用特征	与因变量间的 Lambda 系数
LCategory	0. 204	IDV	0. 010
Vouch	0. 040	CellphoneV	0. 482
ChildN	0. 334	EducationV	0. 012
Gender	0. 036	VedioV	0. 456

信用特征不仅需要与因变量之间具有较强的相关性，而且各信用特征之间需要尽量避免强相关，以防止出现多重共线性。表 6 – 11 和表 6 – 12 展示了各信用特征与其他特征间的相关性。其中表 6 – 11 通过计算 person 系数和 Eta 系数，显示了定距信用特征与其他定距和定类信用特征间的相关性。表 6 – 12 通过计算 Lambda 系数和 Eta 系数，显示了定类信用特征与其他定类和定距信用特征间的相关性。此外，表 6 – 11 和表 6 – 12 中还显示了与各信用特征最相关的其他定距和定类信用特征。

表 6 – 11　　　定距信用特征与其他特征间的相关性

定距信用特征	与其他定距自变量间最大 person 系数	最相关的定距变量	与其他定类自变量间最大 Eta 系数	最相关的定类变量
LnAmtReq	0. 389	LnFrdN	0. 379	ChildN
IR	0. 777	BMaxIR	0. 479	Education
BMaxIR	0. 777	IR	0. 438	Education
LnListN	0. 831	LnFOFBidListN	0. 648	CellphoneV
SucListPct	0. 795	LnFOFBidListN	0. 656	CellphoneV
LnBidN	0. 718	SucListPct	0. 535	CellphoneV
LnFrdN	0. 96	LnFrdListN	0. 562	CellphoneV
FrdTypeN	0. 677	LnFrdListN	0. 409	CellphoneV
FrdOnlinePct	0. 842	LnFOFListN	0. 413	CellphoneV
LnFrdListN	0. 96	LnFrdN	0. 582	CellphoneV

续表

定距信用特征	与其他定距自变量间最大 person 系数	最相关的定距变量	与其他定类自变量间最大 Eta 系数	最相关的定类变量
FrdSucListPct	0. 828	FOFTypeN	0. 67	CellphoneV
FrdBidNPct	0. 924	FrdBidAmtPct	0. 279	Education
FrdBidAmtPct	0. 924	FrdBidNPct	0. 298	Education
FrdSucBidAmtPct	0. 697	FrdBidAmtPct	0. 301	Education
LnFrdBidListN	0. 904	LnFOFBidListN	0. 605	CellphoneV
FrdBidSucListPct	0. 857	LnFrdBidListN	0. 617	CellphoneV
LnFOFN	0. 994	LnFOFListN	0. 528	CellphoneV
FOFTypeN	0. 928	LnFrdListN	0. 59	CellphoneV
FOFOnlinePct	0. 886	LnFOFListN	0. 38	VedioV
LnFOFListN	0. 994	LnFOFN	0. 523	CellphoneV
FOFSucListPct	0. 842	LnFOFN	0. 585	CellphoneV
FOFBidNPct	0. 945	FOFBidAmtPct	0. 48	CellphoneV
FOFBidAmtPct	0. 945	FOFBidNPct	0. 451	CellphoneV
FOFBidSucAmtPct	0. 671	FOFBidAmtPct	0. 439	CellphoneV
LnFOFBidListN	0. 904	LnFrdBidListN	0. 691	CellphoneV
FOFBidSucListPct	0. 88	LnFOFBidListN	0. 611	CellphoneV
LnFAge	0. 28	LnAmtReq	0. 504	ChildN

表 6-12　　定类信用特征与其他特征间的相关性

定类信用特征	与其他定类变量间的最大 Lambda 系数	最相关的定类变量	与其他定距变量间的最大 Eta 系数	最相关的定距变量
ChildN	0. 052	Education	0. 918	FOFSucListPct
Education	0. 100	CellphoneV	0. 907	FOFSucListPct
CellphoneV	0. 546	VedioV	0. 944	FOFSucListPct
VedioV	0. 546	CellphoneV	0. 962	FOFSucListPct

表6－13显示了可能与因变量具有非线性关系的信用特征，此处利用卡方统计量的伴随概率的值确定与信用状态变量具有显著非线性关系的信用特征。根据已有研究，当伴随概率小于0.05时，可以认为信用特征与信用状态变量具有显著的非线性关系。结果表明BidType（投标模式）、LCategory（借款用途）、Vouch（担保状态）、Marriage（婚姻状态）、IDV（身份认证）五个信用特征与信用状态变量具有显著非线性关系。最后，将与因变量具有线性和非线性关系的所有信用特征筛选出来。表6－14显示了经过筛选后存留下来的所有信用特征。

表6－13　　信用特征与因变量间的非线性关系

信用特征	Chi-square	Sig.
RepaymentO	0.201	0.654
BidType	8.264	0.016
LCategory	156.907	0.000
Gender	2.659	0.103
Vouch	17.41	0.000
Marriage	41.693	0.000
IDV	3.597	0.050
EducationV	3.036	0.081

表6－14　　筛选后的信用特征

被解释变量	
Default	是否违约，1——违约，0——未违约
解释变量	
借款信息	
LnAmtReq	借款金额
IR	借款利率，由投标人投标利率算术平均所得
BMaxIR	借款人可接受最高借款利率

续表

解释变量	
借款信息	
BidType	投标模式：1——竞标，2——友情和3——线下
LCategory	借款用途：0——无说明，1——短期周转借款，2——住房或装修借款，3——个人消费借款，4——创业借款，5——教育学资借款，6——汽车消费借款，7——其他目的借款
Vouch	担保状态：1——无担保，2——个人担保，3——系统担保
Ln_ListN	历史借款申请次数
SucListPct	借款成功率＝成功借款次数/历史借款申请次数
Ln_BidN	投标数
社会资本信息	
FrdTypeN	朋友种类的数量，例如，1——借款人只有一种类型的朋友
FrdOnlinePct	线上朋友百分比
Ln_FrdListN	朋友历史借款平均次数
FrdSucListPct	朋友历史借款成功率＝朋友成功借款次数/朋友历史借款次数
FrdBidAmtPct	朋友借款率＝朋友投标金额/借款金额
FrdSucBidAmtPct	朋友成功借款率＝朋友成功投标金额/借款金额
FrdBidSucListPct	投标朋友历史借款成功率
FOFTypN	朋友的朋友种类的数量
FOFOnlinePct	线上朋友的朋友百分比
Ln_FOFListN	朋友的朋友历史借款数
FOFSucListPct	朋友的朋友历史借款成功率＝朋友的朋友成功借款次数/朋友的朋友历史借款次数
FOFBidAmtPct	朋友的朋友借款率＝朋友的朋友投标金额/借款金额
FOFBidSucAmtPct	朋友的朋友成功借款率＝朋友的朋友成功投标金额/借款金额
Ln_FOFBidListN	投标朋友的朋友历史借款次数
FOFBidSucListPct	投标朋友的朋友借款成功率＝投标朋友的朋友成功借款次数/投标朋友的朋友历史借款次数

续表

个人信息	
Ln_Age	年龄
Marriage	婚姻状态：1——已婚，0——未婚
验证信息	
IDV	身份认证：1——有，0——无

6.4 信用评价模型构建

本节采用某互联网平台（以下简称A平台）上的借款人数据，共包括14844个样本，其中2/3作为训练集，1/3作为测试集。测试集中信用情况好的样本数为4353个，信用情况不好的样本数为595个。

选择决策树模型（DT）、神经网络模型（NN）和逻辑回归模型（LR）作为基分类器。其中，决策树模型是一种应用广泛的统计信用评价模型，具有分析结果的直观性强、易于理解等优点。神经网络模型能够很好地反映信用特征与状态变量间复杂的非线性关系，但可解释性较弱。逻辑回归模型是利用逻辑函数对线性回归模型的一种改进，具有可解释性强、模型精度高等优点，其应用范围也十分广泛。

表6-15显示了本书提出的基于分歧度与误分代价的Adaboost信用评价模型与传统的Adaboost信用评价模型的分类性能。

表6-15 信用评价结果

模型	FN	TN	FP	TP	FPR	FNR	Cost	AUC
Adaboost + DT	513	4278	75	82	0.017	0.862	4.328（.000）	0.853
Adaboost + NN	508	4206	147	87	0.034	0.854	4.303（.000）	0.867
Adaboost + LR	497	4201	152	98	0.035	0.835	4.211（.000）	0.885
本书方法 + DT	470	4189	164	125	0.038	0.790	3.987（.000）	0.892

续表

模型	FN	TN	FP	TP	FPR	FNR	Cost	AUC
本书方法 + NN	458	4155	198	137	0.046	0.770	3.894（.000）	0.897
本书方法 + LR	449	4148	205	146	0.047	0.755	3.820（.000）	0.904

表6-15的结果表明，本书提出的模型与传统的Adaboost模型相比，犯第一类错误的比例更高（FPR），但是犯第二类错误的比例较低（FNR），而第二类错误的犯错成本显著高于第一类错误。最后利用Cost值来反映各个模型的综合性能。结果表明，本书提出的模型具有更低的Cost值，即总体犯错成本更低，信用评价的综合效果比传统的Adaboost模型更加优异。为了进一步验证提出的方法是否在统计意义上优于传统的Adaboost模型，对本书方法与Adaboost模型产生的Cost值进行单侧配对t检验，结果发现本书方法在0.01的显著性水平上优于传统的Adaboost模型。此外，实验进一步计算了各模型的AUC值，结果表明提出的方法具有更高的AUC，这说明本书方法在不均衡分类中表现更加优异。产生这一结果的原因是本书方法更加关注对不均衡分类中小类样本（即误分代价高的样本）的学习。

6.5 基于社会资本的授信决策分析

A平台的社会资本表现为用户在平台上的朋友数量、朋友关系和朋友类型等。其中，朋友关系分为八种：同事、普通朋友、亲密朋友、同学、几面之缘、亲戚、平台网友和其他网友。本书将这八种朋友关系分为两大类：线下朋友（同事、普通朋友、亲密朋友、同学、几面之缘和亲戚）和线上朋友（同一平台社交媒体中的网友和其他网友）。朋友类型分为三种：纯朋友、投标朋友和成功投标朋友。纯朋友是指没有发生借贷交易的朋友；投标朋友是指对借款人发布的借款项目进行投标的朋友；成功投标朋友是指对借款人的借款项目投标成功并形成借贷关系的朋友。

上述对用户社会资本的描述仅限于直接朋友。事实上，用户的间接朋友（朋友的朋友）也能为其带来社会资源，并影响其在信用活动中的履约能力和意愿，也属于用户的社会资本。本书将间接朋友也纳入用户社会资本的考虑范围，包括对朋友的朋友，投标朋友的朋友等特征。

6.5.1　实验数据和变量

借款信息包括四类：（1）借款人个人信息，包括年龄、性别、婚姻状况、受教育程度等；（2）借款项目信息，包括借款金额、借款利率、借款期限、还款方式和借款用途等；（3）借款人信用“硬信息”，包括借款人的借出信用、借入信用、借款成功次数等；（4）借款人社会资本“软信息”，包括朋友数量、朋友种类、朋友成功借款率、朋友是否投标、朋友的朋友的数量、朋友的朋友种类、朋友的朋友成功借款率和朋友的朋友是否投标等。所有的这些变量，都直接或间接影响借款人最终的借贷结果：借款是否成功、借款金额、借款利率和还款期限。本书的实验数据包含以上全部信息，表6－16是实验的所有变量。

表6－16　回归变量描述

被解释变量	
Y_1	借款是否成功，1——借款成功，0——借款失败
LnY_2	借款金额，“Ln”表示变量进行了对数转化
Y_3	借款利率，由投标人投标利率算术平均所得
Y_4	借款期限
解释变量	
LnX_1	朋友数量
X_2	朋友种类[1]的数量，例如：1——借款人只有一种类型的朋友
X_3	线上朋友百分比＝线上朋友数/朋友总数
X_4	朋友投标率＝朋友投标数/总投标数
X_5	朋友借款率＝朋友投标金额/总借款金额

续表

解释变量	
X_6	朋友成功借款率 = 朋友成功投标金额/总借款金额
LnX_7	朋友的朋友数量
X_8	朋友的朋友投标率 = 朋友的朋友投标数/总投标数
X_9	朋友的朋友借款率 = 朋友的朋友投标金额/总借款金额
X_{10}	朋友的朋友成功借款率 = 朋友的朋友成功投标金额/总借款金额
控制变量	
C_1	性别：1——男，0——女
C_2	年龄
C_3	受教育程度：1——小学，2——中学，3——中专，4——高中，5——大专，6——本科，7——硕士研究生，8——博士研究生，9——博士后
C_4	婚姻状态，1——已婚，0——未婚
C_5	担保状态，1——无担保，2——个人担保，3——系统担保
LnC_6	借入信用
C_7	借款成功率 = 成功借款次数/历史借款申请次数

注：［1］八种朋友类型：1——普通朋友，2——挚交，3——同事，4——同学，5——亲戚，6——几面之缘，7——拍友，8——其他。

表6－16中，被解释变量 Y_1、Y_2、Y_3 和 Y_4 分别代表授信过程中的四个决策变量，即是否出借、借款金额、利率和还款期限。解释变量反映了借款人的社会资本，包括直接朋友的数量（X_1、X_2）、直接朋友的质量（X_3、X_4、X_5、X_6）间接朋友的数量（X_7）和间接朋友的质量（X_8、X_9、X_{10}）。这10个解释变量中，直接朋友和间接朋友的数量（X_1、X_2、X_7）反映了结构维度的社会资本，直接朋友和间接朋友的质量（X_3、X_4、X_5、X_6、X_8、X_9、X_{10}）反映了关系维度的社会资本，质量高的朋友（如线下朋友和投标朋友）能够提供更多的社会资源（如贷款），另一方面与借款人的关系也更密切。

6.5.2 实验结果分析

1. 社会资本变量对是否获得贷款的影响

本书建立借款成功与否（Y_1）与解释变量和控制变量之间的逻辑回归模

型，研究社会资本变量（解释变量）对借款人是否能够获得贷款的影响。表 6 – 17 是展示了逻辑回归的分类结果。

表 6 – 17　　逻辑回归的分析结果

Classification Table[a]

Observed			Predicted		
			Y_1		Percentage Correct
			0	1	
Step 1	Y_1	0	33833	463	98. 6
		1	1256	5020	80. 0
	Overall Percentage				95. 8

a. The cut value is. 500

由表 6 – 17 可知，融入社会资本变量的逻辑回归模型对于借款人借款失败的预测准确率为 98. 6%，对于借款成功的预测准确率为 80%，模型总体预测准确率为 95. 8%。这说明社会资本变量能够很好地预测借款人能否获得贷款。

2. 社会资本变量对借款金额的影响

对于成功借款的借款人，需要进一步研究社会资本对其获得的借款金额的影响。本书构建四种不同的回归模型分析社会资本与借款金额间的关系。模型一中的解释变量仅包含直接朋友的数量变量（X_1、X_2）；模型二在模型一的基础上增加了直接朋友的质量变量（X_3、X_4、X_5、X_6）；模型三在模型二的基础上进一步增加了间接朋友的数量变量（X_7）；模型四在模型三的基础上进一步增加了间接朋友的质量变量（X_8、X_9、X_{10}）。表 6 – 18 展示了四个不同的模型的分析结果。

表 6 – 18　　不同回归模型的分析结果

变量	模型 1	模型 2	模型 3	模型 4
LnX_1	0. 097 ***	0. 128 ***	0. 116 ***	0. 085 ***
X_2	0. 046 ***	0. 030 ***	0. 029 ***	0. 037 ***

续表

变量	模型1	模型2	模型3	模型4
X_3	—	-0.315***	-0.355***	-0.326***
X_4	—	-0.543***	-0.540***	-0.660***
X_5	—	0.096	0.095	0.437
X_6	—	0.442***	0.443***	0.374***
LnX_7	—	—	0.014	0.001
X_8	—	—	—	-0.131
X_9	—	—	—	0.198**
X_{10}	—	—	—	0.289***
C_1	-0.027	-0.020	-0.020	-0.008
C_2	0.002**	0.001*	0.001*	0.002**
C_3	0.067***	0.056***	0.057***	0.056***
C_4	0.053***	0.046***	0.048***	0.044***
C_5	0.014	0.000	0.001	-0.023
LnC_6	0.269***	0.256***	0.253***	0.232***
C_7	0.216***	0.200***	0.200***	0.134***
Rsquare	0.169	0.194	0.194	0.211

注：因变量为 LnY_2，* 表示 $P<0.1$，** 表示 $P<0.05$，*** 表示 $P<0.01$。

由表6-18可知，总体来看，随着社会资本变量的逐渐增加，模型对借款金额的解释能力越来越强。然而模型二和模型三的 Rsquare 值相等，这是因为增加自变量 LnX_7 对模型的解释能力没有贡献，LnX_7 与之前的变量具有多重共线性的缘故。这种现象并不难理解：朋友的朋友的数量（X_7）也反映了朋友的质量（X_3，X_4，X_5，X_6）。

具体来看，X_1 和 X_2 对借款金额具有显著的正向影响，即直接朋友的数量和类型越多，借款人获得的借款金额也越高，这反映了结构维度的社会资本对借款金额具有积极影响。X_3 对借款金额具有显著的负向影响，即线上朋友比例越高，借款人获得的借款金额越低。这是因为相对于线下朋友来说，线上朋友与借款人之间的关系强度较弱，线上朋友比例高，说明借款人的社会资本总体质量较差，其获取的借款金额也就较少。X_4 对借款金额具有显著的负向影响，这是因为朋友投标率高，并不能真正说明借款人的信用好，而有可能是朋友对借款人的背书，因而朋友投标率越高，借款人获得的借款金额反而越少。X_6，X_9 和 X_{10} 对借款金额具有显著的正向影响，这三个变量反映了借款人的直接朋友和间接朋友的质量，同时也反映了借款人关系维度的社会资本，这三个变量越大，借款人获得的借款金额也越高。

3. 社会资本变量对借款利率的影响

对于成功借款的借款人，还需要进一步研究社会资本对其获得的借款利率的影响。仿照对借款金额的研究，仍然构建四种不同的回归模型。模型1中的解释变量仅包含直接朋友的数量变量（X_1、X_2）；模型2在模型1的基础上增加了直接朋友的质量变量（X_3、X_4、X_5、X_6）；模型3在模型2的基础上进一步增加了间接朋友的数量变量（X_7）；模型4在模型3的基础上进一步增加了间接朋友的质量变量（X_8、X_9、X_{10}）。表6－19展示了四个不同模型的分析结果。

表6－19　不同回归模型的分析结果

变量	模型1	模型2	模型3	模型4
LnX_1	－0.116**	－0.186***	－0.128	－0.009
X_2	－0.206***	－0.214***	－0.230***	－0.268***
X_3	—	0.384*	1.452***	1.512***
X_4	—	－0.901*	－0.825*	－1.686***
X_5	—	2.030***	1.999***	1.812***
X_6	—	－1.716***	－1.684***	－0.958**
LnX_7	—	—	0.382***	0.403***
X_8	—	—	—	－1.438**
X_9	—	—	—	－2.355***
X_{10}	—	—	—	－2.204***
C_1	－0.563***	－0.560***	－0.560***	－0.619***
C_2	－0.009*	－0.008	－0.006	－0.007

续表

变量	模型 1	模型 2	模型 3	模型 4
C_3	−0.682***	−0.673***	−0.635***	−0.637***
C_4	−0.438***	−0.427***	−0.385***	−0.374***
C_5	−4.653***	−4.665***	−4.643***	−4.504***
LnC_6	−0.479***	−0.443***	−0.506***	−0.378**
C_7	−1.020***	−0.842***	−0.823***	−0.557**
Rsquare	0.192	0.198	0.200	0.208

注：因变量为 Y_3，* 表示 $P<0.1$，** 表示 $P<0.05$，*** 表示 $P<0.01$。

由表 6－19 可知，总体来看随着社会资本变量的逐渐增加，模型对借款利率的解释能力越来越强。与对借款金额的研究类似，模型 2 和模型 3 的 Rsquare 值十分接近，这是因为增加自变量 LnX_7 对模型的解释能力贡献较弱，LnX_7 与之前的变量具有一定的多重共线性。造成这种现象并不难理解，朋友的朋友的数量（X_7）也反映了朋友的质量（X_3，X_4，X_5，X_6）。

具体来看，大部分社会资本变量与借款人的借款利率之间呈显著的负相关关系，这说明社会资本的数量越多，质量越高，借款人越容易被信赖，其获得的借款利率也越低。其中 X_3 与借款利率呈显著正相关，X_3（线上朋友百分比）越高，说明借款人的社会资本总体质量越低，因此其获得的借款利率也越高。此外 X_5 与借款利率显著正相关，这是因为 X_5（朋友借款率）越高，借款人在非朋友中获得的借款金额比例就越少。已有研究表明，获得朋友贷款通常并不能说明借款人的信用真正良好，而经常是朋友对借款人信用的一种背书。为此，在非朋友看来，这样的借款人存在巨大的信用风险，需要制定较高的利率。

4. 社会资本变量对还款期限的影响

对于成功借款的借款人，还需要进一步研究社会资本对其还款期限的影响。仿照对借款金额的研究，仍然构建四种不同的回归模型。模型 1 中的解释变量仅包含直接朋友的数量变量（X_1、X_2）；模型 2 在模型一的基础上增加了直接朋友的质量变量（X_3、X_4、X_5、X_6）；模型 3 在模型 2 的基础上进一步增加了间接朋友的数量变量（X_7）；模型 4 在模型 3 的基础上进一步增加了间接朋友的质量变量（X_8、X_9、X_{10}）。表 6－20 展示了四个不同的模型的分析结果。

表 6－20　　　　　　　　不同回归模型的分析结果

变量	模型 1	模型 2	模型 3	模型 4
LnX_1	0.443***	0.439***	0.309***	0.139*
X_2	0.059	－0.011	－0.017	0.023
X_3	—	－0.668***	－1.110***	－0.950***
X_4	—	0.000	0.031	－0.095
X_5	—	－0.468	－0.481	0.752
X_6	—	1.501***	1.514***	1.325***
LnX_7	—	—	0.158**	0.076
X_8	—	—	—	0.111
X_9	—	—	—	0.901*
X_{10}	—	—	—	0.952***
C_1	－0.064	－0.044	－0.044	0.012
C_2	0.015***	0.015***	0.015***	0.017***
C_3	0.277***	0.217**	0.233**	0.215**
C_4	－0.468***	－0.495***	－0.478***	－0.494***
C_5	0.779***	0.775***	0.784***	0.663***
LnC_6	1.303***	1.347***	1.321***	1.249***
C_7	0.600***	0.390*	0.398*	0.079
Rsquare	0.181	0.189	0.190	0.200

注：因变量为 Y_4，* 表示 $P<0.1$，** 表示 $P<0.05$，*** 表示 $P<0.01$。

由表 6－20，总体来看，随着社会资本变量的逐渐增加，模型对还款期限的解释能力越来越强。与对借款金额的研究类似，模型 2 和模型 3 的 Rsquare 值十分接近，这是因为增加自变量 LnX_7 对模型的解释能力贡献较弱，LnX_7 与之前的变量具有一定的多重共线性。造成这种现象并不难理解，朋友的朋友的数量（X_7）也反映了朋友的质量（X_3，X_4，X_5，X_6）。

具体来看，大部分社会资本变量与借款人的借款利率之间呈显著的正相关关系，这说明社会资本的数量越多，质量越高，借款人越容易被信赖，其获得的还款期限也越长。其中 X_3 与还款期限呈显著负相关，这是因为 X_3（线上朋友百分比）越高说明借款人的社会资本总体质量越低，因此其获得的还款期限也越短。

第 7 章

互联网环境下融合文本语义信息的信用评价方法研究

信用评价能够降低互联网金融平台上交易者间的信息不对称程度，减少投资人的违约损失率。① 传统上，借款人的信用风险可以通过其财务信息（又称硬信息）反映出来。近年来，研究人员考察了非财务信息（又称软信息）在预测信用风险中的作用，结果表明，借款人的软信息可在一定程度上显示其信用水平。尤其是在互联网金融借贷中，个人或小微企业的硬信息难以获取和验证，软信息便成为信用风险分析中硬信息的有效补充。

常见的软信息包括借款人的人口统计学信息、在线行为和社会资本等信息。② 近年来，描述文本相关的软信息被用于预测互联网金融借款人的信用风险。在互联网金融借贷业务中，平台鼓励借款人提交借款描述文本，以说明其贷款目的、还款计划及相关个人信息。一些学者从借款描述文本的长度、可读性和情感倾向等方面出发，研究描述文本与借款人信用间的关系。如高和林（Gao，Lin）研究 Prosper 平台上借款描述文本的情感积极性等因素对借

---

① Bogaerd M V D，Aerts W. Does media reputation affect properties of accounts payable? [J]. European Management Journal，2015，33（1）：19-29.

② Pötzsch S，Böhme R. The role of soft information in trust building：Evidence from online social lending [C]//International conference on trust and trustworthy computing. New York：Springer-Verlag，2010：381-395；Funk B，Bachmann A，Becker A et al. Online peer-to-peer lending? A literature review [J]. Journal of Internet Banking & Commerce，2011，16（2）：1-18；Ge R，Feng J，Gu B. Borrower's default and self-disclosure of social media information in p2p lending [J]. Financial Innovation，2016，2（1）：30-39.

款人信用风险的影响，① 伊耶（Iyer）等人指出借款描述文本的长度有助于预测借款人的违约概率。② 然而，现有研究主要关注描述文本的语言特征，鲜有研究探讨文本语义特征对互联网金融环境下信用风险的影响。事实上，借款描述文本的语义能够表明借款人的借款目的、借款用途、还款计划、收入状况和人格品德等诸多方面，这些语义信息能够在一定程度上体现借款人的还款能力和意愿，有助于评价借款人的信用。例如，以下为一条借款描述文本："本人从事手工艺品的加工与销售，收入稳定，为人守信，现为扩大经营向贵平台贷款，希望批准。"以上描述文本的语义信息能够体现借款人多方面的特征，如收入状况（稳定）、人格品德（守信）和借款用途（扩大经营）等，对于评价借款人的信用十分有益。但是不同借款人的语言表达具有差异性，某一方面的语义信息通常能够通过多个词语表达，如表达人格品德的词语包括：守信、诚实、正直、忠厚、可靠和善良等。如何集成语义相似的词汇，并提取基于语义信息的信用特征是构建融合语义文本软信息的信用评价模型的关键。传统 LDA 模型的语义分析粒度只能达到主题级别，无法分析词与词间的语义相似性。此外，LDA 模型仅能抽取长文本的主题信息，然而网络环境下借款描述文本的长度一般较短，使得 LDA 在构建主题模型时面临严重的特征稀疏问题，无法有效抽取文本的语义。③ 词向量模型通过训练将每个词映射成 k 维实数向量，根据词间的距离来判断它们之间的语义相似度。词向量包含丰富的语义和语法信息，并能通过多种方式挖掘词与词之间的语义关系，在词语表示上更加准确。④

本书利用词向量模型，并结合 5P 信用评价理论，从五个方面分析借款描述文本的语义，并提取相关的信用特征。我们将这些信用特征与传统的信用特征相融合，构建融合语义特征的信用评价模型，并探析各类型信用特征

---

① Gao Q, Lin M. Lemon or cherry? The value of texts in debt crowdfunding [M]. Social Science Electronic Publishing, 2014.

② Iyer R, Khwaja A I, Luttmer E F P et al. Screening peers softly: Inferring the quality of small borrowers [J]. Management Science, 2015, 62 (6): 1554 - 1577.

③ 张群，王红军，王伦文. 词向量与 LDA 相融合的短文本分类方法 [J]. 现代图书情报技术，2016, 32 (12): 27 - 35.

④ 张佳明，席耀一，王波等. 基于词向量的微博事件追踪方法 [J]. 计算机工程与应用，2016, 52 (17): 73 - 78.

（尤其是语义特征）在预测不同类型借款人信用风险时所起的作用。一般地，不同类型借款人（如首次借款和多次借款的申请人）的信用信息不同，其各类信息在信用评价中的作用具有一定差异。例如，对于多次借款的申请人，平台保留了详细的信贷历史和还款记录等硬信息，其语义特征等软信息对于缓解信息不对称的作用则较有限；而对于首次借款的新申请人，平台难以获取其信贷记录等硬信息，其描述文本语义软信息在信用评价过程中则能够对硬信息起到一定的补充作用。本章的研究能够帮助研究人员和从业者明晰文本语义特征对于不同借款人信用风险的解释能力，提升信用评价模型的针对性和精准度，增加互联网金融平台的风险控制能力和投资人的收益水平。

本章的其余部分安排如下。在本书 7.1 节中，将梳理相关文献，总结现有研究的不足之处。7.2 节提出本章的研究框架；7.3 节介绍实验方案设计；7.4 节讨论和分析实验结果，包括特征选择和具有不同特征集的信用评价模型的结果。最后，对全文进行总结并讨论未来的研究方向。

7.1 相关研究

互联网金融信用风险一般通过借款人的还款能力和意愿来衡量。其中，还款能力可以通过财务和资产状况等硬信息反映；而还款意愿可以通过人口统计学信息、在线行为数据和社会资本等软信息反映出来。近年来，与文本相关的软信息引起了学者们的关注，并被用于预测互联网金融借贷的信用风险。

高和林（Gao，Lin）在 Prosper 平台上的研究结论表明，借款描述文本的可读性、情感积极性、客观性和欺诈性等因素对借款人的信用风险具有显著影响。① 伊耶等人指出描述文本比互联网金融平台提供的信用级别更能反映借款人的违约风险，出借人通过描述文本长度等软信息预测借款人违约概率比

① Gao Q，Lin M. Lemon or cherry? The value of texts in debt crowdfunding [M]. Social Science Electronic Publishing，2014.

通过信用级别预测违约概率的准确率提高了45%。[①] 多弗雷特纳（Dorfleitner）以欧洲的互联网金融平台为案例，研究借款描述文本软信息与借款人融资成功概率和违约概率间的关系；结果表明，借款描述文本的长度和拼写错误数量是借款成功与否的重要影响因素，而这二者与违约概率间并没有显著的相关关系。[②] 蔡（Tsai）等研究了新闻报道和公司报表信息如何影响信用违约互换市场上的风险评价；结果表明，新闻报道的数量和负面情感会提升债务发行人的信用风险，而企业公开报表中的风险披露总量与债务发行人的信用风险也呈显著正相关关系。[③]

上述研究通过考虑描述文本的语言特征来构建信用评价模型，但未能揭示文本语义信息与互联网金融环境下信用风险间的关系。借款人通常会在描述文本中说明借款目的、借款用途、还款计划、收入状况和人格品德等诸多方面，这些语义信息能够在一定程度上体现借款人的还款能力和意愿，有助于评价借款人的信用。王会娟等人的研究指出，借款描述中展示人格的词汇数量越多，借款人越容易获得借款且违约率越低。[④] 但其研究中通过人工读取的方式统计人格词汇的数量，效率较低且观测的样本数较有限。大数据环境下如何通过相关的语义建模方法自动抽取借款描述文本的语义信息并构造合适的信用特征仍然有待进一步研究。

常用的语义建模法包括基于规则的方法、基于训练的方法和主题模型法等。基于规则的方法通过建立文本的语法和句法规则等抽取语义信息。[⑤] 基于

---

① Iyer R, Khwaja A I, Luttmer E F P et al. Screening peers softly: Inferring the quality of small borrowers [J]. Management Science, 2015, 62 (6): 1554-1577.

② Dorfleitner G, Priberny C, Schuster S et al. Description-text related soft information in peer-to-peer lending—Evidence from two leading European platforms [J]. Journal of Banking & Finance, 2016 (64): 169-187.

③ Tsai F T, Lu H M, Hung M W. The impact of news articles and corporate disclosure on credit risk valuation [J]. Journal of Banking & Finance, 2016 (68): 100-116.

④ 王会娟，何琳．借款描述对P2P网络借贷行为影响的实证研究［J］．金融经济学研究，2015（1）：77-85.

⑤ Rao D, Zhu Y, Jiang Z et al. Generating rules with common knowledge: A framework for sentence information extraction [C]. //IEEE. International Conference on Intelligent Human-Machine Systems and Cybernetics. 2015: 373-376; Wang W M, Cheung C F, Lee W B et al. Mining knowledge from natural language texts using fuzzy associated concept mapping [J]. Information Processing & Management, 2008, 44 (5): 1707-1719; Ali F, Kwak K S, Kim Y G. Opinion mining based on fuzzy domain ontology and Support Vector Machine: A proposal to automate online review classification [J]. Applied Soft Computing, 2016, 47 (1): 235-250.

训练的方法通过统计学习和机器学习的相关方法自动抽取文本语义。① LDA模型法能够有效地抽取文本中的主题信息，已被广泛运用于风险评价、商务智能和决策支持等领域。有学者提取互联网金融平台中借款描述文本的主题特征，并将其与硬信息结合起来预测借款人的违约行为。② 然而，LDA法对短文本的语义建模能力较弱，且LDA的语义分析粒度仍然停留在主题级别，无法进一步分析词与词间的语义相似性。③ 近年来，基于词向量模型的语义挖掘是自然语言处理领域的新趋势，④ 却鲜见于非结构化文本的信用特征抽取研究。词向量模型通过训练将每个词映射成k维实数向量，根据词间的距离来判断它们之间的语义相似度。⑤ 词向量包含丰富的语义信息，在词语表示上更加准确，并能通过多种方式挖掘词与词之间的语义关系。⑥

总之，现有文献鲜有研究文本语义信息对互联网金融环境下个人信用风险的解释能力，尤其是对于不同类型的借款人（如首次借款和多次借款的申请人）。因此，值得进一步研究文本语义信息在解释其信用风险方面的能力差异，进而研究针对不同类型借款人的精准评价模型。

---

① Gogar T, Hubacek O, Sedivy J et al. Deep neural networks for web page information extraction [C]. Artificial Intelligence Applications and Innovations, 2016: 154 - 163. Wicaksono A F, Myaeng S. Toward advice mining: conditional random fields for extracting advice-revealing text units [C]. Conference on Information and Knowledge Management, 2013: 2039 - 2048. Wang Y, Xu W. Leveraging deep learning with LDA-based text analytics to detect automobile insurance fraud [J]. Decision Support Systems, 2018: 87 - 95.

② `Jiang C, Wang Z, Wang R et al. Loan default prediction by combining soft information extracted from descriptive text in online peer-to-peer lending [J]. Annals of Operations Research, 2017 (2): 1 - 19.

③ Kou F, Du J, Lin Z et al. A semantic modeling method for social network short text based on spatial and temporal characteristics [J]. Journal of Computational Science, 2017.

④ Young T, Hazarika D, Poria S et al. Recent trends in deep learning based natural language processing (review article) [J]. IEEE Computational Intelligence Magazine, 2018, 13 (3): 55 - 75.

⑤ Basirat A, Nivre J. Real-valued syntactic word vectors (RSV) for greedy neural dependency parsing [C]. //Nordic conference on computational linguistics. Nodalida, 2017.

⑥ Wang J, Kuo M, Han J et al. A Telecom-Domain Online Customer Service Assistant Based on Question Answering with Word Embedding and Intent Classification [C]. International joint conference on natural language processing, 2017: 17 - 20.

7.2 本章研究框架

为了构建融合描述文本语义信息的信用评价模型，提出如图 7－1 所示的研究框架。该框架分为两个部分：一为虚线以上部分，即对借款描述文本的分析，包括非语义分析和语义分析；二为虚线以下部分，即信用评价模型的构建与比较。

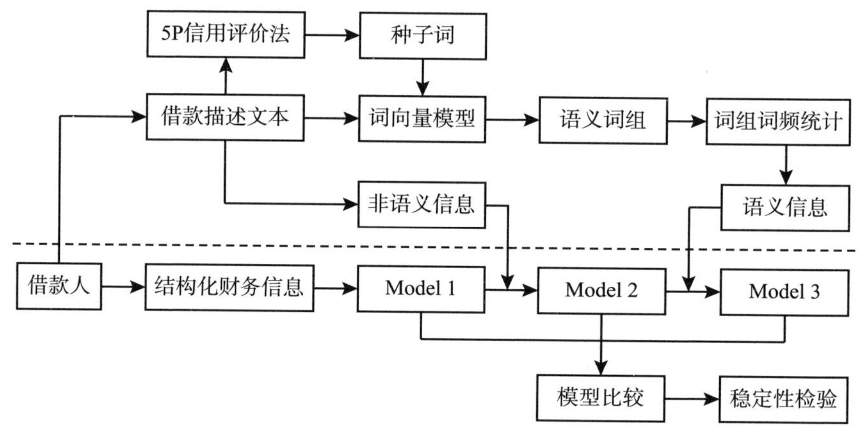

图 7－1　本章研究框架

在分析借款描述文本的过程中，我们提取了与信用风险相关的非语义特征和语义特征。非语义特征包括文本的字符数、句子的数量、情感倾向和文本的可读性。这些特征有效地反映了借款人对待借款的态度及其写作风格，已被证明对分析其信用风险具有一定的价值。此外，我们根据 5P 信用评价理论进一步提取描述文本的语义特征，从个人因素、目的因素、还款因素、保障因素和前景因素五个语义维度反映信用风险。具体来说，我们首先分析借款描述文本的词频，并为 5P 评价的每个维度选择 3～4 个最常用的词作为语义分析的种子词。例如，在个人因素维度，选择诚实、正直和友善作为种子词来反映借款人的个人品质。然后，通过词向量模型测量上述种子词与借款描述文本中其他词之间的语义相似度。当某个词与种子词的语义相似度超过设定的阈值时，便将该词提取出来，纳入个人因素这一语义维度。最后，统计借款描述文本在每一个语义维度下出现的所有词汇，并计算总词频，将这一总词频作为各维度下的语义特征。

语义相似度计算是语义特征提取的关键。本书使用图 7－2 所示的 Skip-gram 词向量模型，计算描述文本词汇和种子词之间的语义相似度。Skip-gram 是一种三层神经网络模型，包括输入层、隐藏层和输出层。其基本思想是将每个词映射成具有语义和语法信息的 k 维真实向量（通常，k 的范围是 50～200）。词与词之间的语义相似性由它们的向量之间的距离确定，例如欧几里得距离和余弦相似度。Skip-gram 词向量模型用于在建模时获得分布式向量空间中词语的表达。

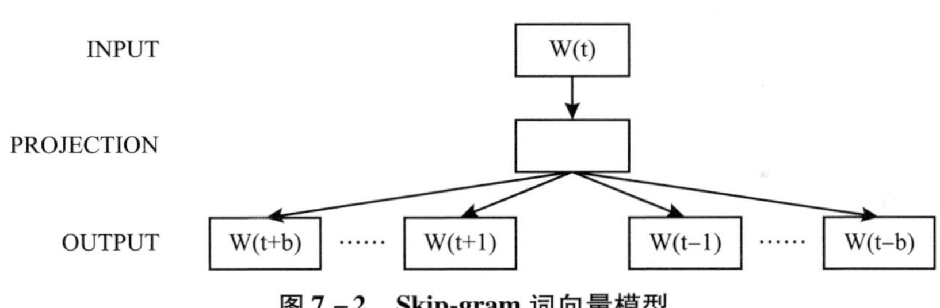

图 7－2　Skip-gram 词向量模型

假设语料库中有一组单词序列，如 W1，W2，…，Wt；Skip-gram 模型旨在通过当前单词 Wt 预测上下文单词。该模型的目标函数如下：

$$F = \frac{1}{T}\sum_{t=1}^{T}\sum_{-b\leqslant i\leqslant b, i\neq 0}\log p[w(t+i)\mid w(t)] \tag{7-1}$$

式 7－1 中，b 是决定上下文窗口大小的常数，b 的数值越大，训练时间越长，精度越高。同时，我们选择了 Hierarchical Softmax 方法来训练 Skip-gram 模型。

在信用评价模型的构建与比较过程中，我们利用不同的特征集和智能算法构建了多个评价模型，并通过显著性检验比较这些模型的性能。特征提取和选择是信用评价模型构建的核心。由于某些信用特征对违约变量的解释能力较弱或与其他信用特征的解释能力存在冗余，为此我们设计了一个两步特征选择方法来筛选信用特征。在特征选择之后，基于不同特征集构建多个信用评价模型。首先，利用从结构化信息中提取出的特征集构建模型1；其次，在模型1的基础上加入描述文本的非语义特征集，构成模型2；最后，在模型2的基础上加入描述文本的语义特征集，构成模型3。我们试图探明加入描述文本软信息（尤其是文本的语义特征），考察其是否有助于提升信用评价模型预测不同类型借款人信用风险的能力。

集成策略能够显著提升基于单一智能算法的信用评价模型的准确性。为此，本书选用提升效果较好的 Adaboost 集成策略，该策略的描述如下：

输入：

训练集 $D=\{(x_1, y_1), (x_2, y_2), \cdots, (x_m, y_m)\}$；其中 $x_i \in X$ 是信用特征集合，包括语义特征，$y_i \in Y=(0 或 1)$ 为样本的信用标签。

基分类器 $h_i(x)$；

迭代次数 T.

处理：

（1）初始化：对 D 中的每个样本赋予初始权值 $D_1(i)=\frac{1}{m}$，以等概率方式抽样并组成第一个基分类器的训练集。

（2）迭代次数 $t=1, 2, \cdots, T$。

从训练集 D 中以概率 $D_t(i)$ 生成训练样本分布 D_t，并训练基分类器 $h_t(x)$。

计算基分类器 $h_t(x)$ 的训练误差 $\varepsilon_t=\frac{EN}{EN+RN}$，其中 RN 和 EN 分别表示 $h_t(x)$ 分类正确和分类错误的样本数。

若 $\varepsilon_t>0.5$ 则返回步骤（1），否则计算 $h_t(x)$ 的权重 $\alpha_t=\frac{1}{2}Ln\left(\frac{1-\varepsilon_t}{\varepsilon_t}\right)$。

更新样本权重，在第 $t+1$ 个基分类器中，各样本权重为：

$$D_{t+1}(i)=\frac{D_t(i)}{Z_t}\times\begin{cases}e^{-\alpha_t} & \text{if} \quad h_t(x_i)=y_i \\ e^{\alpha_t} & \text{if} \quad h_t(x_i)\neq y_i\end{cases}$$

$$= \frac{D_t(i)\exp[-\alpha_t y_i h_t(x_i)]}{Z_t}$$

其中，Z_t 为归一化因子。

输出：

对各个基分类器的分类结果进行集成，具体的集成方式为式（7－2）：

$$H(x) = \text{sign}[\sum_{t=1}^{T} \alpha_t h_t(x)] \tag{7-2}$$

选择在信用评价领域广泛使用的三种分类技术作为 Adaboost 集成策略的基分类器，它们是 Logistic 回归、C4.5 决策树和 BP 神经网络。以往的研究表明，Logistic 回归是最佳的统计分析技术和信用分析的行业标准。① 决策树也是一种构建信用评价模型的经典统计方法，其分析结果的可解释性较强。然而，统计分析通常需要样本数据遵循严格的假设条件，例如要求数据符合正态分布，且统计分析的结果仅在大样本条件下有效。机器学习是另一类有效的信用评价模型构建方法，它不受统计分析所需的严格假设条件的限制。② 神经网络是一种广泛使用的机器学习技术，它能够很好地适应目标变量和解释变量之间的非线性关系。

7.3 融合语义信息的信用评价模型构建

7.3.1　数据收集与特征提取

本章使用的数据来自我国著名的互联网金融公司 B 平台。保密起见，本

① Lessmann S, Baesens B, Seow H V et al. Benchmarking state-of-the-art classification algorithms for credit scoring: An update of research [J]. European Journal of Operational Research, 2015, 247 (1): 124 - 136; Abdou H A, Pointon J. Credit scoring, statistical techniques and evaluation criteria: A review of the literature [J]. Intelligent Systems in Accounting Finance & Management, 2011, 18 (2): 59 - 88.

② Sun J, Li H, Huang Q H et al. Predicting financial distress and corporate failure: A review from the state-of-the-art definitions, modeling, sampling, and featuring approaches [J]. Knowledge-Based Systems, 2014 (57): 41 - 56.

书中隐去了平台的具体名称。截至 2018 年 3 月 31 日，B 平台累计成交额超 546 亿元，累计成交 72.9 万笔，总计服务了超过 150 万的出借人和借款人。

本章采集的信贷记录发生于 2012 年 1 月至 2016 年 12 月期间，包含大约 120000 条样本记录。为了获得每个样本的还款状态，我们选择了成功融资并且还款期已结束的记录。此类记录的数量为 26468 条，其中不良信用记录占所有记录的 7.68%。

在完成数据采集以后，需要对数据进行预处理。由于本数据集中仅有 162 条记录含有缺失值，删除这些记录并不会影响各属性值的数据分布，因此，直接删除含有缺失值的记录。此外，我们未对数据做均衡处理。尽管信用好的用户和信用不好的用户之间存在数量不均衡，但这种数据不均衡仅影响评价模型的绝对性能，而本书关注的是加入文本软信息（尤其是语义特征）的前后信用评价模型分类性能的相对变化，根据莱斯曼（Lessmann）等人的研究结论，对于此类情况无需作数据均衡处理。[①] 在实验过程中，使用 10 倍交叉验证方法划分模型的训练集和测试集。

本章共提取了 32 个特征，其中 20 个是从结构化信息中提取的，包括部分硬信息特征（F_A），12 个是从借款描述文本软信息中提取的。这些软信息特征可以进一步分为 7 个非语义特征（F_B）和 5 个语义特征（F_C）。具体而言，F_A 组中的特征反映了借款人的财务状况、借贷历史和人口统计信息，F_B 组中的特征反映了借款描述文本的可读性、情感倾向和长度，F_C 组中的特征反映了借款描述文本中的个人因素、目的因素和还款因素等五个维度的语义信息。

表 7－1 是运用词向量模型和 5P 信用评价法对借款描述文本进行语义分析的结果。运用词向量模型，从个人因素、目的因素、还款因素、保障因素和前景因素五个方面分别提取 74 个、22 个、56 个、56 个和 68 个与种子词语义相似度高于 0.5 的词语。其中，语义相似度阈值的确定是根据领域专家对词向量模型的输出结果的综合意见得出。表 7－1 中的第一行是 5P 分析维度，

---

① Lessmann S，Baesens B，Seow H V et al. Benchmarking state-of-the-art classification algorithms for credit scoring：An update of research［J］. European Journal of Operational Research，2015，247（1）：124－136.

第二行是每个维度的种子词，第三至第十行展示了每个维度中与种子词语义相似度最高的前八个词语及其相似度值。我们利用每个维度下所有词汇的总词频作为借款描述文本的语义特征。

表7-1　语义分析维度

5P分析维度	种子词	1	2	3	4	5	6	7	8
个人因素	诚实、友好、正直、和睦	守信（0.7670）	一言九鼎（0.7278）	稳重（0.7046）	真诚待人（0.7045）	守时（0.6923）	说到做到（0.6859）	守法（0.6800）	实事求是（0.6791）
目的因素	用于、由于、想、欲	因（0.8943）	因为（0.8884）	想要（0.8023）	打算（0.7518）	用来（0.6988）	用作（0.6370）	用做（0.6145）	准备（0.5954）
还款因素	利润、收入、收益	利润率（0.7442）	盈利（0.7430）	销售额（0.7169）	营业额（0.6917）	工资收入（0.6901）	赢利（0.6869）	固定收入（0.6615）	家庭收入（0.6427）
保障因素	承诺、保证、担保、抵押	准时（0.9122）	按期（0.8684）	如期（0.7983）	必定（0.7859）	付息（0.7715）	及时（0.7687）	定期（0.7520）	遵守（0.7468）
前景因素	前景、未来、发展	发展前景（0.8947）	市场前景（0.8736）	创造（0.7979）	潜力（07745）	目标（0.7702）	财富（0.7659）	成长（0.7625）	美好（0.7379）

表7-2展示了提取的所有信用特征，以及这些特征的取值范围和相关说明。

表7-2　信用特征及其取值范围

特征	取值范围	特征	取值范围
结构化特征 F_A	—	F_{18}公司行业	0至20之间的整数
F_1 标的总额	3000~3000000（元）	F_{19}公司规模	0至4之间的整数
F_2 年利率	0.03~0.244	F_{20}工作年限	0至4之间的整数
F_3 还款期限	1~36（月）	文本非语义特征 F_B	—
F_4 保障方式	本金——0，机制——1	F_{21}描述文本长度	0~482（字）
F_5 提前还款率	0~1	F_{22}描述文本词数	0~243（词）

续表

特征	取值范围	特征	取值范围
F_6 年龄	25 ~ 74	F_{23} 描述文本句子数	0 ~ 69
F_7 学历	0 至 4 之间的整数	F_{24} 可读性	0 ~ 444
F_8 婚姻	0 ~ 3 间的整数	F_{25} 情感得分	0 ~ 1
F_9 申请借款次数	1 ~ 148 （次）	F_{26} 借款标题长度	2 ~ 24 （字）
F_{10} 信用额度	0 ~ 3000000 （元）	F_{27} 借款标题词数	0 ~ 16 （词）
F_{11} 成功借款次数	1 ~ 144	文本语义特征 F_C	—
F_{12} 历史借款总额	3000 ~ 9000000 （元）	F_{28} 个人因素	0 ~ 10
F_{13} 收入	0 至 7 之间的整数	F_{29} 目的因素	0 ~ 5
F_{14} 房产	有——1，无——0	F_{30} 还款因素	0 ~ 8
F_{15} 房贷	有——1，无——0	F_{31} 保障因素	0 ~ 11
F_{16} 车产	有——1，无——0	F_{32} 前景因素	0 ~ 11
F_{17} 车贷	有——1，无——0	—	—

注：保障方式（F_4）包括本金保障（0）和互联网金融平台自身提供的用户利益保障机制（1）。学历（F_7）、婚姻（F_8）、收入（F_{13}）、公司行业（F_{18}）、公司规模（F_{19}）和工作年限（F_{20}）为多类别变量，如特征 F_8 取 0、1、2、3 分别表示未婚、离异、已婚和丧偶。可读性（F_{24}）通过描述文本中误用的字符数衡量，该特征数值越大表示可读性越差。

7.3.2 模型选择

本书使用 Adaboost 集成框架，将基分类器组合起来，提升信用评价模型的性能。基分类器包括 Logistic 回归模型（LR）、C4.5 决策树（C4.5）和 BP 神经网络（BP）。实验使用 Weka 数据挖掘工具进行建模。

C4.5 是 ID3 算法的扩展，是昆兰（Quinlan，1986）开发的一种决策树构建算法。它采用信息增益率标准进行属性选择。C4.5 产生的分类规则易于理解，准确率较高。在 WEKA 数据挖掘工具中，实现了标准的 C4.5 算法。

BP 神经网络因其独特的学习能力而广受欢迎。WEKA 数据挖掘工具提供了标准的三层完全连接的 BP 神经网络。我们按照经验公式将隐藏层的节点数设为输入层节点数与输出层节数的均值，在本书实验中输入层节点是信用特征，输出节点是违约状态。

Logistic 回归使用最大似然估计方法来建立线性回归分类模型以对二值或多值变量进行分类，假设目标变量 y 是二值变量（0，1），x 是解释变量。在信用评价模型中，借款人违约与否是目标变量，信用特征是解释变量。

7.3.3　模型性能评价

为了比较不同信用评价模型的性能，选取了基于混淆矩阵的评价指标，这些指标被广泛地用于数据挖掘和信用分析。它们是：

true positive rate（TPR），指评价模型正确地识别出信用好（非违约）的用户的比例。

$$TPR = \frac{\text{True Positive}}{\text{True Positive} + \text{False Negative}}$$

true negative rate（TNR），指评价模型正确地识别出信用不好（违约）的用户的比例。

$$TNR = \frac{\text{True Negative}}{\text{True Negative} + \text{False Positive}}$$

上述两个指标分别对模型识别违约用户和非违约用户的能力做出描述。然而并不能反映出模型对于两类用户识别的整体效果。为此，利用莱斯曼（Lessmann，2015）等人的研究中提出的误分类成本（Cost）这一指标衡量模型的整体性能。在信用分析的过程中，会产生两类错误。第一类错误是将非违约用户误分类为违约用户（FN），第二类错误是将违约用户误分类为非违约用户（FP）。显然，这两类错误的犯错成本是不同的。已有研究表明，第二类错误的犯错成本是第一错误的犯错成本的 5 ~ 20 倍，即错误地识别违约用户所造成的损失更大。在本书实验中，我们保守估计第二类错误代价是第一类错误代价的 5 倍，这一估计也与阿卜杜（Abdou）等人的研究相一致。为此，构建如下的误分类成本指标（Cost）用以衡量模型识别两类人的整体性能。误分类成本指标越小，说明模型的整体性能越好。

$$Cost = 5 \times FPR + FNR$$

$$FPR = 1 - TNR, \quad FNR = 1 - TPR$$

7.3.4 信用特征选择

为了筛选合适的特征构建评价模型，本章提出一种两步特征选择方法。第一步，考虑每个特征对于解释目标变量的贡献度；第二步，进一步考虑各个特征间的相关性和冗余性。

具体地，在第一步中，我们使用信息增益（IG）、信息增益率（GR）和卡方统计量（CS）三种不同的指标，衡量每个特征对于目标变量的重要性。这三种方法适用于不同数据关系和数据分布环境下的特征选择。由于互联网环境下信用特征的数据分布和数据关系（包括大量非线性关系）的不确定性，很难用某一种特征选择方法衡量各个信用特征对于信用目标变量的重要性。因此，我们使用三个指标的综合排名来衡量信用特征的重要性，排名结果如表7－3所示。

表7－3　特征重要性排序

特征	IG	GR	CS	综合排序	特征	IG	GR	CS	综合排序
F_2	2	3	4	1	F_{21}	8	24	14	17
F_{10}	7	5	1	2	F_{28}	24	14	9	18
F_{12}	1	13	3	3	F_{23}	14	22	11	19
F_1	3	10	7	4	F_{32}	25	20	8	20
F_9	10	7	5	5	F_{26}	19	25	17	21
F_3	6	4	21	6	F_{16}	20	15	29	22
F_{18}	11	12	10	7	F_{27}	22	26	18	23
F_{25}	12	8	15	8	F_{17}	30	18	22	24
F_5	4	1	31	9	F_{14}	21	17	32	25
F_4	5	2	30	10	F_{15}	27	21	26	26
F_{11}	16	16	6	11	F_{13}	23	27	25	27
F_{24}	18	19	2	12	F_8	29	28	20	28

续表

特征	IG	GR	CS	综合排序	特征	IG	GR	CS	综合排序
F_{31}	15	11	13	13	F_{20}	26	29	28	29
F_{29}	17	6	16	14	F_{19}	31	30	23	30
F_{30}	13	9	19	15	F_7	32	31	24	31
F_{22}	9	23	12	16	F_6	28	32	27	32

在第二步中，进一步检查信用特征间的冗余性。将所有的信用特征输入评价模型中，然后按照步骤一中的重要性综合排序，使用序列后向选择法，逐渐剔除排名靠后（不重要）的信用特征，直至获取使得评价模型性能最优的特征子集。结果如图7－3所示。图7－3中的横轴表示每个评价模型中的信用特征数量，纵轴表示每个评价模型的误分类成本。我们发现，当保留前23个特征时，评价模型的错误分类成本已经稳定，也就是说，增加信用特征数量不会进一步降低评价模型的误分类成本。因此，我们选择表7－3中的前23个特征作为最终特征集。我们发现删除的特征都来源于结构化信息，即特征集 F_A 中的特征，基于文本软信息的信用特征（特征集 F_B 和 F_C）均未被删除。

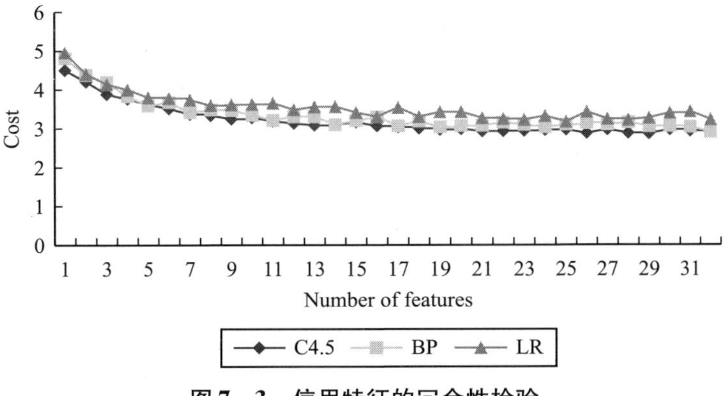

图7－3　信用特征的冗余性检验

7.4 实验结果与讨论

针对首次借款的用户，运用不同的评价模型和特征集的组合，判断借款人的信用状态，结果如表 7－4 所示。由表 7－4 可知，随着新的特征集的加入，各信用评价模型的性能逐渐增强。例如，对于模型 Adaboost＋C4.5，当加入特征集 F_B（由借款描述文本的非语义信息提取得出）时，信用评价模型对违约用户和非违约用户的识别精度 TNR 和 TPR 分别由 0.313 和 0.927 提高到 0.347 和 0.939，模型的误分类代价由 3.508 降低到 3.326。当进一步加入特征集 F_C（由借款描述文本的语义信息提取得出）时，模型的 TNR 和 TPR 进一步提高到 0.406 和 0.951，而模型的误分类代价降低到 3.019。我们在其他两个模型（Adaboost＋BP 和 Adaboost＋LR）上也得到了类似的结果。上述结果说明借款描述文本信息有助于判断新借款人的信用状态。特别是文本的语义信息，对于降低信用评价模型的整体误分类代价效果更显著。

表 7－4　基于不同特征集的信用评价模型性能（新借款人）

Feature set	Adaboost + C4.5			Adaboost + BP			Adaboost + LR		
分类指标	TPR	TNR	Cost	TPR	TNR	Cost	TPR	TNR	Cost
F_A	0.927	0.313	3.508	0.931	0.305	3.544	0.936	0.188	4.124
F_A+F_B	0.939	0.347	3.326	0.942	0.321	3.453	0.961	0.212	3.979
$F_A+F_B+F_C$	0.951	0.406	3.019	0.949	0.369	3.206	0.966	0.306	3.504

进一步分析特征集 F_C 中的每一个语义特征对评价模型判断新借款人信用状态的影响，结果如表 7－5 所示。这些语义特征是个人因素（F_{28}）、目的因素（F_{29}）、还款因素（F_{30}）、保障因素（F_{31}）和前景因素（F_{32}）。由表 7－5 可知，保障因素对信用评价模型的性能指标（TPR、TNR 和 Cost）的影响最大，而前景因素对模型的性能指标影响最小。这可能是由于前景因素反映的

是借款用于投资时的回报率前景；而小微借贷中大部分借款人的借款目的是用于消费，不是投资，借款人对前景因素的描述较少，了解前景因素对缓解信息不对称性的贡献度较低。

表 7－5　　语义特征对信用评价模型性能的影响（新借款人）

Feature set	Adaboost + C4.5			Adaboost + BP			Adaboost + LR		
分类指标	TPR	TNR	Cost	TPR	TNR	Cost	TPR	TNR	Cost
$F_A + F_B$	0.939	0.347	3.326	0.942	0.321	3.453	0.961	0.212	3.979
$F_A + F_B + F_{28}$	0.942	0.362	3.248	0.943	0.329	3.412	0.961	0.232	3.879
$F_A + F_B + F_{29}$	0.945	0.375	3.180	0.945	0.342	3.345	0.963	0.256	3.757
$F_A + F_B + F_{30}$	0.943	0.371	3.202	0.943	0.336	3.377	0.962	0.243	3.823
$F_A + F_B + F_{31}$	0.946	0.376	3.174	0.946	0.347	3.319	0.964	0.269	3.691
$F_A + F_B + F_{32}$	0.940	0.356	3.280	0.942	0.324	3.438	0.961	0.223	3.924

针对非首次借款的用户，运用不同的评价模型和特征集的组合，判断借款人的信用状态，结果如表 7－6 所示。由表 7－6 可知，随着新的特征集的加入，各信用评价模型的性能逐渐增强。例如，对于模型 Adaboost + LR，当加入特征集 F_B（由借款描述文本的非语义信息提取得出）时，信用评价模型对违约用户和非违约用户的识别精度 TNR 和 TPR 分别由 0.208 和 0.953 提高到 0.231 和 0.979，模型的误分类代价由 4.007 降低到 3.866。当进一步加入特征集 F_C（由借款描述文本的语义信息提取得出）时，模型的 TNR 和 TPR 进一步提高到 0.317 和 0.982，而模型的误分类代价降低到 3.433。在其他两个模型（Adaboost + C4.5 和 Adaboost + BP）上也得到了类似的结果。上述结果说明借款描述文本信息也有助于判断老借款人的信用状态，特别是文本的语义信息，对于降低信用评价模型的整体误分类代价效果更显著。

此外，对比表 7－4 和表 7－6，我们发现特征集 F_B 和 F_C 对于提升评价模型在预测新借款人信用状态方面的性能具有更加明显的效果。例如，当模型 Adaboost + BP 在预测新借款人的信用状态时，加入特征集 F_C 将使模型的整体误分类代价（Cost）降低了 0.247（3.453 － 3.206）。而当该模型在预测老借款人的信用状态时，加入特征集 F_C 仅使模型的整体误分类代价（Cost）降低了0.215（3.212－2.997）。

表7－6　　基于不同特征集的信用评价模型性能（老借款人）

Feature set	Adaboost + C4.5			Adaboost + BP			Adaboost + LR		
分类指标	TPR	TNR	Cost	TPR	TNR	Cost	TPR	TNR	Cost
F_A	0.948	0.406	3.022	0.952	0.352	3.288	0.953	0.208	4.007
F_A+F_B	0.957	0.432	2.883	0.958	0.366	3.212	0.979	0.231	3.866
$F_A+F_B+F_C$	0.964	0.484	2.616	0.963	0.408	2.997	0.982	0.317	3.433

进一步分析特征集 F_C 中的每一个语义特征对评价模型判断老借款人信用状态的影响，结果如表7－7所示，与预测新借款人的信用状态相似，保障因素对信用评价模型的性能指标（TPR、TNR和Cost）的影响最大，而前景因素对模型的性能指标影响最小。

表7－7　　语义特征对信用评价模型性能的影响（老借款人）

Feature set	Adaboost + C4.5			Adaboost + BP			Adaboost + LR		
分类指标	TPR	TNR	Cost	TPR	TNR	Cost	TPR	TNR	Cost
F_A+F_B	0.957	0.432	2.883	0.958	0.366	3.212	0.979	0.231	3.866
$F_A+F_B+F_{28}$	0.959	0.441	2.836	0.959	0.370	3.191	0.979	0.243	3.806
$F_A+F_B+F_{29}$	0.960	0.453	2.775	0.962	0.378	3.148	0.982	0.263	3.703
$F_A+F_B+F_{30}$	0.959	0.449	2.796	0.960	0.373	3.175	0.980	0.251	3.765
$F_A+F_B+F_{31}$	0.962	0.462	2.728	0.962	0.382	3.128	0.982	0.279	3.623
$F_A+F_B+F_{32}$	0.958	0.436	2.862	0.958	0.368	3.202	0.979	0.236	3.841

为了研究文本软信息对信用评价模型的性能提升是否具有统计学意义，我们利用成对t检验的方法，分析信用评价模型在增加特征集 F_B 和 F_C 的前后，模型的整体误分类代价（Cost）有无显著降低，结果如表7－8所示。无论对于新借款人还是老借款人，加入特征集 F_B 和 F_C 之后，信用评价模型的Cost值均具有显著下降，且增加特征集 F_C 对于Cost值的影响更加显著。

表7-8　　误分代价降低的显著性检验

变量	Adaboost + C4.5		Adaboost + BP		Adaboost + LR	
首次借贷	—	—	—	—	—	—
Feature set	t	p	t	p	t	p
$F_A < F_A + F_B$	2.161	0.059 *	2.177	0.057 *	2.698	0.024 **
$F_A + F_B < F_A + F_B + F_C$	2.948	0.016 **	3.179	0.011 **	4.385	0.002 ***
非首次借贷	—	—	—	—	—	—
Featureset	t	p	t	p	t	p
$F_A < F_A + F_B$	2.250	0.051 *	1.871	0.094 *	2.049	0.071 *
$F_A + F_B < F_A + F_B + F_C$	2.620	0.028 **	2.316	0.046 **	3.638	0.005 ***

注：* 表示 $p<0.1$，** 表示 $p<0.05$，*** 表示 $p<0.01$。

虽然在考虑文本软信息后，信用评价模型在预测新老借款人信用状态方面的性能均有提升，但是提升程度具有显著差异。在表7-9中，ΔCost1（ΔCost2）表示当评价模型在预测新借款人的信用状态时，加入特征集 F_B（特征集 F_C）时模型的Cost的降幅。ΔCost1′（ΔCost2′）表示当评价模型在预测老借款人的信用状态时，加入特征集 F_B（特征集 F_C）时模型的Cost的降幅。由表7-9可知，加入特征集 F_B 和 F_C 之后，信用评价模型在识别新借款人信用状态方面的性能提升显著高于模型在识别老借款人信用状态方面的性能提升。这种现象的原因可能是由于老借款人的硬信息更丰富（如信贷记录），因此文本软信息在缓解信息不对称性方面的作用相对有限，对信用评价模型的性能提升也相当有限。

表7-9　　提升度差异的显著性检验

算法	Adaboost + C4.5		Adaboost + BP		Adaboost + LR	
t/p	t	p	t	p	t	p
ΔCost1′ < ΔCost1	4.508	0.001 ***	3.055	0.014 **	1.843	0.098 *
ΔCost2′ < ΔCost2	2.153	0.060 *	2.384	0.041 **	2.232	0.053 *

注：* 表示 $p<0.1$，** 表示 $p<0.05$，*** 表示 $p<0.01$。

7.5 结论

本章研究了互联网金融平台上借款描述文本软信息是否有利于预测不同类型借款人的信用水平，并着重关注借款描述文本的语义信息对各类借款人信用状态的解释能力。文章运用词向量模型和5P理论，从5个维度提取语义特征，并将这些特征融入信用评价模型中，准确地反映借款人的还款能力与意愿。在信用评价模型的构建中运用了Adaboost集成学习策略，提高了单一智能算法的学习性能。在B平台上的实验结果表明借款描述文本软信息能够有效地预测新老借款人的信用状态。

本章的研究具有重要的理论和实践意义。理论意义上，大数据环境下的信用评价信息通常是异构的，本章为非结构化信用评价信息的结构化，以及异构评价信息的融合与建模提供了新的思路和方法。此外，本章将5P定性分析方法和词向量定量分析方法相结合，用以提取信用特征，进一步强化了相关方法在信用评价领域的融合应用。实践意义上，本章能够提升出借者和互联网金融平台对借款人信用的识别能力，提高出借者的投资收益和平台的风险控制能力。从更广泛的意义上来说，由于信用评价已经深入互联网金融和社会生活的各类业务和场景中，如众筹、电子商务、信用租房和信用出行等，因此本章的研究成果对其他金融业务和生活服务场景下的信用评价体系构建具有启发意义。

本章的研究仍然存在不足之处。目前仅针对B平台的信贷数据进行实验，相关结论仍有待于其他互联网金融平台数据的验证。未来，笔者将在不同的互联网金融平台上进行实验研究，进一步证实本书提出方法的有效性和普适性。

第 8 章

融合软信息的互联网金融平台信用风险预测研究

8.1 概　述

互联网金融平台违约风险给投资人带来巨大损失。互联网金融平台违约风险预警研究能够帮助政府部门加强对互联网金融市场的监管，维护投资人的收益，促使市场健康稳定发展。

现有研究主要关注互联网金融平台上借款人的违约风险，通过分析影响借款人信用的软硬信息，利用统计分析和机器学习等方法研究借款人的违约风险预测。近年来，有学者逐渐开始关注互联网金融市场风险的另一个重要方面，即平台自身的违约风险。由于互联网金融平台违约会影响到平台上所有的投资人利益，因此从风险影响强度和范围的视角来看，平台违约风险造成的投资人损失更严重（如 e 租宝事件），是互联网金融市场风险的主要来源。赛贝诺扬和斯特拉斯（Cebenoyan and Strahan，2004）的研究表明，拥有更多注册资本的金融机构的抗风险能力一般较高。此外，设立基金托管机制有助于防范互联网金融平台的道德风险，从而降低平台的违约概率（Xie and Wang，2015）；政府部门的政策措施和行业监管也能有效地控制互联网金融平台的违约风险（Yoon et al.，2018）。

虽然已有少数学者开始关注互联网金融平台违约风险这一重要问题，然而还存在一些问题值得进一步深入研究。第一，平台违约风险与宏观经济密切相关。在不同经济环境下，由于市场竞争、投资人风险偏好以及借款人偿债能力等方面的不同，导致平台的风险控制效果具有显著差异。例如，一个平台在经济繁荣期能够健康运营，但在经济低迷期可能会发生违约。因此，需要进一步结合经济环境判断平台违约风险。第二，平台违约风险的影响因素众多，不仅包括传统的硬信息（主要指财务信息或可通过标准化方法收集的信息），也包括软信息（难以按标准化方法收集和处理的信息，多指非财务信息），且不同类型信息对平台违约风险的影响强度不同，需要从更广泛的维度提取平台违约风险预测的特征变量，并结合相关理论深入研究各类特征变量在不同经济环境下对互联网金融平台违约风险的影响机理。第三，平台违约风险数据具有高维不平衡性，对风险预测模型的构建提出了新的要求。一方面，风险特征变量众多，特征集数据维度高；另一方面，健康平台与风险平台的数量呈现不均衡分布，严重影响预测模型的性能。因此，如何构建适应于高维不平衡数据环境下的风险预测模型值得进一步研究。

基于上述问题，本章设立研究内容如下。首先，利用聚类分析方法并结合宏观经济数据，研究互联网金融平台运营期所处的外部经济环境。其次，通过文献研究系统分析影响平台违约风险的软硬信息。运用信号理论并结合机器学习方法研究不同经济环境下软硬信息信号对平台违约风险的影响强度和机理。再次，针对互联网金融平台违约风险数据的高维性和不平衡性，提出一个 LAS – STACK 风险预测模型。该模型通过获取高维空间的稀疏解，并在随机子空间中构建基学习机制，从而建立一个针对少数类的广泛而定义良好的决策区域，提升高维不平衡数据环境下违约风险预测模型的性能。最后，设计实验研究方案，对提出的研究框架和模型的有效性和可靠性进行验证。

本章的研究对象为中国互联网金融平台的违约风险。在美国、欧洲、英国和日本等国家和地区，投资者通常对平台风险关注较少，而是更加关注借款人的风险。然而，社会信用体系不健全、监管制度不完善、纯信用贷款借款人的违约风险得不到控制，导致很多互联网金融平台运营困难。一旦投资者选择这些平台，他们将面临巨大的投资风险。反之，如果投资者选择一个可靠的平台，即使借款人违约，平台也会通过本金和利息保护、风险准备金、第三方担保或资产抵押等方式弥补投资者的损失。因此，本章研究中国互联网金融平台违约风险的预测方法。

本章研究的贡献体现在以下方面。第一，设计了一个适应于特定经济环境的细粒度的互联网金融平台违约风险预测框架。第二，从新的理论视角研究不同经济环境下各类型信号对互联网金融平台违约风险的影响机理。第三，开发一个新的适应于高维不平衡风险数据的预测模型。

本章的后续内容安排如下：（1）梳理和总结相关研究；（2）提出本书的研究框架；（3）设计实验方案；（4）实验研究；（5）对全文进行总结和讨论。

8.2 相关研究

8.2.1　信号理论

信号理论（Spence，1973）主要研究如何在信息不对称情况下通过传递或辨别质量信号来进行交易并获取利益。

互联网金融借贷的核心问题之一是信息不对称（Burtch et al.，2014）。互联网金融平台显然比投资人更清楚自己的违约风险。因此，平台将相关的软硬信息作为信号传递给投资人，帮助其在信息不对称的情况下做出投资决策，以促成交易，例如，平台的担保制度可以用作投资人判断平台违约风险的信号（Yan et al.，2017）。互联网金融平台是信号的发送方，投资人是信号的接收方。一方面，平台通过发送多个信号，让投资人能够有效地识别自己的风险状况；另一方面，投资者可以通过辨别获取的各个信号来识别高质量的投资对象（Perkins and Hendry，2005）。

信号成本是信号有效性的重要衡量标准（Bird and Smith，2005）。生产成本高的信号在缓解信息不对称方面更有效（Aggarwal et al.，2012）。理性的信号发送者不会为了蝇头小利而生成和释放昂贵的信号，特别是当产生信号的成本高于信号的收益时。例如，在银行违约风险预测中，注册资本是一个昂贵的信号。研究表明，银行注册资本与违约风险显著相关（Cebenoyan and Strahan，2004）。本章在现有文献的基础上，进一步研究和探讨了各种经济环境下不同生产成本的信号（如硬信息信号和软信息信号）对预测互联网金融平台违约风险的影响，并利用信号理论对所得结果进行分析和解释。本章的研究提供了经验证据，表明生产成本高的信号对互联网金融平台违约风险的解释能力更强。在本章的违约风险预测中，硬信息信号（如注册资本和融资金额）的生产成本更高，因此，硬信息信号的风险解释能力较之软信息信号更强。

8.2.2 互联网金融市场风险的影响因素

互联网金融市场风险主要包括借款人违约风险和平台违约风险，且二者之间存在一定的关联，例如，互联网金融平台上大量借款人违约也会引发平台风险。

现有研究大多关注借款人违约风险。早期的文献主要研究了借款人的性别、年龄、婚姻、家庭环境、工作条件和资产状况等人口统计学特征和财务特征对其信用风险的影响（Paul，2014；Abdou and Pointon，2011）。例如，纽伯格等人（Neuberger et al.，2015）的研究表明，已婚人士的信用风险普遍低于未婚人士，而男性的违约风险较之女性更高。资产状况等财务特征则会直接影响借款人的还款能力，进而关系到其信用风险。近年来，学者们从大数据的视角，对借款人的信用风险展开更多维度的分析。例如，相关文献以社会资本理论为基础，利用互联网金融环境下投资人和借款人之间形成的社会网络，从结构维度、关系维度和认知维度等方面，研究了社会网络对借款人信用风险的影响（Pham and Talavera，2018；Li et al.，2015；Lin et al.，2013）。伊耶等人（Iyer et al.，2015）研究了借款标的中的描述文本与信用风险间的关系，结论表明借款描述文本的长度与借款人违约概率之间具有显著的相关性。

目前，较少有研究关注互联网金融平台的违约风险问题。事实上，平台违约风险导致的投资人损失更严重。平台能够通过资产抵押和第三方担保等方式分散风险并赢得投资者信任（Yan et al.，2017）。此外，运营时间较长的平台通常被认为具有较强的风险管理能力且存在欺诈的可能性较低（Li，2015）。从宏观经济环境的视角来看，失业率和收入水平等因素也会影响到互联网金融平台上借款人的整体还款能力和意愿，进而关系到平台违约风险（Yoon et al.，2018）。

综上所述，近年来已有学者开始关注互联网金融平台的违约风险问题，然而这方面的研究仍然处于起步阶段并存在一些问题需要进一步解决。例如，为了提升平台的环境适应性，需要进一步探索不同宏观经济环境下平台违约风险的影响因素和作用机理。

8.2.3　违约风险预测模型

预测模型的构建是违约风险分析的核心。根据采用的分析方法，违约风险预测模型可以分为统计学模型、智能化模型和组合模型。

统计学模型利用逻辑回归、判别分析和决策树等统计分析方法构建违约风险预测模型（Lee et al.，2006；Rosenberg and Gleit，1994；Wiginton，1980）。统计学模型在大部分应用场景下表现良好，且具有较好的可解释性和可靠性；但它要求数据符合一定的统计学假设，且通常只有在样本量较大的情况下才能凑效（Chen et al.，2016）。随着人工智能和机器学习的发展，神经网络、支持向量机和专家系统等智能化算法被应用于互联网金融市场风险分析领域。莫顿（Morton，2011）的研究表明，当违约风险数据之间存在复杂的非线性关系时，神经网络（NN）模型具有显著的优势。智能化模型放宽了对违约风险数据的统计学假设，然而一些智能算法具有黑箱特征，可解释性较弱；此外，智能化模型的参数选择需要一定的专家知识（Wang et al.，2018）。近年来，组合模型是违约风险预测研究的新趋势，它能使多个单一模型之间形成优势互补。常用的组合策略包括串行组合、并行组合和基于 bagging、boosting 和 stacking 集成框架的组合模型（Lee et al.，2002；Sun and Li，2008；Finlay，2011）。组合模型的风险判断能力显著高于单一的统计学模型和智能化模型（Liang and He，2020）。

互联网金融平台违约风险预测中的一个典型问题是数据的高维不平衡性。为此需要研究不平衡数据环境下的违约风险预测。不平衡数据分类方法包括采样法（Hájek et al.，2014）、代价敏感学习法（Chen et al.，2011），以及集成学习法（Tsai et al.，2014）。采样法通过过抽样和欠抽样等方式将不平衡数据集变得更加平衡，从而有助于提高风险预测性能（He and Garcia，2009）。哈耶克等（Hájek et al.，2014）在研究财务风险预测时，采用了综合少数过采样技术（minority overampling technique，HITs）来保持类分布的平衡，取得了较好的预测效果。代价敏感学习（CSL）利用少数类误分类代价大于多数类误分类代价训练代价敏感分类器（Chen et al.，2009，2011），从算法层面解决不平衡数据的分类问题。虽然这种方法有助于互联网金融平台违约风险预测，但在应用过程中很难确定准确的误分类成本（Chen et al.，2016）。在众多改进的方法中，集成学习方法表现出优于许多单个分类器的性能。哈耶克等（Hájek et al.，2015）利用支持向量机的 RS 集成预测了企业财务风险，结论表明，相较于基准方法，集成学习可以提高预测精度约 4%。

虽然现有研究提出了一些不平衡数据分类方法，然而如何针对互联网金融平台违约风险数据的高维不平衡性、设计合理的风险预测模型仍然需要进一步研究。

8.3 研究设计

为了研究考虑宏观经济环境的互联网金融平台违约风险预测，设计如图 8－1 所示的研究框架，该框架主要分为两个部分。

第一部分，根据平台及宏观经济的相关数据，提取特征并运用聚类分析方法研究平台所处的经济环境。例如，根据平台的经营时期并结合该时期内的平均收入水平、失业率和 GDP 等宏观经济数据，利用聚类分析的方法将互联网金融平台划分为不同的簇，相同簇中的平台被认为是处于同一经济环境下，不同簇中的平台所处的经济环境不同。根据每个簇中经济数据的统计学特征确定该簇内平台所处的宏观经济环境特点。

第二部分，广泛考虑影响互联网金融平台违约风险的软硬信息，提取相关特征并利用分类分析方法将每个簇中的平台划分为健康平台和风险平台。在这一过程中，笔者考虑违约风险数据的高维性和不平衡性，设计了 LAS - STACK 模型，并将其与多个常用的基准模型进行比较。同时，从信号理论的视角，深入认识各类型特征在不同宏观经济环境下对平台违约风险的影响强度和机理。最后，对所提出模型和各类型特征的风险预测能力进行鲁棒性分析。

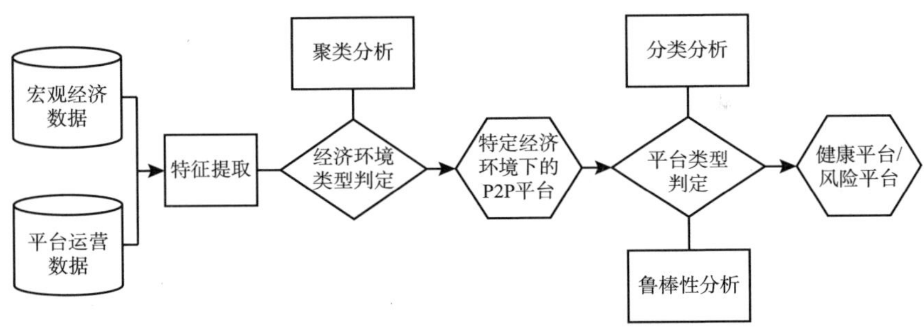

图 8－1　本章研究框架

8.3.1　特征提取

特征提取是机器学习的基础，在本章中，特征提取是基于聚类的经济环境判定和基于分类的互联网金融平台类型判定的基础。本章根据三条原则选择需要的特征。第一，选择的特征需要有相关理论依据和文献支持；第二，选择的特征具有数据可获取性；第三，选择的特征具有可解释性。根据上述原则，我们从互联网金融平台数据和宏观经济数据两个方面，共提取 21 个特征。结果如表 8－1 所示，其中包括 5 个宏观经济特征、8 个硬信息特征和 8 个软信息特征。表后说明了特征提取依据的参考文献，并简要说明为什么这些特征能够对互联网金融平台违约风险具有预测潜力。

表 8－1　互联网金融平台违约风险预测的特征提取

特征类型	特征名称
F1（硬信息特征）	Fa1　注册资金（万）
	Fa2　获得融资金额（万元）
	Fa3　获得融资次数
	Fa4　银行存管
	Fa5　出借期限（月）
	Fa6　第三方担保
	Fa7　债权转让
	Fa8　保障方式数量
F2（软信息特征）	Fb1　ICP 经营许可证
	Fb2　加入行业监管协会
	Fb3　监管时长比例（2015 年 7 月 18 日发布《关于促进互联网金融政策健康发展的指导意见》）
	Fb4　平台背景
	Fb5　注册地城市评级
	Fb6　网络综合评分
	Fb7　网络点评人数
	Fb8　运营时长（月）
F3（宏观经济环境特征）	Fc1　平台运营期间平均失业率
	Fc2　平台运营期间平均 GDP
	Fc3　平台运营期间商品房平均售价（元/平方米）
	Fc4　平台运营期间平均工资（元）
	Fc5　平台运营期间的平均平台数量
	Fc6　平台经营期间股票平均成交量
Y（被解释特征）	违约与否

互联网金融平台的注册资本和融资能力能够有效地降低平台的道德风险。从根本上说，注册资本和融资金额反映的是企业的资本投入，表示金融机构至少可以承担与其资本相当的风险（Cebenoyan and Strahan，2004）。因此，注册资本雄厚和融资能力强的平台具有更高的风险抵御能力，并有能力吸收借款人违约造成的暂时性金融冲击（Fa1、Fa2、Fa3）。研究表明，互联网金融平台的基金托管机制能够防止平台将接收的资金用于他途，如投资于高风险项目，而不是贷款给借款人（Xie，Wang，2015）。设立托管机制的平台，在借款人融资成功后，托管银行直接将资金从出借方账户转到借款人账户，有效避免了资金挪用等道德风险（Fa4）。也有研究表明，平均出借期限（Fa5）越长，贷款的不确定性越大（Yan et al.，2017）。因此投资者可能倾向于短期贷款数量较多的平台，以减少不确定性和违约风险。金融中介的多种保障方式也能降低其违约风险，例如风险准备金制度（Tu and Tong，2016）、第三方担保措施和自动债权转让（Chen，2016；Pennathur，2001）等（Fa6、Fa7、Fa8）。

尹（Yoon）等（2018）研究表明，政府部门对互联网金融市场的监管政策显著影响互联网金融平台的违约风险。例如，中国多个金融机构联合发布了《关于促进互联网金融健康发展的指导意见》，明确了互联网金融平台必须履行的义务，如需符合工信部要求、在 ICP 备案、接受网信办关于平台服务和信息的规定、定期披露用户信息和平台财务状况等。这些政策措施降低了平台从事危险行为或发布虚假信息的可能性（Fb1、Fb2、Fb3、Fb4）。注册地的位置（Fb5）能够反映互联网金融平台注册地局部的政策和市场环境，对平台违约风险具有潜在影响（Yan et al.，2017）。网络口碑显著影响到投资人的风险感知、满意度和忠诚度（Gul et al.，2018；Xiao and Dong，2015），因此，负面新闻和不良网络评论可能引发平台的违约风险（Fb6、Fb7）。李（Li，2015）的研究表明，运营时间较长的互联网金融平台具有更多的风险管理经验，能够更好地应对突发事件，如新政策出台、大量投资人撤资以及投资项目未产生预期回报等。因此，运营时间长的平台的违约概率通常较低（Fb8）。

宏观经济环境的变化也将导致风险状态的突变（Xing et al.，2012）。当经济衰退时，平均收入水平下降，失业率上升，导致互联网金融平台上的借款人偿债能力和意愿普遍降低，从而引发平台违约（Fc1、Fc2、Fc4）。宏观经济环境会影响到股票市场和房地产市场及其他投资市场的发展，进而影响互联网金融平台违约风险（Fc3、Fc6）。例如，当股票市场繁荣时，投资人可能将其在互联网金融市场上的资金转移到股票市场，从而增加了互联网金融平台的资金风险（Yoon et al.，2018）。此外，当房地产价格上涨时，产生的正向担保效应使得借款人更容易从银行获得融资（Chen et al.，2015），从而降低了他们从利率较高的互联网金融市场借款的动机，最终影响到平台的交易量和运营风险。布罗克（Broecker，1990）的研究表明，金融机构之间的激烈竞争是违约风险增加的主要原因之一，这是因为激烈的竞争会促使金融机构产生投资高风险项目的动机（Fc5）。

8.3.2 特定宏观经济环境下违约风险预测模型构建

针对特定宏观经济环境构建细粒度的违约风险预测模型，有助于研究不同经济环境下各类违约风险影响因素对互联网金融平台的影响强度和机理，对监管机构和互联网金融平台制定适应于特定经济环境的风险管理和预警措施有积极的作用。本章通过聚类分析的方法，并结合互联网金融平台运营期间的宏观经济数据，将平台聚成隶属于不同宏观经济环境的多个簇，本章使用簇内误差平方和（SSE）作为度量聚类质量的目标函数，并确定簇的最佳数量。

在违约风险预测模型的构建过程中，传统的风险预测研究往往假设风险数据具有均衡的类分布。然而，在健康平台通常远多于风险平台的情况下，风险平台的特征难以得到充分的学习，因而很容易被误分类为健康平台（Chen et al.，2016）。因此，需要一种既能对风险平台提供较高的分类精度，又不会严重影响健康平台分类精度的方法。通常，不平衡数据分类方法可以分为两类。第一类是采样级方法，试图重新采样以平衡数据分布，如过采样和欠采样；第二类是算法级方法，主要是对现有方法进行改进或开发新的算法来处理类不平衡问题，如代价敏感学习和集成学习方法。

当不平衡数据集是高维数据时，集成方法是一种有效的解决方案（Galar et al. , 2012；Haixiang et al. , 2016）。在集成方法中，训练集被划分成若干个更小的子集，在这些子集上形成一系列与每个类相关的不相交规则。最后，将这些规则组合起来，以最小化每个类的最终假设的总错误率。由于每个基础学习机制都建立在不同的采样数据上，最终的投票分类器预计会有一个针对少数类的广泛而定义良好的决策区域（He and Garcia，2009）。

集成学习方法包括两类（Wang et al. , 2011）。一类是实例划分方法，如 bagging 和 boost；另一类是特征划分方法，如随机子空间方法 RS。而 Stacking 集成方法既能根据实例划分方式也能根据特征划分方式生成基分类器的训练集，并用元分类器进一步整合基分类器的输出从而形成最终的学习结果。考虑到互联网金融平台违约风险特征的高维性，与其他集成方法相比，基于特征划分的 Stacking 集成方法可能更适合。这是因为，当存在冗余或弱相关的特征时，良好的基学习机制在子空间中比在原始特征空间中更容易实现（Ho，1998）。

在不平衡数据分类的应用中，少数类实例作为噪声很容易被丢弃，通过删除特征空间中弱相关的特征可以降低这种风险（Yijing et al. , 2016）。面向高维特征集的特征选择是将数据转换为低维空间的有效方法。如果能够识别出具有显著区分效果的特征，并过滤掉弱相关的特征，将进一步提高 Stacking 方法的分类精度。从这个角度来看，lasso 方法涉及一个收缩估计方法，用于改进 Stacking 方法。lasso 方法由提比希拉尼（Tibshirani，1996）提出，通过获得高维特征集的稀疏解，同时防止过拟合，有助于提高分类性能。特征和类标签被视为自变量和因变量，并通过线性回归估计变量系数。通过调整惩罚参数，可以将某些系数缩小为 0，并可以识别和选择与类别标签具有高度相关性的特征。与传统的特征选择方法（分别评估每个特征）不同，lasso 可以缩小模型选择过程中的全局特征集（Yamada et al. , 2014），并已广泛应用于特征选择中，取得了巨大的成功（Tibshirani，1996）。

图 8 - 2 展示了 LAS - STACK 方法的应用过程。该方法包括三个步骤：第一，特征子空间生成；第二，基学习机制选择；第三，基学习结果的组合。

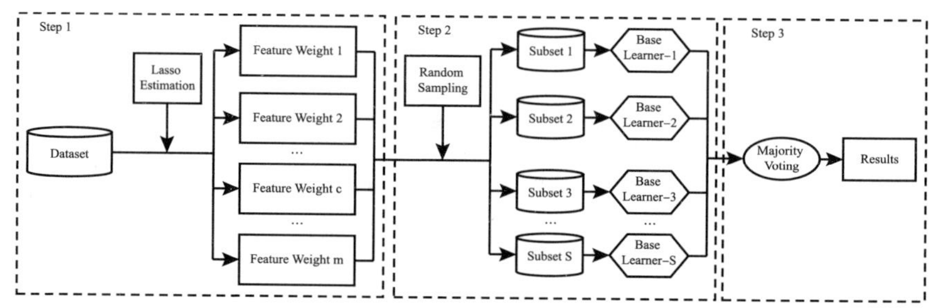

图 8-2 LAS-STACK 方法的应用过程

在第一步中，通过调整子空间比率 r 和 lasso 估计的惩罚参数 λ 两个重要参数，将原始特征集分割为若干个子集。r 决定每个特征子集与全局特征集的比值，而惩罚参数 λ 影响特征集的收缩，特征权重由 lasso 估计确定。原理阐述如下：为了得到一个模型，lasso 将残差平方和最小化，约束条件为回归系数的绝对值之和小于一个常数；给定一组实例，将其表示为一个实例矩阵 $D=\{(x_1, y_1), \cdots, (x_i, y_i), \cdots, (x_n, y_n)\}^T$，其中 $x_i=\{x_{1,i}, x_{2,i}, \cdots, x_{c,i}, \cdots, x_{m,i}\}$ 为预测变量，y_i 是状态变量，n 为实例数量，m 为预测变量的数量；y_i 用于和预测变量建立线性回归模型，条件是预测变量的回归系数在 L1-范数上不超过一个阈值参数，观测是独立的或 y_i 条件独立于特定的 $x_{c,i}$；同时，$x_{c,i}$是标准化的，满足 $\frac{\sum_{i=1}^{n} x_{c,i}}{n}=0$，$\frac{\sum_{i=1}^{n} x_{c,i}^2}{n}=1$。因此，lasso 估计可以定义为基于以下条件的二次优化问题：

$$\arg\min_{\gamma}\left\{\sum_{i=1}^{n}\left(y_i-\sum_{c=1}^{m}(\gamma_c x_{c,i})\right)^2\right\}+\lambda\sum_{c=1}^{m}|\gamma_c| \tag{8-1}$$

式（8-1）中，γ_c 为预测变量 x_c 的回归系数，λ 为控制收缩程度的惩罚参数。当 λ 值足够大时，会导致解向 0 方向收缩，有些系数可能正好等于 0。因此，可以识别和保留高度相关的变量。在二分类的应用中，这种效果与从全局特征集中去除不相关的特征大致相似，产生了高度相关的特征子集。而当 λ 的值相对较小时，则消除其约束，形成全局特征集 T 的序列。特征权重的确定过程可以描述为：利用 lasso 估计确定特征 x_c 和类标签 y_i 的关联度，分配一组关于每个特征的重要性得分 $y=\{\gamma_1, \gamma_2, \cdots, \gamma_c, \cdots, \gamma_m\}$。然后，将

特征权重 w 确定为 $w_c = \frac{|\gamma_c|}{\sum_{c=1}^{m} |\gamma_c|}$。

特征权重确定后，从原始数据集 D 中随机生成 K 个子数据集。通过控制参数 w 和 r，随机抽取特征，特征 x_c 被抽取的概率等于该特征的权重 w_c。假设子空间的数量为 s，随机特征子空间可以表示为 $L_{sub}^{j} = \{(x_1^j, y_1), \cdots, (x_i^j, y_i), \cdots, (x_n^j, y_n)\}$，$1 \leqslant j \leqslant s$。通过为每个子空间重复提取特征，可以获取一组特征子空间 $\{L_{sub}^1, L_{sub}^2, \cdots, L_{sub}^j, \cdots, L_{sub}^s\}$。这样能够以较高的概率为特征子集提取重要特征，而通过随机选择特征来增加基本分类器的多样性。结果显著提高分类精度。

根据构建的子数据集训练选定的基分类器。支持向量机因其优越的分类性能而被广泛使用，成为风险预测的最佳分类器之一（Xiong et al.，2013）。例如，SVM 可以有效地处理复杂的非线性关系数据。在本章中，平台违约风险特征和宏观经济特征与平台违约风险状态之间存在非线性关系，因此，选择 SVM 作为 LAS - STACK 的学习机制。一般而言，支持向量机通过最小化结构风险达到最小化泛化误差。在支持向量机中，非线性输入向量被映射到一个具有核函数的高维特征空间中，使得数据集可以被线性模型处理。支持向量机搜索一个最优超平面来分类两个具有最大分离度的类的实例。给定一组训练实例 $D = \{(x_1, y_1), \cdots, (x_i, y_i), \cdots (x_n, y_n)\}^T$ 和 $x_i = \{x_{1,i}, x_{2,i}, \cdots, x_{c,i}, \cdots, x_{m,i}\}$，其中 m 为特征维的大小。SVM 试图找到一个分类器 f(x)，它能最小化预期的误分类率。线性分类器 f(x) 是一个超平面，可以表示成 $f(x) = \mathrm{sgn}(w^T x + b)$。寻找最优支持向量机分类器 f(x) 等价于求解一个凸二次优化问题：

$$\max_{w,b} \frac{1}{2}\|w\|^2 + C\sum_{i=1}^{N} \xi_i$$

约束条件为：$y_i(\langle w, x_i \rangle + b) \geqslant 1 - \xi_i (\xi_i \geqslant 0, i = 1, \cdots, N)$。其中 C 为正则化参数，用于在训练集 D 上平衡分类器的复杂度和分类精度。该二次优化问题可以通过对偶公式求解。用非线性核函数代替所涉及的向量内积，可以将线性支持向量机转化为更灵活的非线性支持向量机。常用的核函数包括线性、多项式、径向基和 sigmoid 函数。

之后对每个基分类器的结果进行整合。Stacking 集成方法采用 Logistic 回归作为元分类器，将各个基分类器的输出作为元分类器的输入，通过整合基分类器的学习结果减小集成模型的分类误差并提升泛化能力。

8.3.3 LAS－STACK 算法

接下来，我们将讨论 LAS－STACK 算法的步骤。首先，给定数据集 D，通过 lasso 估计计算每个特征与类标签的关联度 y_c，保留具有非零系数的特征。这一过程通过惩罚参数 λ 进行调整。然后对关联度 y_c 进行归一化，得到特征权值 w_c。其次，由特征权重 w_c 和子空间比率 r 控制，随机生成 S 个子数据集。在该过程中，特征权重是采样概率，并且通过去除冗余特征获得了高维特征的稀疏解。随后，针对每个子数据集训练基分类器。最后，通过 Logistic 元分类器学习这些基分类器的输出结果。

8.4 实验设计

为了验证所提出研究框架和模型的有效性，对实验设计过程描述如下：首先，介绍实验数据的来源和收集情况，然后引入若干指标来衡量互联网金融平台风险预测模型的性能，最后介绍整个实验过程。

8.4.1 实验数据集

预测信息有两个来源：网贷之家网站和国家统计局网站。其中互联网金融平台信息来源于网贷之家网站，该网站统计了中国绝大多数互联网金融借贷平台的背景信息、融资状况和运营情况等风险相关数据。宏观经济数据来源于国家统计局网站，能够有效反映平台运营期间所处的宏观经济状况，如失业率、工资水平和 GDP 等。

采用爬虫程序收集了上述两个网站的数据。共得到包括 1298 个平台的从 2013 年 1 月至 2018 年 6 月的数据，以及与各个平台运营期间相对应的宏观经济统计数据。对收集到的原始数据进行预处理，包括缺失值过滤、异常值过滤和数据规约等。经过数据预处理，剩余 1262 个互联网金融平台，其中包括 969 个健康平台、293 个风险平台。本章将互联网金融平台违约风险定义为平台在发生违约事件时所造成的风险，如携款潜逃或终止业务，导致投资人无法从平台取回还款。网贷之家标注了发生违约事件的所有平台。根据统计发现收集的互联网金融平台上投资人的平均借款期限是 6 个月。因此，我们收集了平台违约发生前半年的风险特征数据，并预测平台是否会在半年后发生违约风险。

8.4.2　评价指标

为了评估违约风险预测模型的性能，我们使用了四种常见的度量标准，即平均精度（AA）、第 Ⅰ 类错误率、第 Ⅱ 类错误率和 ROC 曲线下面积（AUC）。对于一个给定的分类器和待分类实例，有四种可能的结果，真正（true positive）、真负（true negative）、假正（false positive）和假负（false negative）。其中，违约平台为 positive class，健康平台为 negative class。各类度量指标定义如下。

True positive（TP）：the number of positive examples classified as positive.

False positive（FP）：the number of negative examples classified as positive（i. e.，type Ⅰ error）.

True negative（TN）：the number of negative examples classified as negative.

False negative（FN）：the number of positive examples classified as negative（i. e.，type Ⅱ error）.

$$\text{AverageAccuracy} = \frac{TP + TN}{TP + FP + FN + TN}$$

$$\text{Type Ⅰ Error} = \frac{FP}{FP + TN}$$

$$\text{Type Ⅱ Error} = \frac{FN}{TP + FN}$$

ROC 曲线是一个二维平面上的曲线，它的横坐标为假阳性率（FPR），纵坐标为真阳性率（TPR）。通过显示不同阈值下的二分类结果，可以看出 TP 和 FP 之间的关系，从而形成 ROC 曲线。一般情况下，不同分类器的 ROC 曲线之间可能存在重叠，不便于观测和比较分类器的学习能力，因此采用 ROC 曲线下方面积（AUC）评价分类器的性能。AUC 的值通常在 0.5 到 1 之间变化，且它的值越大表示分类器越优良。AUC 具有对样本分布变化不敏感和无须了解分类器部署等优势，因而得到广泛应用。

8.4.3 实验的程序

为了验证提出的研究框架和模型的有效性，本章设置了几种基准方法用于比较，包括采样级方法（过采样、欠采样、SMOTE）和算法级方法（代价敏感方法、集成方法）。

（1）SVM 是处理平衡数据的基准方法。

（2）过采样方法通过随机复制少数类的实例促使类分布平衡，从而将不平衡数据转化为平衡数据。

（3）欠采样方法通过随机删除多数类的实例促使类分布平衡，从而将不平衡数据转化为平衡数据。

（4）SMOTE 是过采样方法的变种。它基于特征空间相似性，在一个少数类实例和它的 k 近邻之间随机生成一个合成实例，从而将不平衡数据转化为平衡数据。

（5）代价敏感学习方法利用少数类误分类代价大于多数类误分类代价训练代价敏感分类器，这是解决类不平衡问题的有效途径。

（6）Bag 是一种基于实例划分的集成学习方法，它是一种有效的不平衡数据环境下的风险预测方法。

（7）Boost 也是一种基于实例划分的集成学习方法，它通过序列重加权的方式产生不同的基分类器，并已被用于不平衡数据环境下的风险预测。

（8）基于特征划分的 Stacking 集成学习方法，在高维特征集上具有较好的预测性能。

为了实现上述基准方法，本章选择了 WEKA 的 SMO、bagging、ADBoostM1、Stacking 和 CostSensitive Classifier 等模块。分别验证分类器在不同类型特征和特征组合下的性能，用以反映各类特征对互联网金融平台违约风险的解释能力。实验过程如图 8－3 所示。

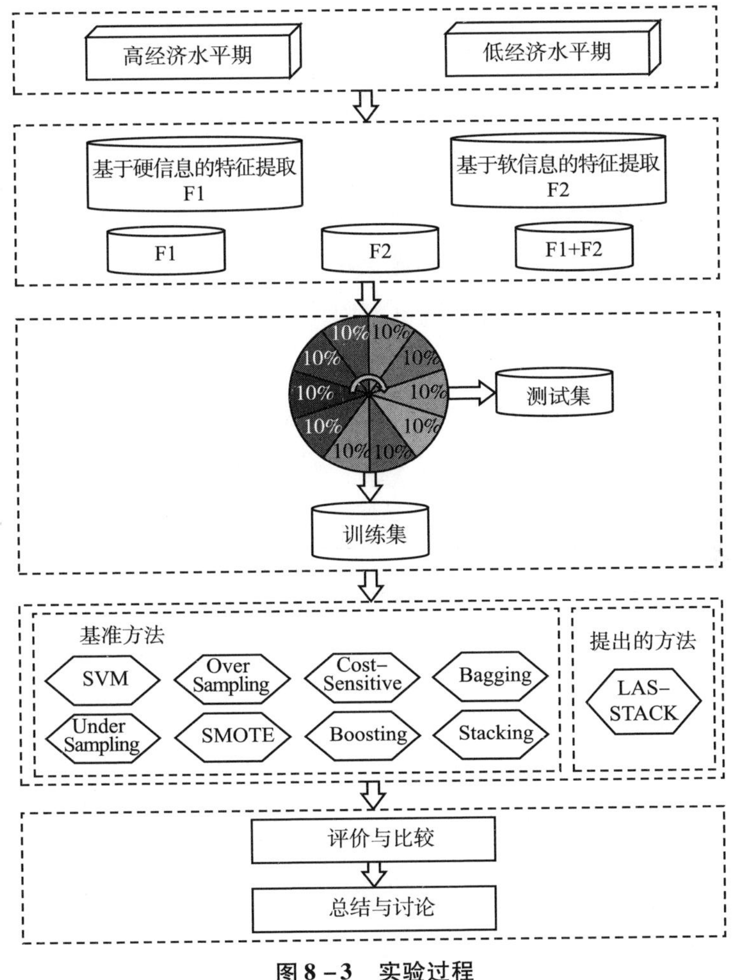

图 8－3　实验过程

为了减少训练集的变化带来的负面影响，进行了 10 次 10 倍的交叉验证实验。首先将实验数据集随机分为 10 个子集，每个子集的分布和大小相似；

然后，将 9 个子集的集合作为训练集，剩下的子集作为测试集；重复该步骤 10 次，每个子集作为一个测试集。这一步之后，通过计算测试结果的均值得到 10 倍验证的结果。此外，为了减少随机分区对 10 个子集的影响，将整个步骤重复 10 次，并记录这 10 个不同子集的平均结果。

8.5 实验结果与讨论

运用 K－means 聚类分析方法，将互联网金融平台运营期间所处的宏观经济环境数据聚类为若干个簇。相同簇中的平台处于同一宏观经济环境中，不同簇中的平台所处的宏观经济环境也不同。我们使用簇内误差平方和（SSE）作为度量聚类数量的目标函数，并确定簇的最佳数量，结果如表 8－2 所示。当 K＝2 时，SSE 的下降幅度最大，这表示最佳聚类数为两个簇。

表 8－2　　聚类数量的度量

K（聚类数）	Within cluster sum of squared errors（seed＝100）
1	389. 13
2	199. 67
3	144. 83
4	104. 70
5	70. 83
6	61. 41
7	48. 76
8	42. 77
9	39. 13

进一步分析两个簇中宏观经济数据的统计学特征，并根据统计学特征定义簇内互联网金融平台所处的宏观经济环境的特点。结果如表 8－3 所示。簇

1 中互联网金融平台所处的宏观经济环境的特点是失业率较高，而 GDP、房价、工资、平台数和成交量较低。这表明簇 1 中的平台处于经济低迷期。簇 2 中互联网金融平台所处的宏观经济环境的特点是失业率较低，而 GDP、房价、工资、平台数和成交量较高。这表明簇 2 中的平台处于经济繁荣期。

表 8 -3　　宏观环境分析

Attribute	Full Data	0	1
	1262	476	786
pingjunshiyelv	0. 6269	0. 8908	0. 4672
pingjunGDP	0. 591	0. 4282	0. 6895
pingjunfangjia	0. 6284	0. 4542	0. 7339
pingjungongzi	0. 6003	0. 4373	0. 699
pingjunpingtaishu	0. 8057	0. 7376	0. 8469
pingjunchengjiaoliang	0. 3612	0. 2854	0. 407

进一步研究各类风险因素和预测模型在不同宏观经济时期对互联网金融平台违约风险的预测性能。结论如表 8 -4 和表 8 -5 所示。

表 8 -4　　高经济水平期各类特征和方法的 AA 与 AUC

特征	F1		F2		F1 + F2	
方法	AA	AUC	AA	AUC	AA	AUC
SVM	77. 65	81. 51	71. 76	74. 23	78. 71	82. 03
OS	86. 44	88. 02	76. 90	81. 93	88. 50	89. 58
US	82. 42	81. 29	70. 80	71. 66	85. 14	84. 31
SMOT	88. 07	86. 18	77. 99	82. 07	89. 10	88. 64
CSL	87. 95	86. 86	78. 81	81. 91	89. 91	90. 47
Bag	88. 64	87. 95	86. 10	84. 34	91. 73	92. 51
Boost	90. 40	89. 92	86. 71	85. 08	92. 47	91. 76
Stacking	90. 05	91. 46	86. 48	85. 46	92. 96	93. 75
LAS - STACK	92. 46	93. 59	88. 33	89. 69	94. 61	95. 92

表 8 -4 显示了高经济水平期各类特征和方法的违约风险预测性能。由表 8 -4 可知，不平衡分类法的性能高于基准的 SVM 方法。进一步来看，不同的不平衡分类法性能也具有一定差异。总体来说，基于抽样的不平衡分类法（OS、US、SMOT）和代价敏感学习法（CSL）的整体性能不如组合类学习方法（Bag，Boost）。LAS - STACK 方法在对 Stacking 改进的基础上取得了最优的性能。当融合软硬特征时，LAS - STACK 的 AA 达到了 94.61%，而 AUC 达到了 0.9592。从特征的视角来看，硬信息特征（F1）的风险判别能力显著高于软信息特征（F2）。这是由于 F1 的信号成本显著高于 F2。根据信号理论，信号 F1 对于缓解经济活动中的信息不对称更加有效。而当组合使用 F1 和 F2 时，绝大多数方法的性能达到最优，这说明了虽然 F1 在风险预测中具有基础作用，F2 对提升违约风险预测效果也具有不可忽视的作用。

表 8 -5　　低经济水平期各类特征和方法的 AA 与 AUC

特征	F1		F2		F1 + F2	
方法	AA	AUC	AA	AUC	AA	AUC
SVM	79.16	82.86	73.18	75.39	80.09	83.52
OS	88.61	89.75	80.39	82.40	90.66	87.36
US	83.79	84.58	74.58	70.83	86.61	85.72
SMOT	90.21	87.33	81.22	80.26	90.87	86.95
CSL	89.53	86.17	81.96	80.41	91.15	92.38
Bag	90.50	87.42	87.86	85.93	93.14	93.43
Boost	92.40	90.78	88.31	86.72	93.27	92.84
Stacking	91.24	92.29	88.72	89.32	93.93	93.02
LAS - STACK	93.45	93.82	89.79	91.61	96.76	95.87

表 8 -5 显示了低经济水平期各类特征和方法的违约风险预测性能。整体来看，其显示的规律性与表 8 -4 相似。即不平衡分类法的性能高于基准的 SVM 方法，而组合学习法性能又高于一般的基于抽样的不平衡分类法和代价敏感学习法。LAS - STACK 同样取得了最优的风险预测效果。在特征的风险

识别能力方面，F1 + F2 强于 F1，F1 强于 F2。

值得一提的是，我们观察到各类特征和方法在低经济水平期的风险预测性能强于它们在高经济水平期的表现。这主要是由于在低经济水平期，风险抵御能力弱的平台更难伪装。因此，健康平台与风险平台更容易区分。在高经济水平期，投资环境好，收入水平高，失业率低，互联网金融平台上借款人的整体风险较弱。此时，即使平台的风险抵御能力较弱也不容易发生违约事件。因此，此期间健康平台和风险平台的区分度相对不明显。从信号理论的视角来看，在高经济水平期平台发出健康信号的成本更低，导致风险平台更容易伪装成健康平台。而在低经济水平期，一方面由于投资环境变差，使得投资人纷纷从互联网金融市场撤资以寻求更加稳健的投资方式；另一方面，借款人整体风险提升，导致互联网金融平台运营风险增大。这些都造成平台发出健康信号的成本越来越高，风险平台和健康平台更容易区分。

表 8 - 6 显示了不区分宏观经济状况时各类特征和方法的违约风险预测性能。整体来看，其显示的规律性与表 8 - 4 和表 8 - 5 相似。LAS - STACK 在众多方法中的风险预测效果最优，而 F1 和 F2 组合能够从更广的视角形成平台违约风险的全息画像，具有更好的风险预测效果。

同时，表 8 - 6 的结果显示，如果不区分宏观经济状况，将导致各类特征和方法的整体风险预测性能降低。这是由于在不同的宏观经济时期，健康平台和风险平台的分类规则具有差异性。混淆这种差异，会导致机器学习无法训练形成适应于特定宏观经济环境下平台违约风险预警的分类决策规则。例如，同一平台，在其软硬信息相对稳定的情况下，当宏观经济环境发生变化时，其风险状态也可能发生变化。这就要求适时调整机器学习的分类决策规则。上述结果也显示了本章研究框架中对宏观经济状态进行聚类的有效性。

表 8 - 6　　各类特征和方法的 AA 与 AUC（不分经济时期）

特征	F1		F2		F1 + F2	
方法	AA	AUC	AA	AUC	AA	AUC
SVM	74. 23	73. 92	69. 15	70. 69	75. 53	74. 12
OS	82. 57	81. 35	73. 31	72. 07	84. 30	83. 18

续表

特征	F1		F2		F1 + F2	
方法	AA	AUC	AA	AUC	AA	AUC
US	79.68	78.43	69.68	70.94	82.82	80.76
SMOT	83.46	85.32	74.42	76.26	85.61	84.22
CSL	84.38	83.79	75.56	78.38	84.96	83.56
Bag	85.21	86.46	80.39	79.50	87.32	88.74
Boost	86.34	86.13	81.46	81.34	88.16	89.43
Stacking	87.76	88.63	83.28	82.75	88.88	90.20
LAS - STACK	88.32	90.39	84.30	85.60	90.25	92.83

表8-7和表8-8分别显示了各类特征和方法在高经济水平期和低经济水平期时的误判情况。一般有两类情况的误判，一类是将健康平台误判为风险平台（Type Ⅰ error），另一类是将风险平台误判为健康平台（Type Ⅱ error）。总体来看，Type Ⅱ error显著高于Type Ⅰ error。这是由于风险平台的数量远小于健康平台的数量。机器学习难以从为数不多的风险平台中获取准确识别它们的规则。LAS-STACK由于其优秀的高维数据和不平衡数据处理能力，使得其在众多方法中误判率最低。例如，低经济水平期，在融合F1和F2时，LAS-STACK的Type Ⅰ error和Type Ⅱ error仅为0.0317和0.1056。

表8-7　高经济水平期各类特征和方法的Type Ⅰ与Type Ⅱ error

特征	F1		F2		F1 + F2	
方法	Type Ⅰ	Type Ⅱ	Type Ⅰ	Type Ⅱ	Type Ⅰ	Type Ⅱ
SVM	20.45	29.27	25.14	39.58	19.36	28.35
OS	12.13	18.76	21.58	28.64	10.42	15.46
US	16.94	19.92	28.32	32.43	13.93	18.27
SMOT	10.58	16.88	20.43	27.79	9.82	14.83
CSL	9.86	20.06	19.56	27.15	8.71	15.12
Bag	9.73	17.29	10.79	25.24	6.48	14.79

续表

特征	F1		F2		F1 + F2	
方法	Type Ⅰ	Type Ⅱ	Type Ⅰ	Type Ⅱ	Type Ⅰ	Type Ⅱ
Boost	7. 56	17. 03	10. 25	24. 38	5. 86	13. 62
Stacking	6. 75	21. 65	10. 62	24. 11	5. 34	12. 78
LAS – STACK	6. 22	18. 42	9. 71	23. 93	4. 75	12. 36

表 8 – 8　　低经济水平期各类特征和方法的 Type Ⅰ与 Type Ⅱ error

特征	F1		F2		F1 + F2	
方法	Type Ⅰ	Type Ⅱ	Type Ⅰ	Type Ⅱ	Type Ⅰ	Type Ⅱ
SVM	18. 86	26. 47	23. 78	35. 45	17. 23	27. 52
OS	10. 32	14. 42	18. 29	23. 37	8. 34	12. 17
US	15. 72	17. 59	24. 49	28. 06	12. 71	15. 32
SMOT	8. 46	13. 56	17. 25	23. 12	7. 79	12. 95
CSL	8. 43	16. 26	15. 76	24. 53	7. 32	13. 18
Bag	7. 45	15. 32	8. 35	22. 91	4. 61	13. 23
Boost	5. 28	14. 17	7. 96	21. 47	4. 78	12. 28
Stacking	5. 04	19. 31	7. 52	20. 83	4. 01	11. 92
LAS – STACK	4. 79	16. 38	6. 87	20. 08	3. 17	10. 56

为了确保预测结果不是偶然出现的，我们测试了 AUC 的显著性。具体来说，我们对所有实验结果进行了 0. 05 水平（a = 0. 05）的显著性配对 t 检验，以显示进行每个比较的统计学意义。结果如表 8 – 9 和表 8 – 10 所示。表 8 – 9 显示了不同类型特征风险预测能力差异的统计学检验，结果表明，无论是在高经济水平期还是低经济水平期，F1 的风险预测能力均显著高于 F2。此外，同时运用 F1 和 F2 将达到最佳的风险预测效果。为了验证 LAS – STACK 在高维不平衡数据上的风险预测性能，表 8 – 10 显示了在融合 F1 和 F2 的状态下，各类方法 AUC 差异的统计学检验。结论表明，不平衡分类方法的风险预测性能均高于基准的 SVM 方法。在众多不平衡分类方法中，组合方法（Bag 和 Boost）的风险预测能力比基于抽样的方法（OS、US 和 SMOT）和代价敏感学习法更强。LAS – STACK 在对传统 Stacking 改进的基础上，风险预测能力得到显著提升。

表 8 -9　　不同特征集风险预测效果比较的统计学检验

比较	高经济水平期		低经济水平期			
方法	F1 + F2/F1	F1 + F2/F2	F1/F2	F1 + F2/F1	F1 + F2/F2	F1/F2
SVM	2.43 *	8.60 **	7.15 **	2.66 *	7.93 **	7.43 **
OS	3.62 **	11.63 **	10.70 **	3.31 **	11.26 **	9.09 **
US	3.08 **	14.53 **	13.15 **	5.08 **	13.04 **	10.41 **
SMOT	2.49 *	12.83 **	11.27 **	2.41 *	11.19 **	10.65 **
CSL	2.94 *	12.33 **	10.93 **	2.98 *	9.51 **	8.55 **
Bag	4.59 **	6.79 **	3.05 **	4.35 **	6.68 **	3.35 **
Boost	3.09 **	5.09 **	4.88 **	2.24 *	5.44 **	5.31 **
Stacking	3.50 **	6.93 **	4.81 **	4.84 **	6.21 **	3.38 **
LAS - STACK	3.84 **	7.28 **	4.56 **	4.55 **	7.16 **	4.82 **

注：* 表示 $p<0.1$，** 表示 $p<0.05$，*** 表示 $p<0.01$。

表 8 -10　　不同方法预测效果比较的统计学检验（F1 + F2）

比较	高经济水平期	低经济水平期	比较	高经济水平期	低经济水平期
OS/SVM	11.29 **	12.27 **	Bag/CSL	2.15 *	2.78 *
US/SVM	6.53 **	6.05 **	Boost/OS	5.06 **	4.85 **
SMOT/SVM	13.36 **	13.61 **	Boost/US	10.18 **	10.61 **
CSL/SVM	12.49 **	13.18 **	Boost/SMOT	3.66 **	2.69 *
Bag/SVM	13.40 **	14.47 **	Boost/CSL	3.58 **	3.75 **
Boost/SVM	15.36 **	16.79 **	Stacking/OS	4.49 **	3.57 **
Stacking/SVM	15.21 **	14.51 **	Stacking/US	9.36 **	9.20 **
Bag/OS	2.79 *	2.58 *	Stacking/SMOT	3.49 **	3.80 **
Bag/US	8.42 **	8.78 **	Stacking/CSL	3.61 **	3.44 **
Bag/SMOT	2.84 *	2.27 *	LAS - STACK/Stacking	3.43 **	3.57 **

注：* 表示 $p<0.1$，** 表示 $p<0.05$，*** 表示 $p<0.01$。

图 8 -4 和图 8 -5 通过 AUC 指标直观显示了各类特征和方法在不同宏观经济状态下的风险预测能力。结论显示，当数据维度升高（F1 + F2）时，LAS - STACK 的绝对优势更加明显。这说明了 LAS - STACK 在高维不平衡数据（F1 + F2）环境下能够有效地预测平台违约风险。这一结论体现了本章所提出方法的

有效性。此外，相较于 F2，F1 对 AUC 的影响更加显著，这是由于 F1 的信号成本高于 F2，因此 F1 传递的平台违约风险信号对于判断平台运营状态更加有效。

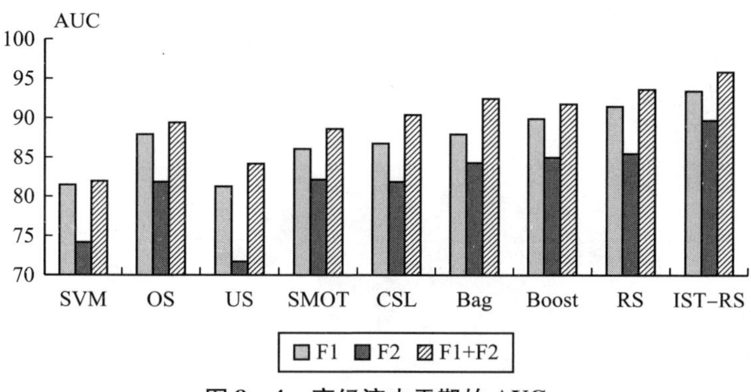

图 8－4　高经济水平期的 AUC

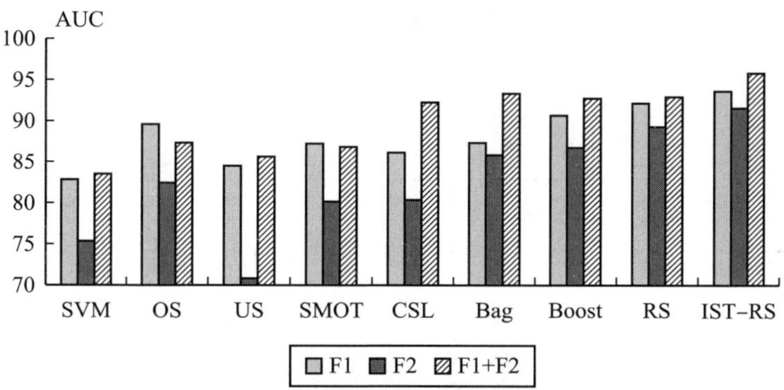

图 8－5　低经济水平期的 AUC

本章提出的 LAS－STACK 方法有两个重要的参数：子空间率 r 和惩罚参数 λ。这两个参数控制着基分类器的准确性和多样性。在融合特征集 F1 和 F2 的条件下，为了得到更准确的预测结果，对上述两个参数的最优值进行了评估。图 8－6 和图 8－7 分别表示在低经济水平期和高经济水平期，两个参数的不同取值对 LAS－STACK 的 AUC 的影响。由图 8－6 可知，在低经济水平期，当 r 大于 0.5、λ 小于 0.6 时，AUC 具有一定的稳定性，说明 LAS－STACK 对参数选择具有一定的鲁棒性。AUC 最大值 0.9592。由图 8－7 可知，在低经济水平期，当 r 大于 0.3、λ 小于 0.7 时，AUC 具有一定的稳定性，说明算法对参数选择具有较强的鲁棒性。AUC 最大值 0.9587。综合图 8－6 和

图 8－7 可知，当 λ 接近 1 时，AUC 急剧下降。这是由于较高的 λ 值导致了特征的急剧收缩，而基分类器没有得到充分的训练。随着分析的深入，很难确定该方法的最优 λ 值。这可能是受到 r 的影响。因此，λ 和 r 的重要性均不容忽视。此外，相对于高经济水平期，LAS－STACK 在低经济水平期的稳定性较强，表现为参数选择对算法 AUC 的影响较弱。

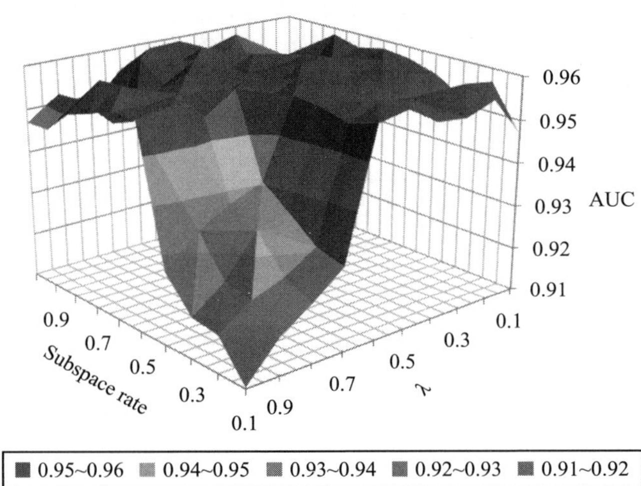

图 8－6　高经济水平期的 AUC

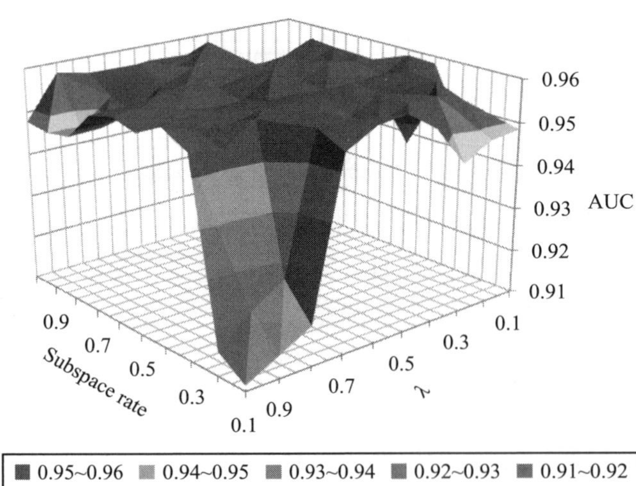

图 8－7　低经济水平期的 AUC

8.6 结　论

本章研究了不同宏观经济环境下融合软硬信息的互联网金融平台违约风险预测方法。首先，分析了不同宏观经济环境对平台违约风险具有不同影响，并通过聚类分析方法研究平台运营期间所处的宏观经济环境。其次，根据现有文献研究和数据的可获取性提取影响互联网金融平台违约风险的软硬信息特征。再次，考虑软硬信息的高维性和信号成本特点，以及平台类型的不均衡分布，引入信号理论并提出 LAS – STACK 风险预测模型。最后，利用提出的 LAS – STACK 模型和相关基准模型预测不同宏观经济环境下的互联网金融平台违约风险，并从信号理论和机器学习等方面对预测结果进行解释。

本章研究具有的理论意义主要体现在以下几个方面。

第一，进一步丰富了互联网金融市场风险分析的相关理论和文献研究。之前的文献大多聚焦于对平台借款人的违约风险评价，而忽略了互联网金融市场风险的另一个重要方面，即平台自身违约风险。本章揭示了相关软硬信息在不同宏观经济环境下如何影响平台违约风险，有助于构建针对特定经济环境的细粒度风险预警模型。本章的研究结论对于未来学者全面认识互联网金融市场风险是必要且关键的。

第二，改进了基于 Stacking 的风险预测模型。针对互联网金融风险数据的高维不平衡性特点，设计了 LAS – STACK 模型，该模型能够有效地在高维特征空间获取不平衡数据的分类规则，深化了机器学习与风险预测研究的融合。此外，大数据环境下的风险预测普遍具有数据的高维性和不平衡性特点。因此，本章的模型对相关领域的文献研究也具有启发意义，如大数据环境下的企业破产风险预测研究。

第三，为信号理论提供了新的适用场景。本章的研究结论表明不同信号成本的特征（硬信息特征 F1 和软信息特征 F2）在预测平台违约风险时的效果不同。信号成本高的特征（F1）对风险的解释能力更强。此外，在不同宏观经济时期，各类特征的信号成本也不同，进而影响特征的风险解释能力。具体来说，相对于高经济水平期，低经济水平期的软硬信息的信号成本更高，对平台违约风险的解释能力更强。

本章研究的现实意义主要体现在以下几个方面。

第一，研究成果有助于政府部门和相关行业监管机构针对特定的经济环境对互联网金融平台实施风险监管、预警和干预，促进互联网金融市场健康良好地发展。

第二，研究结果为互联网金融平台的运营管理和风险控制提供了指导。平台能够根据所处的宏观经济环境，向市场传递合适的软硬信息信号，在一定程度上及时调整外部对平台的风险感知，并形成正确的风险认知，从而增强平台的风险抵御能力。

第三，能够帮助投资人更加精准的把握互联网金融市场风险，优化资产配置，提升投资收益。由于相关管理部门的风险预警及时有效，投资人能够根据自身的风险偏好合理配置资源，及时止损，并取得投资收益的最大化。

未来，本章研究可以向以下两个方面继续发展。第一，深入分析各个软硬信息特征对互联网金融平台违约风险的影响机理。第二，由于集成学习方法（LAS - STACK）是计算密集型的，因此需要进一步研究适用于互联网金融平台违约风险预测的并行计算技术。

第 9 章

总结与展望

信用评价有效缓解了互联网金融业务中的信息不对称性，降低了借贷交易成本。它能够帮助互联网金融平台和出借者识别潜在的有价值投资对象，也为个人和小微企业借款人的融资难问题提供了有效的解决方案。然而，在网络环境下，信用评价数据来源广泛，质量参差不齐，缺失值和异常值现象普遍，给现有的数据预处理方法提出了新的要求。信用的资本性、动态性和全息性等特点也给信用特征选择和信用评价模型的构建带来了新的机遇与挑战。为此，本书在信用理论、社会资本理论和协同信用评价理论等的基础上研究互联网金融业务个人信用评价方法。现将本书的主要研究结论和创新点总结如下。

9.1 主要研究结论

从互联网金融信用评价数据预处理、信用特征选择和信用评价模型构建三个方面，对本书的主要研究结论进行总结。

（1）互联网金融信用评价数据预处理。针对多重填补法难以对包含类别变量的数据集进行缺失值填补的问题，提出一种分类多重填补法。该方法充分利用类别变量和连续变量间的关系，优化了填补过程中对相关变量数学特征的估计，提高了缺失值填补的效果。在单一信用特征的异常值处理方面，提出了一种基于 KNN 算法的异常值纠偏方法。该方法能够有效利用近邻信息对特征的异常值进行纠正。此外，密度分布不均匀空间中异常样本检测的距离阈值通常难以确定，为此提出一种基于 DBSCAN 和相对密度的异常样本检测方法，该方法能有效地解决密度分布不均匀空间中的异常样本检测。

（2）互联网金融信用特征选择。针对信用表现出的社会资本特性，从结构维度、关系维度和认知维度，分析借款人的社会资本，并结合借款人的个人信息、借款历史信息和身份验证信息等，提出一种融合社会资本的信用特征定性初选方法。该方法能够有效克服互联网金融环境下财务数据等信用特征不足的缺陷。此外，信用特征的变量类型具有多样性，其与信用状态变量间关系复杂，需要运用不同的定量分析方法选择与信用状态变量具有线性和非线性关系的定类与定距信用特征。为此，提出一种基于综合定量分析的信用特征筛选方法。相对于单一的定量分析方法，该方法能够较为全面地筛选对信用状态变量具有显著影响的信用特征。

（3）互联网金融信用评价模型。现有的 Adaboost 集成学习模型忽略了分歧度和误分类成本等因素对于样本权重的影响，造成集成后的模型精确度下降。为此，提出一种基于分歧度和误分代价的 Adaboost 信用评价模型。该模型在样本权重调整策略中综合考虑了基分类器对样本分类结果的分歧程度和不同类型误分类的成本，提高了信用评价模型的性能。针对信用表现出的全息性特性，设计一种多主体协同信用分析机制，获取并集成评价对象在多个网络平台上的相关信用特征，建立基于协同分析模式的跨业务的信用评价模型，从而对借款人的信用做出更加全面的评价。

9.2 本书创新点

本书的创新点主要集中在互联网金融环境下信用特征的选择和信用评价模型构建两个方面，具体表现为以下三点。

（1）分析互联网金融环境下信用的资本性，结合社会资本理论，从结构维度、关系维度和认知维度三个方面，对借款人的社会资本进行特征抽取，建立融合社会资本的信用特征选择方法。同时，运用相关定量分析方法，对借款人的社会资本特征进行筛选，提出基于综合定量分析的信用特征筛选方法。

（2）综合考虑基分类器的分歧度和误分类成本对集成学习模型的信用评价结果的影响，提出基于分歧度和误分代价的 Adaboost 信用评价模型。通过对分类难度大的样本和误分类代价高的样本实施有针对性的学习，提高 Adaboost 模型的信用评价结果的有效性。

（3）结合互联网金融环境下信用的全息性，提出基于协同分析模式的跨业务信用评价模型。针对信用表现出的全息性，设计一种基于对等网络的多主体协同信用分析机制，并在此基础上构建协同信用分析框架和分析模式，从不同的网络业务平台中提取跨业务的信用特征，构建跨业务信用评价模型。

9.3 未来展望

由于互联网金融交易平台、信用消费模式、信用评价主体和信用评价客体等所表现出一些新的特征，如数字化、虚拟化、资本性和长尾特征等，使得互联网金融环境下的信用评价成为一个具有挑战性的研究领域。虽然本书对互联网金融的个人信用评价方法进行了较为深入的研究，但互联网金融和电子商务的蓬勃发展使得该领域仍然具有广阔的研究空间。根据已有基础和成果，本书将在后续工作中对下列问题作进一步研究。

（1）融合内外部社会资本的信用特征选择方法。借款人的社会资本不仅体现在互联网金融平台内部，也体现在外部第三方社会网络平台中。因此，结合社会网络理论，分析内外部社会资本的网络拓扑结构，研究度中心性、中介中心性和接近中心性等指标度量社会资本结构特征的有效性，基于大数据相关分析，选择与借款人信用具有强关联的内外部社会资本信用特征。

（2）基于跨业务分析的防策略性信用评价方法。信用评价容易受到交易者策略性行为的影响，例如合谋信用炒作等。如何收集跨业务信用信息，对交易者信用形成全面认识，从而有效地识别交易者在某一业务场景下的策略性信用行为需要深入研究。在未来，笔者将进一步研究网络环境下策略性信用行为的类型、防策略性行为的信用评价机制，以及基于跨业务分析的防策略性信用评价方法。

（3）基于社会资本和行为金融理论的信用评价方法。电子商务环境下，交易者的信用行为具有确定性效应、分离效应和从众效应，体现了交易者的有限理性和信用行为偏好的不一致性。为此，需要进一步研究基于行为金融学的信用评价方法。在未来，笔者将把社会资本和行为金融学理论相结合，在研究交易者的守信或违约行为时，考虑金融资本和社会资本的收益和损失对于交易者选择守信或违约行为偏好的影响。

参考文献

［1］2015年中国网络借贷行业年报（完整版）［OL］. http：//www. wdzj. com/news/baogao/25661. html.

［2］陈运森. 社会网络与企业效率：基于结构洞位置的证据［J］. 会计研究，2015（1）：48－55.

［3］高敬阳，陈程立诏，朱群雄. 基于争议度的Boosting集成网络样本权值调整算法［J］. 中南大学学报（自然科学版），2012，43（11）：4355－4360.

［4］郭昱，马翻翻，郑超文. 我国小微企业信用评价指标体系的构建［J］. 金融经济（下半月），2015（1）：156－158.

［5］黄秋彧，史小康. 个人信用风险评分的指标选择研究［J］. 新疆财经大学学报，2015（3）：5－15.

［6］姜明辉，谢行恒，王树林等. 个人信用评估的Logistic-RBF组合模型［J］. 哈尔滨工业大学学报，2007，39（7）：1128－1130.

［7］李少波，魏中贺，孟伟. 基于距离的数据流在线检测算法研究［J］. 计算机应用研究，2015，32（12）：3579－3581.

［8］任亮. 社会资本理论的五个命题［J］. 探索，2007（3）：109－113.

［9］沈翠华. 基于支持向量机的消费信贷中个人信用评估方法研究［D］. 北京：中国农业大学，2004.

［10］石丽. 多重插补在成分数据缺失值补全中的应用［D］. 太原：山西大学，2012.

[11] 石庆焱．一个基于神经网络——Logistic 回归的混合两阶段个人信用评分模型研究 [J]. 统计研究，2005 (5)：45 -49.

[12] 王会娟，何琳．借款描述对 P2P 网络借贷行为影响的实证研究 [J]. 金融经济学研究，2015 (1)：77 -85.

[13] 王莉君，何政伟，冯平兴．基于 ICA 的异常数据挖掘算法研究 [J]. 电子科技大学学报，2015，44 (2)：212.

[14] 武森，冯小东，单志广．基于不完备数据聚类的缺失数据填补方法 [J]. 计算机学报，2012，35 (8)：1726 -1738.

[15] 向晖．个人信用评分组合模型研究与应用 [D]. 长沙：湖南大学，2011.

[16] 肖文兵，费奇．基于支持向量机的个人信用评估模型及最优参数选择研究 [J]. 系统工程理论与实践，2006 (10)：73 -79.

[17] 曾勇．电子商务信用风险机理研究 [D]. 武汉：武汉理工大学，2005.

[18] 张佳明，席耀一，王波等．基于词向量的微博事件追踪方法 [J]. 计算机工程与应用，2016，52 (17)：73 -78.

[19] 张群，王红军，王伦文．词向量与 LDA 相融合的短文本分类方法 [J]. 现代图书情报技术，2016，32 (12)：27 -35.

[20] 钟波，肖智．基于 LS-SVM 的信用评价方法 [J]. 统计研究，2005 (11)：29 -31.

[21] 周韵然．基于流形学习的 A 股上市公司抽样的信用评价 [D]. 成都：电子科技大学，2014.

[22] A. L. Montgomery, M. D. Smith. Prospects for personalization on the internet [J]. Journal of Interactive Marketing, 2009, 23 (2): 130 -137.

[23] Abdou H A, Pointon J. Credit scoring, statistical techniques and evaluation criteria: A review of the literature [J]. Intelligent Systems in Accounting, Finance and Management, 2011, 18 (2 -3): 59 -88.

[24] Abdou H A. An evaluation of alternative scoring models in private banking [J]. Journal of Risk Finance, 2009, 10 (1): 38 -53.

[25] Adler P S, Kwon S W. Social capital: Prospects for a new concept [J]. Academy of management review, 2002, 27 (1): 17 - 40.

[26] Aggarwal R, Gopal R, Gupta A, Singh H. Putting money where the mouths are: The relation between venture financing and electronic word-of-mouth. Information Systems Research, 2012 (23): 976 - 992.

[27] Ahuja M, Galletta D, Carley K. Individual centrality and performance in virtual R&D groups: An empirical study [J]. Management Science, 2003, 49 (1): 21 - 38.

[28] Alfarez Abdul-Rahman, StePhen Hailes. A distributed trust model [C]. 1997 New Security Paradigms Workshop, Langdale, Cumbria UK, 1998: 48 - 60.

[29] Ali F, Kwak K S, Kim Y G. Opinion mining based on fuzzy domain ontology and Support Vector Machine: A proposal to automate online review classification [J]. Applied Soft Computing, 2016, 47 (1): 235 - 250.

[30] Ambrose B W, Conklin J, Yoshida J. Reputation and exaggeration: Adverse selection and private information in the mortgage market [R]. Working paper, 2015.

[31] Anheier H K, Gerhards J, Romo F P. Forms of capital and social structure in cultural fields: Examining Bourdieu's social topography [J]. American journal of sociology, 1995: 859 - 903.

[32] Baesens B, Van Gestel T, Viaene S et al. Benchmarking state-of-the-art classification algorithms for credit scoring [J]. Journal of the Operational Research Society, 2003 (54): 627 - 635.

[33] Baker W E, Obstfeld D. Social capital by design: Structures, strategies, and institutional context [M]//Corporate Social Capital and Liability. Springer US, 1999: 88 - 105.

[34] Barboni G, Cassar A, Trejo A R, Wydick B. Adverse Selection and Moral Hazard in Joint Liability Loan Contracts: Evidence from an Artefactual Field Experiment [J]. Journal of Economics and Management, 2013, 9 (2): 153 - 184.

[35] Baselice F, Coppolino L, D'Antonio S et al. A DBSCAN based approach for jointly segment and classify brain MR images [C]//2015 37th Annual International Conference of the IEEE Engineering in Medicine and Biology Society (EMBC). IEEE, 2015: 2993-2996.

[36] Basirat A, Nivre J. Real-valued Syntactic Word Vectors (RSV) for Greedy Neural Dependency Parsing [C]//Nordic Conference on Computational Linguistics, Nodalida, 2017.

[37] Batjargal B. The dynamics of entrepreneurs' networks in a transitioning economy: the case of Russia [J]. Entrepreneurship and Regional Development, 2006, 18 (4): 305-320.

[38] Bellotti, Crook J. Support vector machines for credit scoring and discovery of significant features [J]. Expert Systems with Applications. 2008, 36 (2): 3302-3308.

[39] Bermejo P, de la Ossa L, Gámez J A et al. Fast wrapper feature subset selection in highdimensional datasets by means of filter re-ranking [J]. Knowledge-Based Systems, 2012, 25 (1): 35-44.

[40] Bermejo P, Gámez J A, Puerta J M. Speeding up incremental wrapper feature subset selection with Naive Bayes classifier [J]. Knowledge-Based Systems, 2014 (55): 140-147.

[41] Berthold H, Rösch P, Zöller S, Wortmann F, Carenini A, Campbell S, Strohmaier F. An architecture for ad-hoc and collaborative business intelligence [C]//Proceedings of the 2010 EDBT/ICDT Workshops, 2010: 13-19.

[42] Besley T, Coate S. Group lending, repayment incentives and social collateral [J]. Journal of development economics, 1995, 46 (1): 1-18.

[43] Bhaskaran K, Smeeth L. What is the difference between missing completely at random and missing at random? [J]. International journal of epidemiology, 2014, 43 (4): 1336-1339.

[44] Biggart N W, Castanias R P. Collateralized social relations: The social in economic calculation [J]. American Journal of Economics and Sociology, 2001,

60 (2): 471 -500.

[45] Bird R B, Smith E A. Signaling theory, strategic interaction, and symbolic capital [J]. Current Anthropology, 2005, 38 (23): 49 -789.

[46] Boland Jr R J, Tenkasi R V. Perspective making and perspective taking in communities of knowing [J]. Organization science, 1995, 6 (4): 350 -372.

[47] Bourdieu P. The forms of capital [J]. Cultural Theory: An Anthology, 2011: 81 -93.

[48] Broecker T. Credit-worthiness tests and interbank competition [J]. Econometrica Journal of the Econometric Society, 1990, 58 (2): 429 -452.

[49] Burt R S. The contingent value of social capital [J]. Administrative Science Quarterly, 1997: 339 -365.

[50] Burtch G, Ghose A, Wattal S. Cultural differences and geography as determinants of online pro-social lending. Mis Quarterly, 2014, 38 (3): 773 -794.

[51] Carrington P J, Scott J, Wasserman S. Models and methods in social network analysis [M]. Cambridge University Press, U. K. , 2005.

[52] Casey C. Critical connections the importance of community-based organizations and social capital to credit access for low-wealth entrepreneurs [J]. Urban Affairs Review, 2014, 50 (3): 366 -390.

[53] Cassisi C, Ferro A, Giugno R et al. Enhancing density-based clustering: Parameter reduction and outlier detection [J]. Information Systems, 2013, 38 (3): 317 -330.

[54] Cebenoyan A S, Strahan P E. Risk management, capital structure and lending at banks [J]. Journal of Banking & Finance, 2004 (28): 19 -43.

[55] Chakravarty S, Yilmazer T. A multistage model of loans and the role of relationships [J]. Financial Management, 2009, 38 (4): 781 -816.

[56] Chen N, Ribeiro B, Chen A. Financial credit risk assessment: A recent review [J]. Artificial Intelligence Review, 2016, 45 (1): 1 -23.

[57] Chen N, Ribeiro B, Vieira A S, Duarte J, Neves J C. A genetic algorithmbased approach to cost-sensitive bankruptcy prediction [J]. Expert Systems,

2011, 38 (10): 12939 – 12945.

[58] Chen N, Vieira A, Duarte J, Ribeiro B, das Neves J C. Cost-sensitive learning vector quantization for fifinancial distress prediction [C]//EPIA, Lecture Notes in Computer Science. Berlin: Springer, 2009: 374 – 385.

[59] Chen P, Wang C, Liu Y. Real estate prices and firm borrowings: Micro evidence from China [J]. China Economic Review, 2015 (36): 296 – 308.

[60] Chen Y. Collateral, loan guarantees, and the lenders' incentives to resolve financial distress [J]. The Quarterly Review of Economics and Finance, 2006, 46 (1): 1 – 15.

[61] Chrzanowska M, Alfaro E, Witkowska D. The individual borrowers' recognition: Single and ensemble trees [J]. Expert Systems with Applications, 2009, 3 (2): 6409 – 6414.

[62] Coleman J S. Social capital in the creation of human capital [J]. American Journal of Sociology, 1988: S95 – S120.

[63] Coleman J S. Foundations of Social Theory [M]. Cambridge, MA: Belknap Press, 1990.

[64] Constant D, Sproull L, Kiesler S. The kindness of strangers: The usefulness of electronic weak ties for technical advice [J]. Organization Science, 1996, 7 (2): 119 – 135.

[65] Cramer J S. Scoring bank loans that may go wrong: A case study [J]. Statistica Neerlandica, 2004 (58): 365 – 380.

[66] Creal D, Schwaab B, Koopman S J, Lucas A. Observation-driven mixed-measurement dynamic factor models with an application to credit risk [J]. Review of Economics and Statistics, 2014, 96 (5): 898 – 915.

[67] Dani M C, Freixo C, Jollois F X et al. Unsupervised anomaly detection for aircraft condition monitoring system [C]//2015 IEEE Aerospace Conference. IEEE, 2015: 1 – 7.

[68] Dash M, Liu H, Motoda H. Consistency based feature selection [C]// Pacific-Asia conference on knowledge discovery and data mining. Berlin: Springer

Heidelberg, 2000: 98 – 109.

[69] Dash M, Liu H. Consistency-based search in feature selection [J]. Artificial Intelligence, 2003, 151 (1): 155 – 176.

[70] Davis R H, Edelman D B, Gammerman A J. Machine-learning algorithms for credit-card applications [M]. Oxford: Oxford University Press, 1992: 129 – 137.

[71] Davis S, Albright T. An investigation of the effect of balanced scorecard implementation on financial performance [J]. Management Accounting Research, 2004 (15): 135 – 153.

[72] de Goeij M C M, van Diepen M, Jager K J et al. Multiple imputation: Dealing with missing data [J]. Nephrology Dialysis Transplantation, 2013, 28 (10): 2415 – 2420.

[73] Desai V S, Crook J N, Overstreet G A. A comparison of neural networks and linear scoring models in the credit union environment [J]. European Journal of Operational Research, 1996, 95 (1): 24 – 37.

[74] Dietterich T G. An experimental comparison of three methods for constructing ensembles of decision trees: Bagging, boosting, and randomization [J]. Machine Learning, 2000, 40 (2): 139 – 157.

[75] Dingledine R, Mathewson N, Syverson P. Reputation in privacy enhancing technologies [C]. In Proceedings of the 12th annual conference on Computers, freedom and privacy, 2002: 1 – 6.

[76] Dorfleitner G, Priberny C, Schuster S et al. Description-text related soft information in peer-to-peer lending—Evidence from two leading European platforms [J]. Journal of Banking & Finance, 2016 (64): 169 – 187.

[77] Duarte J, Siegel S, Young L. Trust and credit: The role of appearance in peer-to-peer lending [J]. Review of Financial Studies, 2012, 25 (8): 2455 – 2484.

[78] Durand D. Risk Elements in consumer Installment financing [M]. New York: National Bureau of Economic Research, 1941: 60 – 72.

[79] Eisenbeis R A. Pitfalls in the application of discriminant analysis in business, finance, and economics [J]. The Journal of Finance, 1977 (32): 875-900.

[80] Eisenbeis R A. Problems in applying discriminant analysis in credit scoring models [J]. Journal of Banking and Finance, 1978 (2): 205-209.

[81] Faming Z. A new method of dynamic credit evaluation based on SOM-K and its application [J]. International Journal of Digital Content Technology & its Applications, 2012, 6 (13): 378-387.

[82] Ferrari D G, De Castro L N. Clustering algorithm selection by meta-learning systems: A new distance-based problem characterization and ranking combination methods [J]. Information Sciences, 2015 (301): 181-194.

[83] Finlay S. Multiple classifier architectures and their application to credit risk assessment [J]. European Journal of Operational Research, 2011, 210 (2): 368-378.

[84] Fisher R A. The use of multiple measurement in taxonomic problem [J]. Annuals of Eugenic, 1936 (7): 179-188.

[85] Fogarty Terence C, Ireson Neil S. Evolving bayesian classifiers for credit control-comparison with other machine-learning methods [J]. IMA J Management Math, 1993 (5): 63-75.

[86] Fountain J E. Social capital: Its relationship to innovation in science and technology [J]. Science and Public Policy, 1998, 25 (2): 103-115.

[87] Fukuyama F. Trust: The social virtues and the creation of prosperity [M]. New York: The Free Press, 1995.

[88] Funk B, Bachmann A, Becker A et al. Online peer-to-peer lending? A literature review [J]. Journal of Internet Banking & Commerce, 2011, 16 (2): 1-18.

[89] Gabbay S M, Zuckerman E W. Social capital and opportunity in corporate R&D: The contingent effect of contact density on mobility expectations [J]. Social Science Research, 1998, 27 (2): 189-217.

[90] Galar M, Fernandez A, Barrenechea E, Bustince H, Herrera F. A review on ensembles for the class imbalance problem: Bagging -, boosting -, and hybridbased approaches. IEEE Trans, 2012, 42 (4): 463-484.

[91] Gao Q, Lin M. Lemon or cherry? The value of texts in debt crowdfunding [J]. Social Science Electronic Publishing, 2014.

[92] Ge R, Feng J, Gu B. Borrower's default and self-disclosure of social media information in P2P lending [J]. Financial Innovation, 2016, 2 (1): 30-39.

[93] Gebauer J, Scharl A. Between flexibility and automation: An evaluation of web technology from a business process perspective [J]. Journal of Computer-Mediated Communication, 2000, 5 (2): 1-25.

[94] Gogar T, Hubacek O, Sedivy J et al. Deep neural networks for web page information extraction [C]. Artificial Intelligence Applications and Innovations, 2016: 154-163.

[95] Golfarelli M, Mandreoli F, Penzo W, Rizzi S, Turricchia E. OLAP query reformulation in peer-to-peer data warehousing [J]. Information Systems, 2012, 37 (5): 393-411.

[96] Graafland J J et al. The credit crisis and the moral responsibility of professionals in finance [J]. Journal of Business Ethics, 2011, 103 (4): 605-619.

[97] Granovetter M. The strength of weak ties [J]. American Journal of Sociology, 1973 (78): 1360-1380.

[98] Gul S, Kabak O, Topcu Y I. A multiple criteria credit rating approach utilizing social media data [C]. Data and Knowledge Engineering, 2018: 80-99.

[99] Haixiang G, Yijing L, Shang J, Mingyun G, Yuanyue H, Bing G. Learning from class-imbalanced data: Review of methods and applications [J]. Expert Systems with Applications, 2016, 73 (12): 220-239.

[100] Hájek P, Olej V, Myskova R. Forecasting corporate financial performance using sentiment in annual reports for stakeholders' decision-making [J]. Technological & Economic Development of Economy, 2014, 20 (4): 721-738.

[101] Hájek P, Olej V, Myšková R. Predicting fifinancial distress of banks using random subspace ensembles of support vector machines [M]//Proceedings of the international conference on artifificial intelligence perspectives and applications. Berlin-Heidelberg: Springer, 2015: 131 – 140.

[102] Hall M A. Correlation-based feature selection for machine learning [D]. Hamilton: The University of Waikato, 1999.

[103] Halpern P. Implicit claims: The role of corporate reputation in value creation [J]. Corporate Reputation Review, 2001, 4 (1): 42 – 49.

[104] Hanneman R A, Riddle M. Introduction to social network methods [R]. Working paper, 2005.

[105] He H, Garcia E A. Learning from imbalanced data [J]. IEEE Transactions on Knowledge and Data Engineering, 2009, 21 (9): 1263 – 1284.

[106] Heikkilä A, Kalmi P, Ruuskanen O P. Social capital and access to credit: Evidence from Uganda [J]. The Journal of Development Studies, 2016: 1 – 16.

[107] Helm S. The role of corporate reputation in determining investor satisfaction and loyalty [J]. Corporate Reputation Review, 2007, 10 (1): 22 – 37.

[108] Helm S, Salminen R T. Basking in reflected glory: Using customer reference relationships to build reputation in industrial markets [J]. Industrial Marketing Management, 2010, 39 (5): 737 – 743.

[109] Ho T K. The random subspace method for constructing decision forests. IEEE Transactions on Pattern Analysis & Machine Intelligence, 1998, 20 (8): 832 – 844.

[110] Hulse J V, Khoshgoftaar T M, Napolitano A et al. Threshold-based feature selection techniques for high-dimensional bioinformatics data [J]. Network Modeling Analysis in Health Informatics and Bioinformatics, 2012 (1): 47 – 61.

[111] Hussain S, Mohammed M A, Haque M S et al. A simple method to ensure plausible multiple imputation for continuous multivariate data [J]. Communications in Statistics-Simulation and Computation, 2010, 39 (9): 1779 – 1784.

[112] Iyanda J O, Afolami C A, Obayelu A E et al. Social capital and access to credit among cassava farming households in Ogun State, Nigeria [J]. Journal of Agriculture and Environmental Sciences, 2014, 3 (2): 175 - 196.

[113] Iyer R, Khwaja A I, Luttmer E F P et al. Screening peers softly: Inferring the quality of small borrowers [J]. Management Science, 2015, 62 (6): 1554 - 1577.

[114] Jiang C, Wang Z, Wang R et al. Loan default prediction by combining soft information extracted from descriptive text in online peer-to-peer lending [J]. Annals of Operations Research, 2017 (2 - 3): 1 - 19.

[115] Jiang W J, Xu Y S, Guo H et al. Multi agent system-based dynamic trust calculation model and credit management mechanism of online trading [M]// Human centered computing. New York: Springer International Publishing, 2015: 168 - 181.

[116] Jiang H, Gao D, Li W S. Exploiting correlation and parallelism of materialized-view recommendation for distributed data warehouses [C]//2007 IEEE 23rd International Conference on Data Engineering. IEEE, 2007: 276 - 285.

[117] Jing B, Seidmann A. Finance sourcing in a supply chain [J]. Decision Support Systems, 2014 (58): 15 - 20.

[118] Kabir M M, Islam M M, Murase K. A new wrapper feature selection approach using neural network [J]. Neurocomputing, 2010, 73 (16): 3273 - 3283.

[119] Kao L J, Wu P C, Lee C F. An assessment of copula functions approach in conjunction with factor model in portfolio credit risk management [M]// Handbook of Financial Econometrics and Statistics. New York: Springer, 2015: 299 - 316.

[120] Keller F, Muller E, Bohm K. HiCS: High contrast subspaces for density-based outlier ranking [C]//2012 IEEE 28th International Conference on Data Engineering. IEEE, 2012: 1037 - 1048.

[121] Kern R, Dobrowolski G, Nguyen N T. A method for response integra-

tion in federated data warehouses [M]//New trends in computational collective intelligence. New York: Springer International Publishing, 2015: 63-73.

[122] Khoshgoftaar T M, Gao K. Feature selection with imbalanced data for software defect prediction [C]//Machine Learning and Applications international conference on IEEE, 2009: 235-240.

[123] Kou F, Du J, Lin Z et al. A semantic modeling method for social network short text based on spatial and temporal characteristics [J]. Journal of Computational Science, 2017.

[124] Lee K J, Roberts G, Doyle L W et al. Multiple imputation for missing data in a longitudinal cohort study: A tutorial based on a detailed case study involving imputation of missing outcome data [J]. International Journal of Social Research Methodology, 2016: 1-17.

[125] Lee T S, Chiu C C, Chou Y C et al. Mining the customer credit using classification and regression tree and multivariate adaptive regression splines [J]. Computational Statistics & Data Analysis, 2006, 50 (4): 1113-1130.

[126] Lee T S, Chiu C C, Lu C J et al. Credit scoring using the hybrid neural discriminant technique [J]. Expert Systems with Applications, 2002, 23 (3): 245-254.

[127] Leonard K J. Detecting credit card fraud using expert systems [J]. Computers & Industrial Engineering, 1993 (25): 103-106.

[128] Lessmann S, Baesens B, Seow H V et al. Benchmarking state-of-the-art classification algorithms for credit scoring: An update of research [J]. European Journal of Operational Research, 2015, 247 (1): 124-136.

[129] Lewick R, Bunker B. Developing and maintaining trust in work relationships [J]. Trust in organizations: Frontiers of theory and research, 1996 (1): 1-14.

[130] Li S, Lin Z, Qiu J, Safi R, Xiao Z. How friendship networks work in online P2P lending markets [J]. Nankai Business Review International, 2015, 6 (1): 42-67.

[131] Li Z, Shuyan C, Kun W. Chinese micro-enterprise credit rating model and empirical analysis [J]. Journal of Applied Sciences, 2013, 13 (15): 2959 - 2963.

[132] Li D, Lin Z. Negative reputation rate as the signal of risk in online consumer-to-consumer transactions [C]//ICEB, 2004: 868 - 873.

[133] Li X. Empirical analysis on the reason of P2P's closing down [J]. Journal of Financial Development Research, 2015 (3): 51 - 55.

[134] Liang D, Tsai C F, Wu H T. The effect of feature selection on financial distress prediction [J]. Knowledge-Based Systems, 2015 (73): 289 - 297.

[135] Liang J, Yu Z, Yang S. A method for automatically detecting the living-alone elderly's abnormal behavior with RTLS [C]//2016 International conference on intelligent control and computer application (ICCA 2016). Atlantis Press, 2016.

[136] Lin N. Inequality in social capital [J]. Contemporary sociology, 2000, 29 (6): 785 - 795.

[137] Lin M, Prabhala N R, Viswanathan S. Judging borrowers by the company they keep: Friendship networks and information asymmetry in online peer-to-peer lending [J]. Management Science, 2013, 59 (1): 17 - 35.

[138] Lin N, Fu Y C, Hsung R M. The position generator: Measurement techniques for investigations of social capital [J]. Social Capital: Theory and Research, 2001: 57 - 81.

[139] Lin Z, Li D, Janamanchi B, Huang W. Reputation distribution and consumer-to-consumer online auction market structure: An exploratory study [J]. Decision Support Systems, 2006, 41 (2): 435 - 448.

[140] Lin Z, Whinston A B, Fan S. Harnessing Internet finance with innovative cyber credit management [J]. Financial Innovation, 2015 (1): 1 - 24.

[141] Little R J A, Rubin D B. Statistical analysis with missing data [M]. New York: John Wiley & Sons, 2014.

[142] Liu Shixi, Jiang Cuiqing, Ding Yong. Identifying effective influencers

based on trust for electronic word-of-mouth marketing: A domain-aware approach [J]. Information Science, 2015 (306): 34 –52.

[143] Liu D, Brass D, Chen D. Friendships in online peer-to-peer lending: Pipes, prisms, and relational herding [R]. Working paper, 2014.

[144] Loury G. A dynamic theory of racial income differences [J]. Women, Minorities, and Employment Discrimination, 1977 (153): 86 –153.

[145] Malhotra R, Malhotra D K. Evaluating consumer loans using neural networks [J]. Omega, 2003, 31 (2): 83 –96.

[146] Michalewicz Z. Evolutionary algorithms for constrained parameter optimization problems [J]. Evolutionary Computation, 1996 (4): 1 –32.

[147] Moran P. Structural vs relational embeddedness: Social capital and managerial performance [J]. Strategic Management Journal, 2005, 26 (12): 1129 –1151.

[148] Morton H. Municipal credit rating modelling by neural networks [J]. Decision Support Systems, 2011, 51 (1): 108 –118.

[149] Mwangi I W, Ouma S A. Social capital and access to credit in Kenya [J]. American Journal of Social and Management Sciences, 2012, 3 (1): 8 –16.

[150] Nahapiet J, Ghoshal S. Social capital, intellectual capital, and the organizational advantage [J]. Academy of Management Review, 1998, 23 (2): 242 –266.

[151] Neuberger D, Räthke-Döppner S. The role of demographics in small business loan pricing [J]. Small Business Economics, 2015, 44 (2): 411 –424.

[152] Odom M, Sharda R. A neural network model for bankruptcy prediction [C]//Proceedings of the international joint conference on neural networks. Alamitos, 1990: 231 –245.

[153] Olivero N, Lunt P. Privacy versus willingness to disclose in e-commerce exchanges: The effect of risk awareness on the relative role of trust and control [J]. Economic Psychology, 2004, 25 (2): 243 –262.

[154] Olomola A. The nature and determinants of rural loan repayment per-

formance in Nigeria: The case of FADU's micro-credit programme [M]. Nigerian Institute of Social and Economic Research (NISER), 2001.

[155] Pan M. Based on kernel function and non-parametric multiple imputation algorithm to solve the problem of missing data [C]//Management Science and Industrial Engineering (MSIE). 2011 International Conference on IEEE, 2011: 905 - 909.

[156] Paul S. Creditworthiness of a borrower and the selection process in micro-finance: A case study from the urban slums of India [J]. Margin: The Journal of Applied Economic Research, 2014, 8 (1): 59 - 75.

[157] Pennathur A K. Clicks and bricks: E-risk management for banks in the age of the internet [J]. Journal of Banking & Finance, 2001, 25 (11): 2103 - 2123.

[158] Perkins S J, Hendry C. Ordering top pay: Interpreting the signals [EB/OL]. https: //doi. org/10. 1111/j. 1467 - 6486. 2005. 00550. x.

[159] Pham T, Talavera O. Discrimination, social capital, and financial constraints: The case of Vietnam [J]. World Development, 2018 (102): 228 - 242.

[160] Piao Y, Piao M, Park K et al. An ensemble correlation-based gene selection algorithm for cancer classification with gene expression data [J]. Bioinformatics, 2012, 28 (24): 3306 - 3315.

[161] Podolny J M. Networks as the pipes and prisms of the market [J]. American Journal of Sociology, 2001, 107 (1): 33 - 60.

[162] Portes A. Social capital: Its origins and applications in modern sociology [J]. Knowledge and Social Capital. Boston: Butterworth-Heinemann, 2000: 43 - 67.

[163] Pötzsch S, Böhme R. The role of soft information in trust building: Evidence from online social lending [C]//International conference on trust and trustworthy computing. Berlin: Springer-Verlag, 2010: 381 - 395.

[164] Provost F, Fawcett T. Data science and its relationship to big data and data-driven decision making [J]. Big Data, 2013, 1 (1): 51 - 59.

[165] Putnam R. Tuning in, tuning out: The strange disappearance of social capital in America [J]. Political Science and Politics, 1995: 664 – 683.

[166] Rao D, Zhu Y, Jiang Z et al. Generating rules with common knowledge: A framework for sentence information extraction [C]//International conference on intelligent human-machine systems and cybernetics. IEEE, 2015: 373 – 376.

[167] Resche-Rigon M, White I R, Bartlett J W et al. Multiple imputation for handling systematically missing confounders in meta-analysis of individual participant data [J]. Statistics in Medicine, 2013, 32 (28): 4890 – 4905.

[168] Resnick P, Zeckhauser R. Trust among strangers in internet transactions: Empirical analysis of ebay's reputation system [J]. The Economics of the Internet and E-Commerce, 2002, 11 (2): 23 – 25.

[169] Ricaldi L, Finke M S, Huston S J. Financial literacy and shrouded credit card rewards [J]. Journal of Financial Services Marketing, 2013, 18 (3): 177 – 187.

[170] Ridings C M, Gefen D, Arinze B. Some antecedents and effects of trust in virtual communities [J]. Journal of Strategic Information Systems, 2002 (11): 271 – 295.

[171] Rizzi S. Collaborative business intelligence [C]//Business intelligence. Berlin: Springer Heidelberg, 2012: 186 – 205.

[172] Rosenberg E, Gleit A. Quantitative methods in credit management: a survey [J]. Operations Research, 1994 (42): 589 – 613.

[173] Sandleris G. Sovereign defaults, credit to the private sector, and domestic credit market institutions [J]. Journal of Money, Credit and Banking, 2014, 46 (2 – 3): 321 – 345.

[174] Schafer J L, Graham J W. Missing data: Our view of the state of the art [J]. Psychological methods, 2002, 7 (2): 147 – 177.

[175] Schebesch K B, Stecking R. Support vector machines for classifying and describing credit applicants: detecting typical and critical regions [J]. Journal

of the Operational Research Society, 2005 (56): 1082 - 1088.

[176] Schiff M. Social capital, labor mobility, and welfare the impact of Uniting States [J]. Rationality and Society, 1992, 4 (2): 157 - 175.

[177] Schubert E, Zimek A, Kriegel H P. Generalized outlier detection with flexible kernel density estimates [C]//SDM. 2014 (14): 542 - 550.

[178] Shumaker S, Brownell A. Toward a theory of social support: Closing conceptual gaps [J]. Journal of Social Issues, 1984, 40 (4): 11 - 36.

[179] Siew E D, Peterson J F, Eden S K et al. Use of multiple imputation method to improve estimation of missing baseline serum creatinine in acute kidney injury research [J]. Clinical Journal of the American Society of Nephrology, 2013, 8 (1): 10 - 18.

[180] Song Q, Ni J, Wang G. A fast clustering-based feature subset selection algorithm for high-dimensional data [J]. IEEE Transactions on Knowledge and Data Engineering, 2013, 25 (1): 1 - 14.

[181] Spence M. Job market signaling [J]. Quarterly Journal of Economics, 1973, 87 (3): 355 - 374.

[182] Stiglitz J E. Formal and informal institutions [J]. Social Capital: A Multifaceted Perspective, 2000: 59 - 68.

[183] Sun J, Li H. Listed companies' financial distress prediction based on weighted majority voting combination of multiple classifiers [J]. Expert Systems with Applications, 2008, 35 (3): 818 - 827.

[184] Sun Z, Ma C, Li W et al. Flight operations quality assurance based on clustering analysis [C]//Proceedings of the first symposium on aviation maintenance and management-volume II. Berlin: Springer Heidelberg, 2014: 413 - 422.

[185] Sun J, Li H. Listed companies' fifinancial distress prediction based on weighted majority voting combination of multiple classififiers [J]. Expert Systems with Applications, 2008 (35): 818 - 827.

[186] Sun J, Li H, Huang Q H et al. Predicting financial distress and corporate failure: A review from the state-of-the-art definitions, modeling, sampling,

and featuring approaches [J]. Knowledge-Based Systems, 2014 (57): 41 -56.

[187] Sustersic M, Mramor D, Zupan J. Consumer credit scoring models with limited data [J]. Expert Systems with Applications, 2009, 36 (3): 4736 - 4744.

[188] Talebzade H h, Mandutianu S. Countrywide loan underwriting expert system [C]//The 6th Innovative applications of artificial intelligence conference. Seattle, 1994: 224 -234.

[189] Tibshirani R. Regression shrinkage and selection via the lasso [J]. Methodological, 1996: 267 -288.

[190] Torlone R. Two approaches to the integration of heterogeneous data warehouses [J]. Distributed and Parallel Databases, 2008, 23 (1): 69 -97.

[191] Tsai F T, Lu H M, Hung M W. The impact of news articles and corporate disclosure on credit risk valuation [J]. Journal of Banking & Finance, 2016 (68): 100 -116.

[192] Tsai W, Ghoshal S, Social capital and value creation: The role of intra-firm network [J]. Academy of Management Journal, 1998 (41): 464 -476.

[193] Tsai C F, Hsu Y F, Yen D C. A comparative study of classifier ensembles for bankruptcy prediction [J]. Soft Comput. 2014 (24): 977 -984.

[194] Tu J, Tong Z. Risk reserve, loan default, and run on P2P lending platforms [J]. Financial Theory and Practice, 2016 (2): 27 -31.

[195] Twisk J, de Boer M, de Vente W et al. Multiple imputation of missing values was not necessary before performing a longitudinal mixed-model analysis [J]. Journal of Clinical Epidemiology, 2013, 66 (9): 1022 -1028.

[196] Van den Bogaerd M, Aerts W. Media reputation of a firm and extent of trade credit supply [J]. Corporate Reputation Review, 2014, 17 (1): 28 -45.

[197] Van den Bogaerd M, Aerts W. Does media reputation affect properties of accounts payable? [J]. European Management Journal, 2015, 33 (1): 19 -29.

[198] Van Vlasselaer V, Bravo C, Caelen O, Eliassi-Rad T, Akoglu L, Snoeck M, Baesens B. APATE: A novel approach for automated credit card trans-

action fraud detection using network-based extensions [J]. Decision Support Systems, 2015 (75): 38 -48.

[199] Wang G, Hao J, Ma J et al. A comparative assessment of ensemble learning for credit scoring [J]. Expert Systems with Applications, 2011, 38 (1): 223 -230.

[200] Wang J, Kuo M, Han J et al. A telecom-domain online customer service assistant based on question answering with word embedding and intent classification [C]. International Joint Conference on Natural Language Processing, 2017: 17 -20.

[201] Wang W M, Cheung C F, Lee W B et al. Mining knowledge from natural language texts using fuzzy associated concept mapping [J]. Information Processing & Management, 2008, 44 (5): 1707 -1719.

[202] Wang Y, Li S, Lin Z. Revealing key non-financial factors for online credit-scoring in e-financing [C]//2013 10th International Conference on Service Systems and Service Management (ICSSSM), 2013: 547 -552.

[203] Wang G, Chen G, Chu Y. A new random subspace method incorporating sentiment and textual information for financial distress prediction [J]. Electronic Commerce Research and Applications, 2018: 30 -49.

[204] Wang G, Hao J, Ma J, Jiang H. A comparative assessment of ensemble learning for credit scoring [J]. Expert Systems with Applications, 2011, 38 (1): 223 -230.

[205] Wang T C. Paying back to borrow more: Reputation and bank credit access in early America [J]. Explorations in Economic History, 2008, 45 (4): 477 -488.

[206] Wang Y, Xu W. Leveraging deep learning with LDA-based text analytics to detect automobile insurance fraud [J]. Decision Support Systems, 2018: 87 -95.

[207] Wasko M M, Faraj S. Why should I share? Examining social capital and knowledge contribution in electronic networks of practice [J]. MIS Quarterly,

2005, 29 (1): 35 -57.

[208] Wasko M, Faraj S. It is what one does: Why people participate and help others in electronic communities of practice [J]. Journal of Strategic Information Systems, 2000, 9 (2): 155 -173.

[209] Wellman B, Gulia M. Net surfers don't ride alone: Virtual communities as communities [J]. Networks in the Global Village, 1999: 331 -366.

[210] West D, Dellana S, Qian J X. Neural network ensemble strategies for financial decision applications [J]. Computers & Operations Research, 2005, 32 (10): 2543 -2559.

[211] West D. Neural network credit scoring models [J]. Computers & Operations Research, 2000, 27 (11): 1131 -1152.

[212] Wicaksono A F, Myaeng S. Toward advice mining: conditional random fields for extracting advice-revealing text units [C]. Conference on Information and Knowledge Management, 2013: 2039 -2048.

[213] Wiginton J C. A note on the comparison of logit and discriminant models of consumer credit behaviour [J]. Journal of Financial and Quantitative Analysis, 1980 (5): 757 -770.

[214] Xiao S, Dong M. Hidden semi-Markov model-based reputation management system for online to offline (O2O) e-commerce markets [J]. Decision Support Systems, 2015 (77): 87 -99.

[215] Xie H, Han S, Shu X et al. Solving credit scoring problem with ensemble learning: A case study [C]//Knowledge acquisition and modeling, 2009 (KAM'09). Second International Symposium on IEEE, 2009 (1): 51 -54.

[216] Xie C, Wang J. Research on credit risk of P2P network lending plat form [J]. Finance, 2015, 5 (1): 1 -5.

[217] Xing H, Sun N, Chen Y. Credit rating dynamics in the presence of unknown structural breaks [J]. Journal of Banking & Finance, 2012, 36 (1): 78 -89.

[218] Xiong T, Wang S, Mayers A, Monga E. Personal bankruptcy predic-

tion by mining credit card data [J]. Expert Systems with Applications, 2013, 40 (2): 665 -676.

[219] Yamada M, Jitkrittum W, Sigal L, Xing E P, Sugiyama M. Highdimensional feature selection by feature-wise kernelized lasso [J]. Neural Comput, 2014, 26 (1): 185 -207.

[220] Yan Y, Lv Z, Hu B. Building investor trust in the P2P lending platform with a focus on chinese P2P lending platforms [J]. Electronic Commerce Research, 2017 (18): 203 -224.

[221] Yijing L, Haixiang G, Xiao L, Yanan L, Jinling L. Adapted ensemble classification algorithm based on multiple classififier system and feature selection for classifying multi-class imbalanced data [J]. Knowledge-based Systems, 2016 (94): 88 -104.

[222] Yoon Y, Li Y, Feng Y. Factors affecting platform default risk in online peer-to-peer (P2P) lending business: An empirical study using chinese online P2P platform data [J]. Electronic Commerce Research, 2018.

[223] Young T, Hazarika D, Poria S et al. Recent trends in deep learning based natural language processing [J]. IEEE Computational Intelligence Magazine, 2018, 13 (3): 55 -75.

[224] Yuan D, Lu T, Yang X, Yan L. A theory analysis and model research on e-commerce credit risk management [C]//2010 International conference on e-business and e-government (ICEE). 2010.

[225] Zhang J. The roles of players and reputation: Evidence from eBay online auctions [J]. Decision Support Systems, 2006, 42 (3): 1800 -1818.

[226] Zhang Y, Bian J, Zhu W. Trust fraud: A crucial challenge for China's e-commerce market [J]. Electronic Commerce Research and Applications, 2013, 12 (5): 299 -308.

[227] Zheng H, Li D, Wu J, Xu Y. The role of multidimensional social capital in crowdfunding: A comparative study in China and US [J]. Information & Management, 2014, 51 (4): 488 -496.

［228］ Zhou Q，Hou F，Huang Y. Customer profiling-based optimal load shaving solution ［C］//Power engineering and optimization conference（PEOCO）. 2013 IEEE 7th International，2013：250 – 255.

［229］ Zhou X，Zhang X. Fuzzy comprehensive credit evaluation of listed companies in liquor industry ［C］//Information Management and Engineering（ICIME）. 2010 The 2nd IEEE International Conference on IEEE，2010：472 – 475.